2021 中国保险公司竞争力与投资价值评价研究报告

寇业富　主编

中国财经出版传媒集团
中国财政经济出版社

图书在版编目（CIP）数据

2021 中国保险公司竞争力与投资价值评价研究报告 / 寇业富主编. ——北京：中国财政经济出版社，2021.11

ISBN 978 – 7 – 5223 – 0846 – 3

Ⅰ.①2… Ⅱ.①寇… Ⅲ.①保险公司 – 竞争力 – 研究报告 – 中国 – 2021 ②保险公司 – 投资评价 – 研究报告 – 中国 – 2021 Ⅳ.①F842.31

中国版本图书馆 CIP 数据核字（2021）第 208435 号

责任编辑：付克华　刘　畅　　　责任校对：张　凡
封面设计：李俊良

中国财政经济出版社 出版

URL：http://www.cfeph.cn

E – mail：cfeph@cfeph.cn

（版权所有　翻印必究）

社址：北京市海淀区阜成路甲28号　邮政编码：100142

营销中心电话：010 – 88191522

天猫网店：中国财政经济出版社旗舰店

网址：https://zgczjjcbs.tmall.com

北京时捷印刷有限公司印刷　各地新华书店经销

成品尺寸：210mm×285mm　16 开　14.5 印张　255 000 字

2021 年 11 月第 1 版　2021 年 11 月北京第 1 次印刷

定价：120.00 元

ISBN 978 – 7 – 5223 – 0846 – 3

（图书出现印装问题，本社负责调换，电话：010 – 88190548）

本社质量投诉电话：010 – 88190744

打击盗版举报热线：010 – 88191661　QQ：2242791300

中央财经大学中国精算研究院标志性成果

本报告受到
中央财经大学中国精算研究院
中央财经大学保险学院
等单位的大力支持和帮助

前言 / Foreword

中国精算研究院成立于2003年,是保险精算领域中唯一一所教育部人文社会科学重点研究基地(简称"重点研究基地")。中国精算研究院在中华人民共和国教育部(简称"教育部")和中央财经大学领导的关怀、指导下,锐意进取,勇于创新,在教学、科研和社会服务等各个方面奠定了扎实的基础并取得了长足进步,在国内外享有较高声誉。

根据教育部《普通高等学校人文社会科学重点研究基地管理办法》的要求,重点研究基地应该聚集和培养优秀学术人才,围绕国家发展战略,针对学科前沿和社会经济发展中的重大理论与实践问题,组织高水平研究的新型科研团队,在产出创新成果、形成学术交流开放平台、带动高校哲学社会科学发展创新等方面发挥重要作用。

随着中国保险市场经营主体和业务规模的快速发展,提高保险业的竞争质量、实现规模效益的长期可持续发展已经成为保险业界、学界和政府监管部门的关注焦点。为了更好地发挥重点研究基地的作用,中央财经大学中国精算研究院于2010年8月成立了"保险公司竞争力评价研究"课题组(简称"课题组")。

经过多年勤奋、严谨的研究,2011~2020年课题组持续出版了《中国保险公司竞争力评价研究报告》等多部著作和相关科研论文。

为了更好地促进保险产业的健康发展,应对保险市场失灵,保护投资人和被投资人的权益,维护消费者利益,课题组在参考国际上投资价值分析评价理论和方法的基础上,利用丰富的资料和数据,定性与定量相结合,对保险公司的投资价值进行了全方位的分析评价,增加了"中国保险公司的投资价值评价分析"的内容,本报告的标题也修改为《2021中国保险公司竞争力与投资价值评价研究报告》。

不忘初心，方得始终。课题组自成立之初始终坚持和提倡公开、客观、科学的研究原则。"公开"是指标体系、数据来源、评价方法等全部公开或者源于公开渠道。中国保险监督管理委员会于2010年6月12日正式颁布实施的《保险公司信息披露管理办法》以及中国银行保险监督管理委员会于2018年4月修订的《保险公司信息披露管理办法》为本研究提供了主要和关键的数据支持。"客观"不仅指评价的结果要客观，评价的过程和目标也要客观。即在评价过程中，尽量避免或者减少人为因素的干扰。"科学"是指评价方法的科学。在有可能使用定量分析时，尽量使用定量分析。当然，这并不是说定性分析就不科学。

值得欣慰的是，课题组在寇业富博士的带领下，始终秉持"公开、客观、科学"的原则开展工作。由于"保险公司竞争力与投资价值评价研究"是一个敏感的话题，课题组从一开始就抱着谦虚谨慎、兢兢业业的态度对待这项工作。多年来，在中央财经大学和中国精算研究院的大力支持下，课题组成员团结奋斗，在研究指标和方法上不断改进，对保险业其他研究领域持续拓展，提高了中国精算研究院这一重点研究基地的学术价值和社会地位。

本报告总结了关于保险公司竞争力评价研究连续10个年度的工作。随着中国改革开放和国务院正式发布《关于加快发展现代保险服务业的若干意见》（国发〔2014〕29号），中国保险业的发展无论从规模数量还是发展质量上都进入了一个新的阶段。这也对中国保险公司竞争力评价研究的开展提出了更高的要求。本报告包括5章内容。

第一章介绍了2020年中国保险市场的发展概况。分别从中国保险业发展的宏观经济环境、中国保险业的发展情况分析、人身险保险市场发展、财产险保险市场等几个方面对中国保险业的发展情况做了介绍。

第二章首先给出了保险公司竞争力的定义，而后在分析国内外相关研究的基础上，选择主成分分析法进行竞争力研究，并介绍了主成分分析法的内容、步骤等，最后简要介绍了保险公司竞争力的评价体系的原则、内容等。

第三章给出了中国人身险公司竞争力的评价得分和排名。本章共有4节，从保险公司和评价指标2个角度对中国人身险公司竞争力的评价结果进行了检验，证明了评价结果是稳健的。第一节主要阐明了人身险公司竞争力评价的指标内容、定义和计算方法，并对研究对象的选择进行了说明。第二节分析和评价了 73 家中国人身险公司的综合竞争力。第三节得出人身险公司 5 类一级指标竞争力的评价得分和排名，并通过分析一级指标排名前 10 位的保险公司的排名和得分以及各项二级指标排名前 10 位的保险公司的得分对中国人身险市场进行了分析。第四节运用现代多元统计分析方法对中国人身险公司综合竞争力的评价结果进行了稳健性检验。

第四章给出了中国财产险公司竞争力的评价得分和排名。本章共有 4 节，从保险公司和评价指标 2 个角度对中国财产险公司竞争力的评价结果进行了检验，证明了评价结果是稳健的。第一节对财产险公司竞争力评价的指标内容、定义、计算方法和研究对象等进行了说明。第二节分析和评价了 73 家中国财产险公司的综合竞争力。第三节得出财产险公司 5 类一级指标的评价得分和排名，并通过分析一级指标排名前 10 位的保险公司的排名和得分以及各项二级指标排名前 10 位的保险公司的得分对中国财产险市场进行了分析。第四节运用现代多元统计分析方法对中国财产险公司综合竞争力的评价结果进行了稳健性检验。

第五章给出了中国保险公司投资价值评价的得分与排名。本章共有 4 节。第一节阐述了保险公司投资价值的概念与评价方法，主要对保险公司投资价值的概念、国内外相关研究内容和评价方法以及本报告选定的中国保险公司投资价值评价方法（包括相关模型、熵值法、模糊数学方法和其他统计分析方法等现代应用数学方法）进行了介绍。第二节阐述了保险公司投资价值的评价体系构建，主要包括对影响保险公司投资价值的因素、上市保险公司（集团）的选择、对标公司的选择以及上市保险公司（集团）与对标公司的市场价值和投资价值的关系的比较分析等。第三节评价分析了中国各家人身险公司的投资价值。主要包括待评价对象的选择，投资价值评价指标的建立，人身险公司投资价值的初始评价分析。依据待评价公司与对标公司的相似关系，得到待评价公司的投资价值绝对值。在此基础上，为了更好地反映中国各家人身险公司的投资效能，在不考虑公司股权质押和公司成立年限的情况下，引入指标投资效能比（又称投资价值净资产比），为人身险公司的潜在投资者提供更有价值的信息。第四节评价分析了中国各家财产险公司的投资价值。主要包括待评价对象的选择，投资价值评价指标的建立，财产险公司投资价值的初始评价分析。依据待评价公司与对标公司的相似关系，得到待评价公司的投资价值绝对值。在此基础上，为了更好地反映各家财产险公司的投资效能，在不考虑公司股权质押和公司成立年限的情况下，引入指标投资效能比，为财产险公司的潜在投资者提供更有价值的信息。

本报告主要有以下特色和创新：

（1）本报告的第三章第四节和第四章第四节对人身险公司和财产险公司的综合竞争力评价结果进行了稳健性检验。尚未发现以往类似的研究报告对评价结果进行稳健性检验。

通过稳健性检验，本报告度量了评价结果量化的可信性与稳健性，增加了评价结果的科学性和客观性。这是"保险公司竞争力评价研究"课题组的一个创新性应用研究成果，提高了评价结果的科学性、可信性和逻辑的完备性。

（2）课题组组建了校外专家咨询委员会，为定性分析和定量分析相结合进行保险公司竞争力的评价工作提供了咨询、指导和支持。

（3）本报告对保险公司的综合竞争力和各类一级指标的评价结果进行了多角度和多方式的分析，对保险公司和保险行业提供了比较科学、全面的分析研究。

（4）本报告与时俱进，依据中国保险市场的需求变化和监管精神，增加了中国保险公司投资价值评价分析的相关内容，为中国保险市场的潜在投资者提供了有价值的信息，有利于促进中国保险投资市场的健康稳定发展。

中央财经大学中国精算研究院是国家保险精算领域唯一的人文社科重点研究基地，一直密切关注中国保险行业的发展。此专题部分的分析是中国精算研究院新的研究领域之一，欢迎国内外政府管理部门和业界、学界的专家学者与课题组交流沟通！

《2021中国保险公司竞争力与投资价值评价研究报告》的著作权人寇业富享有因该著作出版和传播等而产生的相关权利和义务。

这里特别说明：

（1）本报告尽量采用可获得的已披露数据进行分析，并根据实质重于形式的原则，对发现的个别公司披露数据的错误或者异样的年报信息进行了调整或者在涉及该指标时进行了批注说明。

（2）本报告采用的数据皆源于已公开的资料或者课题组成员的个人分析，但不保证上述信息的完整性与准确性。中国精算研究院不对因使用本报告而产生的一切后果承担责任，只以此作为学术研究以及学界和业界的信息交流与参考。同时，本报告为课题组成员的个人观点，并不代表中国精算研究院的观点。

当然，本报告对于中国保险公司竞争力与投资价值的分析评价仍有不尽如人意的地方。但是，相信在中华人民共和国教育部和中央财经大学的大力支持下，在业界、学界等专家、学者的关怀帮助下，在课题组成员的共同努力下，《中国保险公司竞争力与投资价值评价研究报告》会越来越好，会为中国保险业的发展和保险公司竞争力的提高发挥重要的作用。

"中国保险公司竞争力与投资价值评价研究"课题组组长
中央财经大学中国精算研究院　保险数据文献中心主任
寇业富
2021 年 10 月 5 日

目 录

第一章 2020年中国保险市场分析 ……………………………（1）
  第一节 2020年中国保险市场整体回顾 …………………（1）
  第二节 2020年中国财产保险市场回顾 …………………（18）
  第三节 2020年中国人身保险市场回顾 …………………（28）
  第四节 2021年中国保险业发展展望 ……………………（40）

第二章 中国保险公司竞争力评价的理论与方法 ………………（45）
  第一节 保险公司竞争力的定义 …………………………（45）
  第二节 保险公司竞争力研究方法综述 …………………（47）
  第三节 保险公司竞争力评价指标体系的构建与原则 …（53）
  第四节 对主成分分析法和模糊聚类分析法的介绍 ……（56）

第三章 中国人身保险公司竞争力评价分析 ……………………（60）
  第一节 人身险公司竞争力指标体系的构建 ……………（61）
  第二节 2020年中国人身保险公司综合竞争力评价结果与分析 ……………………………………………（68）
  第三节 2020年人身保险公司综合竞争力一级指标的评价结果与分析 …………………………………………（72）
  第四节 2020年人身保险公司综合竞争力评价结果的稳健性检验 ……………………………………………（105）

第四章　中国财产保险公司竞争力评价分析 …………………………（115）
第一节　财产险公司竞争力指标体系的构建 ………………………（116）
第二节　2020年财产险公司综合竞争力评价结果与分析 …（123）
第三节　2020年财产险公司综合竞争力一级指标的评价结果与分析 …………………………………………………（128）
第四节　2020年财产险公司综合竞争力评价结果的稳健性检验 …………………………………………………………（164）

第五章　中国保险公司投资价值评价分析 ……………………………（172）
第一节　保险公司投资价值的概念与评价方法 ……………………（172）
第二节　保险公司投资价值的评价体系构建 ………………………（179）
第三节　中国人身险公司投资价值的评价分析 ……………………（184）
第四节　中国财产险公司投资价值的评价分析 ……………………（193）

附录一　2020年中国人身险公司综合竞争力评价结果 …………（202）

附录二　2020年中国财产险公司综合竞争力评价结果 …………（208）

附录三　中国保险公司投资价值评价分析 ……………………………（214）

后记 ……………………………………………………………………（217）

第一章
2020年中国保险市场分析

中国自1805年成立第一家保险公司以来，已经走过了200多年的历史。自中华人民共和国成立以来，中国保险业经历了初步发展（1949～1958年）、停办（1958～1979年）、恢复发展（1979年至今）3个阶段。中国保险业自1979年恢复发展以来，实现了长足进步。尤其是近年来，党中央国务院十分重视保险业的发展，在多份重要文件中提到要大力发展保险业，出台了一系列促进保险业改革发展的政策措施。

2018年，原中国保险监督管理委员会（简称"原中国保监会"或"原保监会"）和原中国银行业监督管理委员会（简称"原中国银监会"或"原银监会"）合并，合并后改称中国银行保险监督管理委员会（简称"中国银保监会"）。

2019～2020年，中国银保监会在党中央国务院统一领导下，进一步扩大对外开放，以开放促改革，激发了市场活力，推动形成了保险业的全面开放新格局。总体来看，中国保险市场发展稳中向好，产品保障功能凸显，资金运用收益稳步增长，保险科技广泛应用，行业风险防控能力持续增强。

第一节 2020年中国保险市场整体回顾

一、市场概况

2020年，中国保险全行业共实现保费收入45 257亿元（除特别说明外，本报告中的保费收入指原保险保费收入），增长率为6.12%（除特别说明外，本报告中的增长率均表示同比变化情况）。其中，财产险公司的保费收入增长了4.63%，人身险公司的保费收入增长了6.9%；赔付支出达13 907亿元，同比增长7.86%；总资产达232 984亿元，较2020年初增长了13.29%。具体来看，2020年中国保险市场运行呈现以下特点。

一是总体业务发展稳中向好，风险保障水平快速提高。2020年，中国保险全行业提供保险金额达8 710万亿元，增长率为34.62%。其中，财产险公司提供保险金额达7 512万亿元，增长率为39.91%；人身险公司提供保险金额达1 198万亿元，增长率为8.81%。财产险业务实现保费收入11 929亿元，增长率为2.4%；寿险业务实现保费收入23 982亿元，增长率为5.4%；健康险业务实现保费收入8 173亿元，增长率为15.67%；意外险业务实现保费收入1 174亿元，同比下降0.09%；与国计民生密切相关的责任保险和农业保险业务继续保持较快增长，分别实现保费收入901亿元和815亿元，增长率分别为20.13%和21.28%。

二是资金运用配置更趋优化，投资收益稳步增长。2020年，中国保险公司资金运用余额为216 801亿元，较2020年初增长了17.02%。其中，银行存款规模约为25 973亿元，占资金运用余额的比例约为11.98%；债券规模约为79 329亿元，占比约为36.59%；股票和证券投资基金规模约为29 822亿元，占比约为13.76%。

三是保险科技应用日益广泛，创新业务快速发展。保险科技投入力度加大，大数据、人工智能、区块链、移动互联网、物联网等前沿技术广泛应用于保险产品创新、保险营销和保险公司内部管理等方面。依托互联网保险对部分标准化传统保险的快速替代以及场景创新型产品带来的增量市场，中国互联网保险创新业务保持高速增长。

四是立足国家战略，服务经济社会发展能力增强。2020年，中国保险行业积极助力经济社会发展的重点领域和薄弱环节，推动科技创新，维护社会稳定，不断提升保险服务实体经济的效率和水平。

（一）1980～2020年的保费收入

本部分简述了1980～2020年中国保险业的发展概况，主要对保费收入、保险密度、保险深度等数据进行了梳理和讨论。根据最新可得的国际比较数据，2020年，中国保险业保费收入达45 257亿元，总资产达232 984亿元；保险密度为3 205元/人，增长率达5.24%；保险深度为4.45%，同比增长3.05个百分点；赔款和给付额达13 907亿元，增长率为7.86%。中国保险业的国际地位大幅提升，世界排名从2010年的第6名上升至2020年的第2名。

表1-1显示了1980～2020年中国保费收入总额及其结构。1979年，中国保险业恢复发展。1980年，中国的保费收入规模约为4.6亿元。1990年，中国的保费收入为178亿元。2000年，中国的保费收入为1 595亿元。2010年，中国的保费收入为14 528亿元。2020年，中国的保费收入达45 257亿元，分别是1980年、

1990年、2000年和2010年的9 838倍、254倍、28倍和3倍。

从寿险和非寿险的结构来看,在20世纪80年代初期,非寿险在中国保险市场中占绝大多数份额,随后比重逐渐下降。1997年,中国寿险的比重第一次超过非寿险的比重。此后,寿险比重逐渐上升。2008年,中国寿险比重最高达到75%。最近几年,中国寿险和财产险市场格局逐步稳定,市场比例基本维持在7:3左右。

表1-1　　　　　　　　　　1980~2020年中国保费收入概况

年份	总保费（亿元）	人身险（寿险）		财产险	
		保费（亿元）	占比（%）	保费（亿元）	占比（%）
1980	5	—	0.00	5	100.00
1981	8	—	0.00	8	100.00
1982	10	3	30.00	7	70.00
1983	13	0	0.00	13	100.00
1984	20	1	5.00	19	95.00
1985	33	4	12.12	29	87.88
1986	46	11	23.91	35	76.09
1987	71	13	18.31	58	81.69
1988	109	38	34.86	71	65.14
1989	142	46	46.48	76	53.52
1990	178	60	33.71	118	66.29
1991	236	83	35.17	153	64.83
1992	368	143	38.86	225	61.14
1993	500	—	—	—	—
1994	600	264	44.00	336	56.00
1995	683	262	38.36	421	61.64
1996	788	343	43.53	445	56.47
1997	1 087	607	55.84	480	44.16
1998	1 247	747	59.90	500	40.10
1999	1 393	872	62.60	521	37.40
2000	1 595	997	62.51	598	37.49
2001	2 109	1 424	67.52	685	32.48
2002	3 053	2 275	74.52	778	25.48
2003	3 880	3 011	77.60	869	22.4
2004	4 318	3 228	74.78	1 089	25.22

续表

年份	总保费（亿元）	人身险（寿险）		财产险	
		保费（亿元）	占比（%）	保费（亿元）	占比（%）
2005	4 927	3 697	75.04	1 230	24.96
2006	5 641	4 132	73.25	1 509	26.75
2007	7 036	5 038	71.60	1 998	28.40
2008	9 784	7 447	76.11	2 337	23.89
2009	11 137	8 261	74.18	2 876	25.82
2010	14 528	10 632	73.18	3 896	26.82
2011	14 339	9 721	67.79	4 618	32.21
2012	15 688	10 157	64.74	5 531	35.26
2013	17 222	11 010	63.93	6 212	36.07
2014	20 235	13 031	64.40	7 203	35.60
2015	24 283	16 288	67.08	7 995	32.92
2016	30 959	22 235	71.82	8 724	28.18
2017	36 581	26 746	73.11	9 835	26.89
2018	38 017	27 247	71.67	10 770	28.33
2019	42 645	30 995	72.68	11 649	27.32
2020	45 257	33 329	73.64	11 929	26.36

由图1-1可以看出，中国的保费收入自2000年出现第一次快速上升，2006年之后又出现一次快速上升。这两次上升均与新型人身保险产品（包括分红保险、投资连结保险和万能保险等）的引入和推动有关。

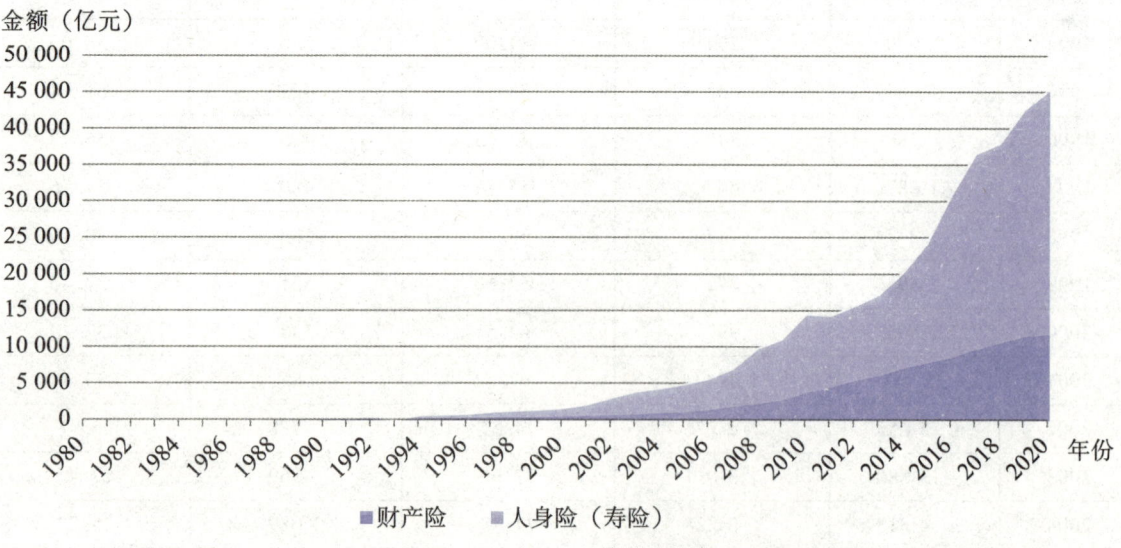

图1-1 1980~2020年中国的保费收入规模

表 1-2 对 1980~2020 年中国保费收入的名义增长率与世界保费收入的名义增长率进行了比较。此处所述的名义增长率包含了通货膨胀的影响。图 1-2 直观地显示了两者之间的对比。

表 1-2　1980~2020 年中国保费名义增长率和世界保费名义增长率的比较

年份	中国保费（亿元）	名义增长率（%）	世界保费（亿美元）	名义增长率（%）
1980	5	—	4 671	—
1981	8	60.00	4 789	2.53
1982	10	25.00	4 933	3.01
1983	13	30.00	5 176	4.93
1984	20	53.85	5 564	7.50
1985	33	65.00	6 460	16.10
1986	46	39.39	8 773	35.80
1987	71	54.35	10 575	20.54
1988	109	53.52	12 353	16.81
1989	142	30.28	12 692	2.74
1990	178	25.35	14 074	10.89
1991	236	32.58	15 155	7.68
1992	368	55.93	16 728	10.38
1993	500	35.87	18 183	8.70
1994	600	20.00	19 653	8.08
1995	683	13.83	21 572	9.76
1996	788	15.37	21 323	-1.15
1997	1 087	37.94	21 490	0.78
1998	1 247	14.72	21 903	1.92
1999	1 393	11.71	23 662	8.03
2000	1 595	14.50	24 917	5.30
2001	2 109	32.23	24 551	-1.47
2002	3 053	44.76	26 710	8.79
2003	3 880	27.09	29 954	12.15
2004	4 318	11.29	33 069	10.40
2005	4 927	14.10	34 604	4.64
2006	5 641	14.49	36 987	6.89
2007	7 036	24.73	41 325	11.73
2008	9 784	39.06	41 964	1.55

续表

年份	中国保费（亿元）	名义增长率（%）	世界保费（亿美元）	名义增长率（%）
2009	11 137	13.83	40 881	-2.58
2010	14 528	30.45	43 100	5.43
2011	14 339	-1.30	45 740	6.13
2012	15 688	9.41	46 145	0.89
2013	17 222	9.78	46 145	0.00
2014	20 235	17.50	47 837	3.67
2015	24 283	20.00	46 024	-3.79
2016	30 959	27.49	46 948	2.01
2017	36 581	18.16	49 575	5.60
2018	38 017	3.93	51 932	4.75
2019	42 645	12.17	52 555	1.20
2020	45 257	6.12	—	-1.40

由图1-2可以看出以下几个特点：第一，中国保费收入增长呈现周期波动的特点。过去四十年间，大致可划分为5个周期；第二，随着科技的扩大应用，中国保费收入增长率的平均值呈现逐渐下降的趋势；第三，中国的保费收入名义增长率在绝大多数年份高于世界的保费收入名义增长率，而且超出的幅度很大。

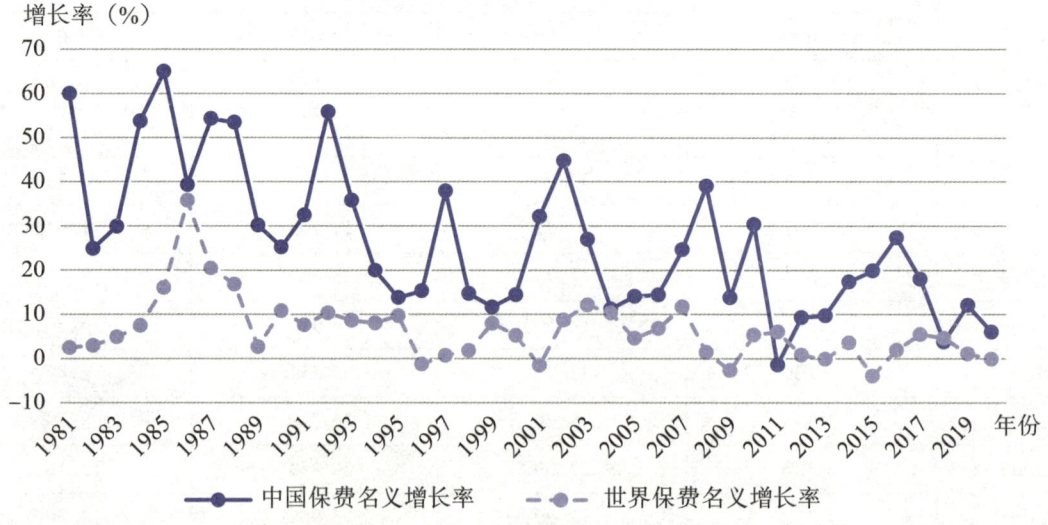

图1-2　1981~2019年中国保费名义增长率与世界保费名义增长率的比较

由于过去四十年间中国保险业与全球保险业相比保持了更快的增长速度，因此中国的保费收入占全球保险市场的份额逐年提高。中国保险业的快速增长是建立在中国GDP的快速增长基础上的,并且中国GDP与世界GDP相比保持了更快的增长速度(见表1-3)。图1-3直观地显示了这一变化趋势。

表1-3　　1980~2020年中国GDP与世界GDP的发展比较[①]

年份	中国GDP（亿美元）	世界GDP（亿美元）	中国GDP占世界GDP的比值（%）
1980	1 911.49	112 275.51	1.70
1981	1 958.66	116 237.93	1.69
1982	2 050.90	115 144.75	1.78
1983	2 306.87	117 470.30	1.96
1984	2 599.47	121 798.88	2.13
1985	3 094.88	127 933.44	2.42
1986	3 007.58	151 185.14	1.99
1987	2 729.73	172 009.88	1.59
1988	3 123.54	192 441.41	1.62
1989	3 477.68	200 874.31	1.73
1990	3 608.58	226 263.69	1.59
1991	3 833.73	239 665.56	1.60
1992	4 269.16	254 528.81	1.68
1993	4 447.31	258 578.62	1.72
1994	5 643.25	277 707.01	2.03
1995	7 345.48	308 865.65	2.38
1996	8 637.47	315 726.30	2.74
1997	9 616.04	314 580.73	3.06
1998	10 290.43	313 932.88	3.28
1999	10 939.97	325 617.73	3.36
2000	12 113.47	336 186.16	3.60

---

① 依据历年《中华人民共和国国民经济和社会发展统计公报》,在1991年以前,中国只公布国民生产总值(GNP),不公布国内生产总值(GDP);1992年以来,《中华人民共和国国民经济和社会发展统计公报》只公布国内生产总值(GDP),不公布国民生产总值(GNP)。表1-3中的1980~1991年的GDP数据均为推算数据,并且本课题组认为并没有一个公认、科学、权威的方法实现从GNP到GDP的推算。因此,本课题组并不保证上述数据的准确性和科学性,如有引用请谨慎为之。如引用,本课题组不为引用引起的各种质疑或者分歧承担责任。本报告中的相关数据引用和计算(例如,表1-5)均参照本备注说明。

续表

年份	中国GDP（亿美元）	世界GDP（亿美元）	中国GDP占世界GDP的比值（%）
2001	13 393.96	334 265.77	4.01
2002	14 705.50	347 098.10	4.24
2003	16 602.88	389 448.09	4.26
2004	19 553.47	438 671.39	4.46
2005	22 859.66	475 172.27	4.81
2006	27 521.32	515 020.22	5.34
2007	35 503.42	580 315.35	6.12
2008	45 943.07	636 755.54	7.22
2009	51 017.02	603 955.40	8.45
2010	60 871.65	661 131.19	9.21
2011	75 515.00	734 483.41	10.28
2012	85 322.31	751 459.97	11.35
2013	95 704.06	773 020.23	12.38
2014	104 756.83	794 508.08	13.19
2015	110 615.53	751 987.58	14.71
2016	112 332.77	763 357.95	14.72
2017	123 104.09	812 291.83	15.16
2018	138 948.17	863 570.73	16.09
2019	143 429.03	876 975.19	16.35
2020	157 842.71	847 055.67	18.63

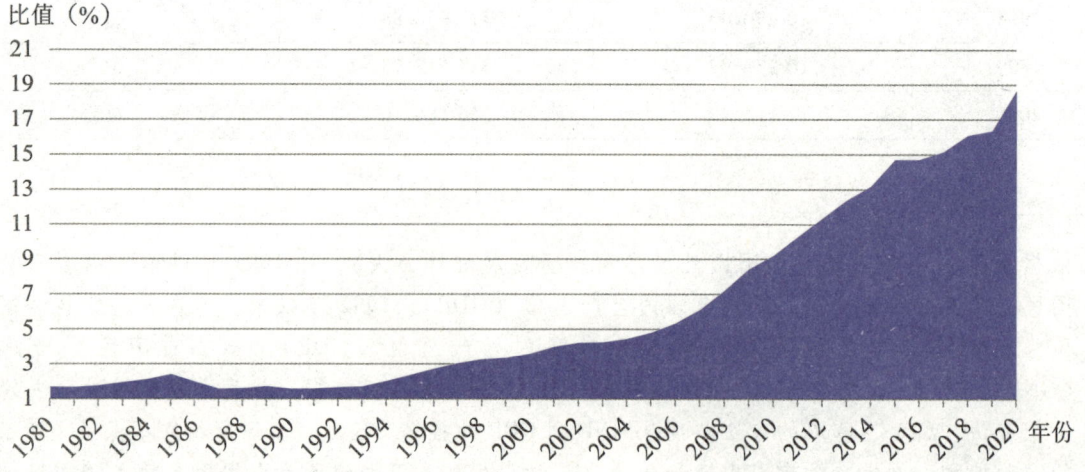

图1-3　1980~2020年中国GDP占世界GDP的比值

(二) 1980~2020 年的保险密度

表 1-4 显示了 1980~2020 年中国保险密度和世界保险密度的比较。图 1-4 直观地显示了两者的增长状况。

表 1-4　　　　1980~2020 年中国保险密度和世界平均保险密度

年份	中国保险密度（元/人）	世界平均保险密度（美元/人）	中国保险密度增长率（%）	世界平均保险密度增长率（%）
1980	0.47	103	—	—
1981	0.78	104	65.96	0.97
1982	1.01	106	29.49	1.92
1983	1.28	109	26.73	2.83
1984	1.92	115	50.00	5.50
1985	3.13	132	63.02	14.78
1986	4.26	176	36.24	33.33
1987	6.51	208	52.56	18.18
1988	9.86	239	51.74	14.90
1989	12.65	242	28.29	1.26
1990	15.61	264	23.39	9.09
1991	20.70	279	32.56	5.68
1992	32.26	302	55.88	8.24
1993	44.30	323	37.31	6.95
1994	52.57	344	18.67	6.50
1995	56.39	372	7.28	8.14
1996	63.40	363	12.44	-2.42
1997	87.36	361	37.78	-0.55
1998	100.67	364	15.24	0.83
1999	110.76	388	10.02	6.59
2000	125.91	403	13.68	3.87
2001	165.27	391	31.26	-2.98
2002	237.69	420	43.81	7.42
2003	300.28	464	26.33	10.48
2004	332.19	505	10.63	8.84
2005	376.83	522	13.44	3.37

续表

年份	中国保险密度 （元/人）	世界平均保险密度 （美元/人）	中国保险密度增长率 （%）	世界平均保险密度 增长率（%）
2006	429.18	550	13.89	5.36
2007	532.49	603	24.07	9.64
2008	736.74	605	38.36	0.33
2009	834.57	581	13.28	-3.97
2010	1 083.44	604	29.82	3.96
2011	1 064.26	636	-1.77	5.30
2012	1 143.83	633	7.48	-0.47
2013	1 265.67	625	10.65	-1.26
2014	1 479.35	637	16.88	1.92
2015	1 766.49	607	19.41	-4.71
2016	2 239.02	614	26.75	1.15
2017	2 631.58	641	17.53	4.40
2018	2 724.46	663	3.53	3.43
2019	3 045.95	671	11.80	1.21
2020	3 205.70	687	5.24	2.38

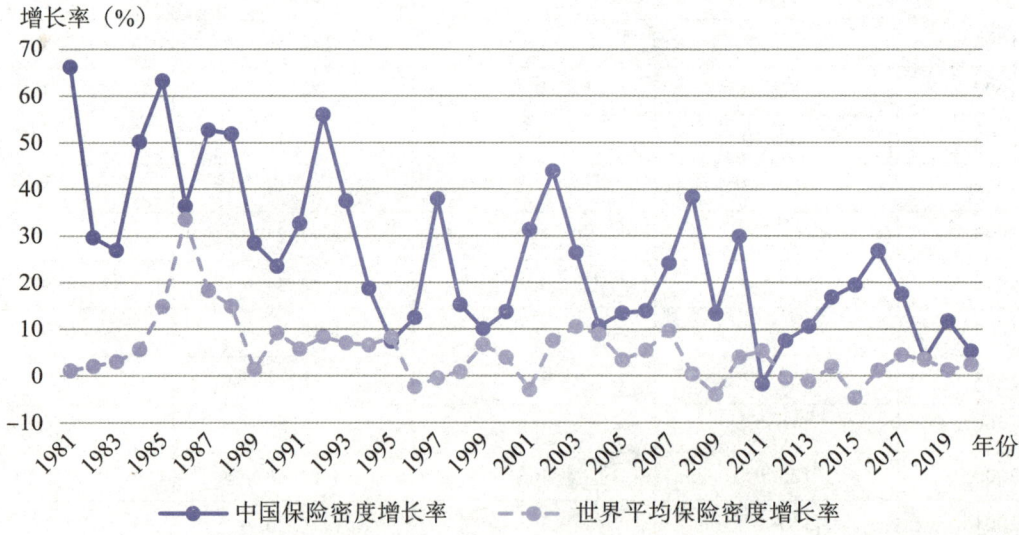

图 1-4　1981～2019 年中国保险密度增长率与世界平均保险密度增长率的比较

由图 1-4 可以看出，世界保险密度在 1984 年和 2011 年之后两次呈现较快的增长，而中国保险密度在过去四十年间一直保持增长势头，2006 年之后增长更为明显。2008 年，国际金融抑制了世界保险密度的增长，2009 年的世界平均保险密度比2008年有所下降。即便如此，中国保险密度在这一时期仍然保持快速的增长态势。这对于中国这样一个人口大国而言是十分不易的。统计数据显示，2020年中国的保险密度相当于世界平均保险密度的72.63%。

（三）1980～2020年的保险深度

表1-5和图1-5直观地对比了1980～2020年中国保险深度和世界平均保险深度。由图1-5可以看出，世界平均保险深度在20世纪80年代后呈现出较为明显的上升趋势，1993～2011年基本保持在7%左右，2012～2017年降至6%左右，2018～2020年再次呈现上升态势。中国保险深度整体呈现上升趋势，但自2003年以来，随着中国GDP的高速增长，保险深度进入了一段相对平稳的时期，2010～2012年明显下降，2013年开始恢复上升趋势。统计数据显示，2020年中国的保险深度相当于世界平均保险深度的60.96%。

表1-5　　1980～2020年中国保险深度与世界平均保险深度的比较　　（单位：%）

年份	中国保险深度	世界平均保险深度
1980	0.11	4.16
1981	0.16	4.12
1982	0.19	4.28
1983	0.22	4.41
1984	0.27	4.57
1985	0.36	5.05
1986	0.44	5.80
1987	0.58	6.15
1988	0.72	6.42
1989	0.83	6.32
1990	0.95	6.22
1991	1.09	6.32
1992	1.39	6.57
1993	1.47	7.03
1994	1.30	7.08
1995	1.11	6.98
1996	1.08	6.75
1997	1.35	6.83
1998	1.47	6.98
1999	1.54	7.27

续表

年份	中国保险深度	世界平均保险深度
2000	1.59	7.41
2001	1.90	7.34
2002	2.51	7.70
2003	2.82	7.69
2004	2.67	7.54
2005	2.63	7.28
2006	2.57	7.18
2007	2.60	7.12
2008	3.06	6.59
2009	3.20	6.77
2010	3.53	6.52
2011	2.94	6.23
2012	2.88	6.14
2013	2.90	5.97
2014	3.14	6.02
2015	3.53	6.12
2016	4.15	6.15
2017	4.40	6.10
2018	4.14	7.11
2019	4.32	7.17
2020	4.45	7.30

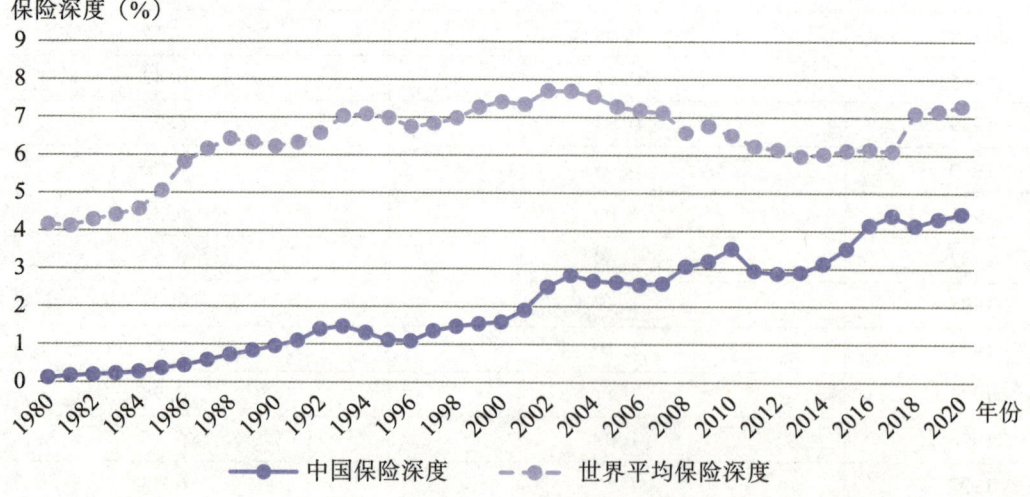

图1-5 1980~2020年中国保险深度与世界平均保险深度的比较

二、发展评价

（一）市场主体

中国的保费规模从1980年的4.6亿元增至2020年的45 257亿元，年均增长率约为26.61%。截至2020年末，中国保险业全行业总资产达232 984亿元，净资产达27 525亿元，多层次保险市场体系初步形成，市场主体增至234家（不包含互助保险机构3家）。其中，财产险市场主体有87家，人身险市场主体有91家，再保险市场主体有14家，集团和控股市场主体有14家，保险资产管理市场主体有28家。

截至2020年末，中国保险业的市场主体主要有：①1家出口信用保险公司；②14家保险集团和控股公司；③87家财产险公司。其中，互联网财产险公司有4家、相互保险公司有3家、自保公司有4家；④91家寿险公司。其中，养老保险公司有9家、健康险公司有7家；⑤28家保险资产管理公司；⑥14家再保险公司。其中，中资再保险公司有7家，外资再保险公司有7家。

2020年，中国共有4家保险机构开业，它们是恒安标准养老保险有限责任公司、招商信诺资产管理有限公司、中国银行资产管理有限责任公司和中国农业再保险股份有限公司。截至2020年末，尚有1家保险机构正在筹建，为国华兴益保险资产管理有限公司。

截至2021年1月31日，中国共有保险中介机构3 054家。其中，保险代理公司有1 760家，保险经纪公司有496家，保险公估公司有798家。从区域分布来看，保险代理和保险经纪这两类保险中介机构主要分布在北京市、广东省和上海市。注册地在这三个区域的保险中介机构合计占比达32.3%；注册地占比较高的省份还有山东省和江苏省。

中国保险代理公司共有1 760家。其中，全国性保险专业代理机构有243家；代理和销售相关保险业务的机构有237家，经营投保类业务的机构有6家；区域性保险专业代理机构有1 517家，全部从事代理和销售相关保险业务。2020年，新成立的保险代理机构有4家。从区域分布来看，注册地在广东省的保险代理公司最多，有224家；注册地在北京市的保险代理公司有169家；注册地在山东省的保险代理公司有156家。注册地在这三个区域的保险代理机构合计占比达31.19%。

中国保险经纪公司共有496家。其中，注册地在北京市的最多，有174家；注册地在上海市的有82家；注册地在广东省的有70家。注册地在这三个区域的保险经纪公司合计占比约为65.73%。

中国保险公估公司共有798家。其中，注册地在山东省的最多，有100家；注册地在广东省的有97家；注册地在河北省的有93家。注册地在这三个区域的保险公估公司合计占比达36.34%。2021年，中国新成立保险公估公司8家，其中3家的注册地在山东省。

（二）2020年中国保险业经营情况

2020年，中国保险业实现保费收入约达45 257亿元，增长率为6.12%（见表1-6）。寿险公司未计入合同核算的保户投资款和独立账户本年新增缴费达7 517亿元，增长率为-17.28%。

表1-6　　2019年和2020年中国保险业经营情况的比较

项目	2020年（亿元）	2019年（亿元）	增长率（%）
保费收入	45 257	42 645	6.12
1. 财产险	11 929	11 649	2.40
2. 人身险	33 329	30 995	7.53
（1）寿险	23 982	22 754	5.40
（2）健康险	8 173	7 066	15.67
（3）人身意外伤害险	1 174	1 175	-0.09
保户投资款新增缴费	7 044	8 711	-19.14
投连险独立账户新增缴费	473	376	25.80
赔付支出	13 907	12 894	7.86
1. 财产险	6 955	6 502	6.97
2. 人身险	6 952	6 392	8.76
（1）寿险	3 715	3 743	-0.75
（2）健康险	2 921	2 351	24.25
（3）人身意外伤害险	316	298	6.04
业务及管理费	5 728	5 491	4.32
银行存款	25 973	25 227	2.96
资金运用余额	216 801	185 271	17.02
资产总额	232 984	205 645	13.29

（1）从产寿险公司来看，2020年，财产险公司规模达13 584亿元，增长率为4.36%；寿险公司规模达31 674亿元，增长率为6.9%。从业务类型来看，财产险业务规模达11 929亿元，增长率为2.4%；寿险业务规模达23 982亿元，增长率为5.4%；健康险业务规模达8 173亿元，增长率为15.67%；意外险业务规模达

1 174亿元，增长率为-0.09%。

（2）2020年，中国保险业新增保单件数为526.34亿件，增长率为6.25%。其中，财产险公司签单件数为517.28亿件，增长率为6.13%；寿险公司新增保单件数为9.06亿件，增长率为13.68%。

（3）2020年，中国保险业赔款和给付支出达13 907亿元，增长率为7.86%。其中，财产险业务赔款额为6 955亿元，增长率为6.97%；寿险业务给付额为3 715亿元，增长率为-0.75%；健康险业务赔款额为2 921亿元，增长率为24.25%；意外险业务赔款额为316亿元，增长率为6.04%。

（4）2020年，中国保险业资金运用余额为216 801亿元，较2020年初增长了17.02%。其中，债券资金运用余额约为79 329亿元，占比约为36.59%；银行存款资金运用余额约为25 973亿元，占比约为11.98%；股票和证券投资基金资金运用余额约为29 822亿元，占比约为13.76%。投资收益实现增长，资金运用平均收益率达5.4%。

（5）2020年，中国保险业总资产达232 984亿元，较2020年初增长了13.29%。净资产达27 525亿元，较2020年初增长了10.95%。利润总额约为34 312亿元，增长率为9.52%。

（6）2020年，中国人身险退保金额为3 207.19亿元，增长率为-45.09%，退保率为2.39%。

（7）表1-6和图1-6直观地显示了2020年中国保险市场的险种结构及其变化情况。

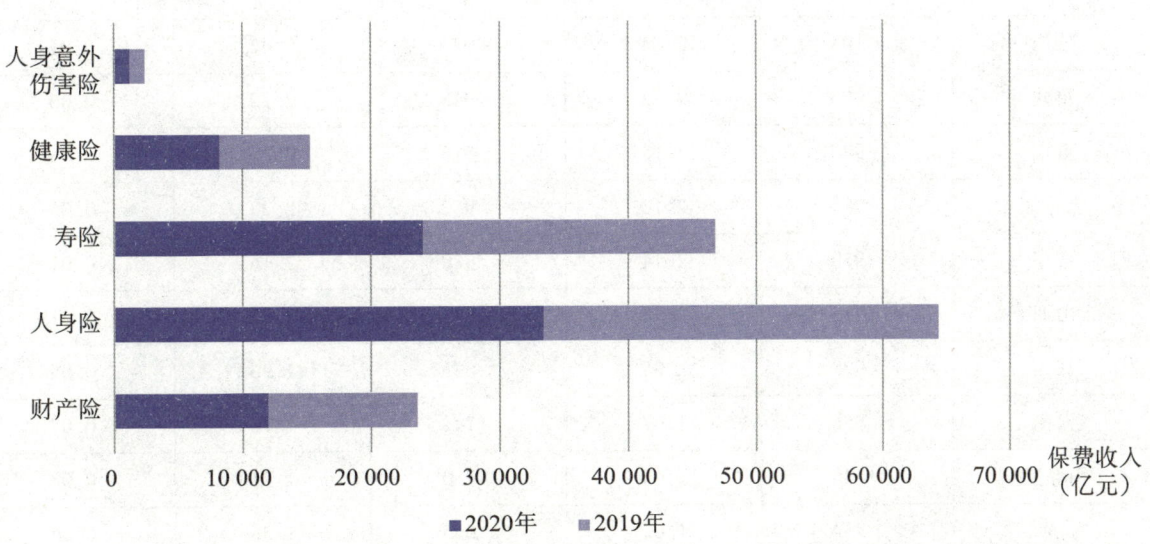

图1-6 2019年和2020年中国保险市场的险种结构

（8）表1-7显示了2020年中国保费收入的地区分布情况。从中国保费收入的地区结构来看，2020年排名居前列的省份是广东省、江苏省和山东省，占比均超过6%。其中，广东省占比达9.28%，江苏省占比达8.87%，山东省占比达6.57%。

表1-7　　　　　　　　2020年中国地区间保费收入差异及变化情况

地区	2020年 保费收入（亿元）	占比（%）	2019年 保费收入（亿元）	占比（%）	市场占有率的变化率（%）
广东	4 199	9.28	4 112	9.64	-0.36
江苏	4 015	8.87	3 750	8.79	0.08
山东	2 972	6.57	2 751	6.45	0.11
河南	2 506	5.54	2 431	5.70	-0.16
浙江	2 477	5.47	2 251	5.28	0.19
北京	2 303	5.09	2 076	4.87	0.22
四川	2 274	5.02	2 149	5.04	-0.02
河北	2 089	4.62	1 989	4.66	-0.05
上海	1 865	4.12	1 720	4.03	0.09
湖北	1 854	4.10	1 729	4.05	0.04
湖南	1 513	3.34	1 396	3.27	0.07
深圳	1 454	3.21	1 384	3.25	-0.03
安徽	1 404	3.10	1 349	3.16	-0.06
陕西	1 103	2.44	1 033	2.42	0.01
福建	1 006	2.22	948	2.22	0.00
重庆	988	2.18	916	2.15	0.03
黑龙江	987	2.18	952	2.23	-0.05
辽宁	970	2.14	919	2.16	-0.01
山西	933	2.06	883	2.07	-0.01
江西	928	2.05	835	1.96	0.09
云南	756	1.67	742	1.74	-0.07
内蒙古	740	1.64	730	1.71	-0.08
广西	734	1.62	665	1.56	0.06

第一章 2020年中国保险市场分析

续表

地区	2020年		2019年		市场占有率的变化率（%）
	保费收入（亿元）	占比（%）	保费收入（亿元）	占比（%）	
吉林	710	1.57	679	1.59	-0.02
新疆	682	1.51	654	1.53	-0.03
天津	672	1.49	618	1.45	0.04
贵州	512	1.13	489	1.15	-0.02
青岛	511	1.13	487	1.14	-0.01
甘肃	485	1.07	444	1.04	0.03
宁波	391	0.86	376	0.88	-0.02
大连	369	0.81	371	0.87	-0.06
厦门	236	0.52	227	0.53	-0.01
宁夏	211	0.47	198	0.46	0.00
海南	206	0.45	203	0.48	-0.02
青海	104	0.23	98	0.23	0.00
西藏	40	0.09	37	0.09	0.00
集团、总公司本级	61	0.14	52	0.12	0.01
全国合计	45 257	100.00	42 645	100.00	0.00

表1-8和图1-7直观地显示了2020年中国东部、中部、西部三大区域的保费收入状况和变化情况。从份额结构来看，2020年中国东部、中部、西部三大区域的保费收入份额占比分别为56.9%、23.9%和19.1%，呈现出明显的依次递减特征。与2019年相比，2020年中国东部地区的保费收入占比略有上升，中国西部地区的保费收入占比基本持平，中国中部地区的保费收入占比略有下降。

表1-8 2020年中国东部、中部、西部地区保费收入及变化情况

地区	2020年		2019年	
	保费收入（亿元）	占比（%）	保费收入（亿元）	占比（%）
东部地区	25 732	56.9	24 183	56.7
中部地区	10 835	23.9	10 254	24.0
西部地区	8 629	19.1	8 156	19.1
集团、总公司本级	61	0.1	52	0.1
全国	45 257	100.0	42 645	100.0

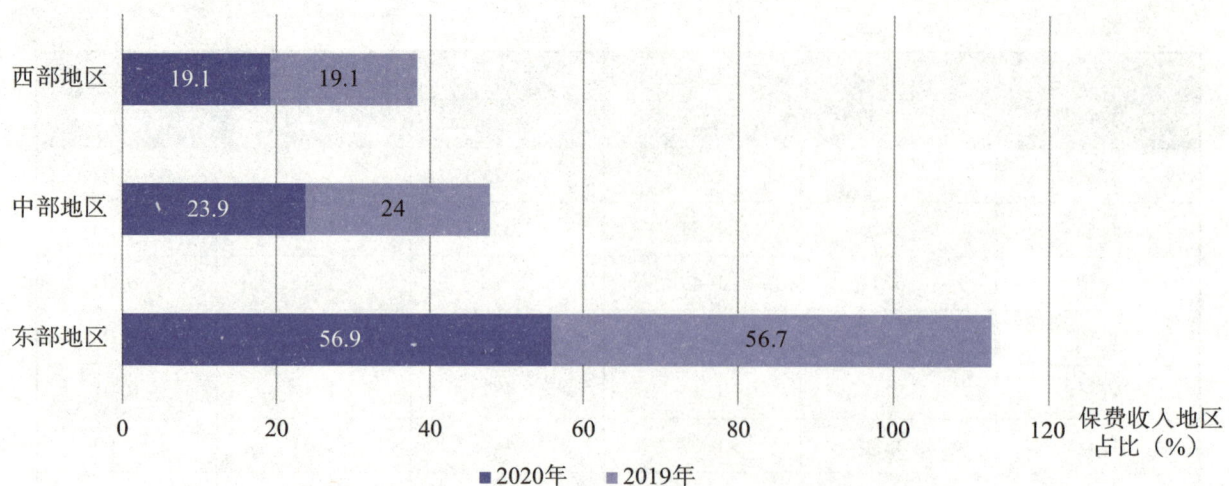

图 1-7 2019 年和 2020 年中国保费收入的地区占比情况

（9）2020 年，中国中资保险公司实现保费收入达 41 732.56 亿元，市场份额为 92.21%；外资保险公司实现保费收入达 3 524.44 亿元，市场份额为 7.79%，同比上升 0.62 个百分点。

第二节 2020 年中国财产保险市场回顾

2020 年，中国财产险公司实现保费收入 13 584 亿元，增长率约为 4.36%；提供风险保额约 75 118 890 亿元，增长率约为 39.92%。2020 年，中国财产保险行业整体发展情况如下。

（1）企业财产保险的保费收入达 490 亿元，同比增长约 26 亿元，增长率约为 5.6%；家庭财产保险的保费收入达 91 亿元，与 2019 年中国的家庭财产保险保费收入持平。

（2）机动车辆保险的保费收入达 8 245 亿元，同比增长约 57 亿元，增长率约为 0.7%。

（3）工程保险的保费收入达 138 亿元，同比增长约 20 亿元，增长率约为 16.95%。

（4）责任保险的保费收入达 901 亿元，同比增长约 148 亿元，增长率约为 19.65%；保证保险的保费收入达 689 亿元，同比减少 155 亿元，增长率约为 -18.4%。

（5）农业保险的保费收入达 815 亿元，同比增长约 143 亿元，增长率约为 21.28%。

(6) 健康险的保费收入达 1 114 亿元,意外险的保费收入达 541 亿元,分别比 2019 年增加了 274 亿元和 14 亿元,增长率分别为 32.62% 和 2.66%。

(7) 财产险累计赔款支出达 7 880 亿元,同比增长约 601 亿元,增长率约为 8.26%。

(8) 财产险保单件数达 5 172 783 万件,同比增长 298 681 万件,增长率约为 6.13%。

(9) 财产险公司的资产总额达 23 423 亿元,同比增长约 483 亿元,增长率约为 2.1%。

一、基本分析

(一) 保费收入

(1) 图 1-8 显示了 1980~2020 年中国保险市场与财产险市场保费规模的比较。

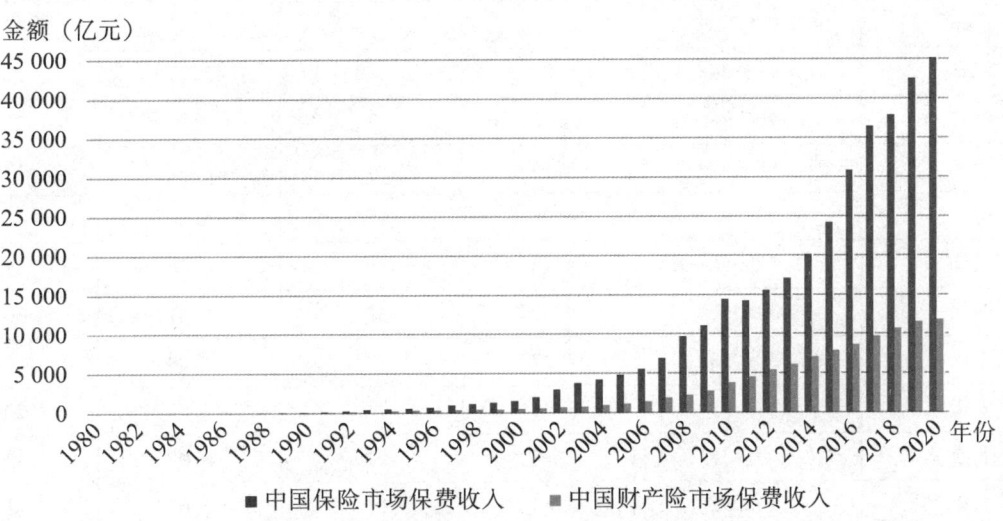

图 1-8 1980~2020 年中国保险市场整体与财产险市场保费规模的比较

图 1-9 显示了 2002~2020 年中国保险市场与财产险市场保费增速的对比情况。2020 年,中国财产险市场的保费收入实现正增长。从横向比较来看,2020 年,中国财产险市场的保费收入增速为 4.36%,低于同期全国保险市场的保费收入增速。从纵向比较来看,2020 年,中国财产险市场的保费收入增速远远低于 2019 年。

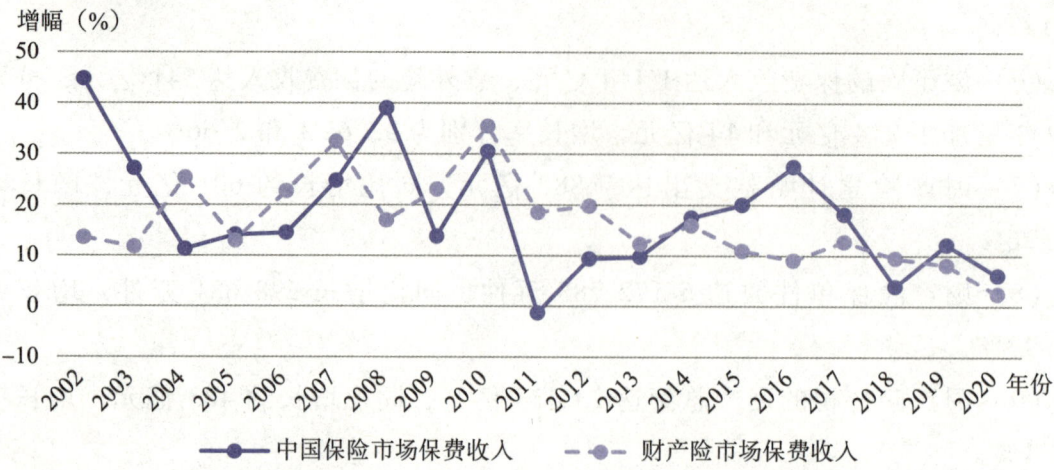

图 1-9　2002~2020 年中国保险市场整体与财产险市场的保费规模增速比较

(2) 2020 年,中国财产险市场地区保费规模和增长情况见表 1-9。

表 1-9　　　　　　　　2020 年中国财产险市场地区保费收入情况

地区	保费收入(亿元)	保费占比(%)	占比排名	保费增速(%)	增速排名
广东	1 009.90	8.47	1	6.05	2
江苏	993.34	8.33	2	-5.27	27
浙江	765.98	6.42	3	-4.18	22
山东	686.17	5.75	4	-3.38	17
河北	591.92	4.96	5	-3.20	16
河南	570.56	4.78	6	-6.76	31
四川	548.12	4.60	7	-6.41	30
上海	509.28	4.27	8	3.09	5
安徽	470.95	3.95	9	-3.81	20
北京	441.36	3.70	10	3.09	4
湖南	408.92	3.43	11	-2.67	15
湖北	370.25	3.10	12	7.49	1
深圳	363.37	3.05	13	-0.38	9
辽宁	300.10	2.52	14	-5.36	28
云南	295.82	2.48	15	0.40	7
江西	277.47	2.33	16	-6.30	29
福建	260.99	2.19	17	-0.38	10
陕西	238.04	2.00	18	-8.84	35
山西	237.86	1.99	19	-4.57	25

续表

地区	保费收入（亿元）	保费占比（%）	占比排名	保费增速（%）	增速排名
新疆	235.36	1.97	20	-4.40	23
广西	233.23	1.96	21	-6.96	32
重庆	230.22	1.93	22	-4.44	24
贵州	225.49	1.89	23	-1.10	11
内蒙古	216.94	1.82	24	-1.82	13
黑龙江	209.94	1.76	25	-3.78	19
吉林	187.99	1.58	26	-2.12	14
宁波	174.12	1.46	27	-4.66	26
天津	164.26	1.38	28	-7.46	33
甘肃	143.99	1.21	29	-4.16	21
青岛	140.58	1.18	30	-9.66	36
大连	86.35	0.72	31	1.91	6
厦门	76.08	0.64	32	3.84	3
海南	72.21	0.61	33	-1.68	12
宁夏	67.85	0.57	34	0.22	8
青海	43.57	0.37	35	-3.60	18
西藏	27.25	0.23	36	-8.26	34
集团、总公司本级	52.72	0.44	—	-10.85	—
全国合计	11 928.58	100.00	—	-2.34	—

从保费规模来看，广东省、江苏省、浙江省和山东省列前4位，保费收入均超过600亿元；河北省、河南省、四川省、上海市、安徽省、北京市、湖南省的保费收入均超过400亿元。上述11个地区的保费收入合计超过6 996亿元。宁夏回族自治区、青海省和西藏自治区的保费收入列后3位，保费收入合计不足139亿元。就保费规模的横向比较而言，中国保费规模的地区差距较大，西藏自治区的保费规模约为广东省保费规模的2.7%，保费规模列后3位的省份（宁夏回族自治区、青海省和西藏自治区）的保费收入总和仅为列前3位的省份（广东省、江苏省和浙江省）保费收入合计的5.01%。

从保费规模占全国财产险市场的比重来看，列前3位的广东省、江苏省、浙江省占全国财产险市场的比重分别为8.47%、8.33%和6.42%，列后3位的宁夏回族自治区、青海省和西藏自治区占全国财产险市场的比重分别为0.57%、0.37%和0.23%。

(二) 赔付支出

2020年,中国财产险业务赔付支出累计达7 880亿元。表1-10和图1-10显示了2020年各月中国财产险的保费收入和赔付支出情况。

表1-10　　2020年中国财产险市场的保费收入和赔付支出情况

月份	保费收入（亿元）	保费收入占比（%）	赔付支出（亿元）	赔付支出占比（%）	赔付率（%）
1月	1 336	11.2	543	7.8	40.6
2月	510	4.3	226	3.3	44.3
3月	1 116	9.4	492	7.1	44.1
4月	1 055	8.8	571	8.2	54.2
5月	997	8.4	557	8.0	55.9
6月	1 194	10.0	595	8.6	49.8
7月	983	8.2	623	9.0	63.4
8月	992	8.3	616	8.9	62.1
9月	1 039	8.7	663	9.5	63.9
10月	826	6.9	540	7.8	65.4
11月	891	7.5	679	9.8	76.3
12月	990	8.3	848	12.2	85.7

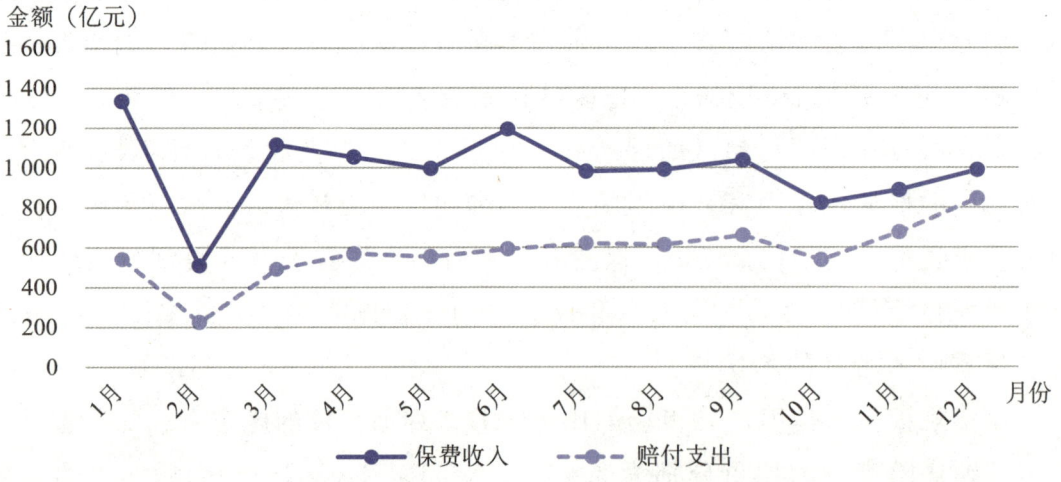

图1-10　2020年中国财产险市场的月度保费收入和赔付支出情况

二、竞争态势

（一）经营主体数量

2020年，中国银保监会没有批筹新的财产险公司。目前，中国共有87家财产险公司（见图1－11）。本报告中87家财产险公司的简称均使用中国银保监会网站公布的名称。

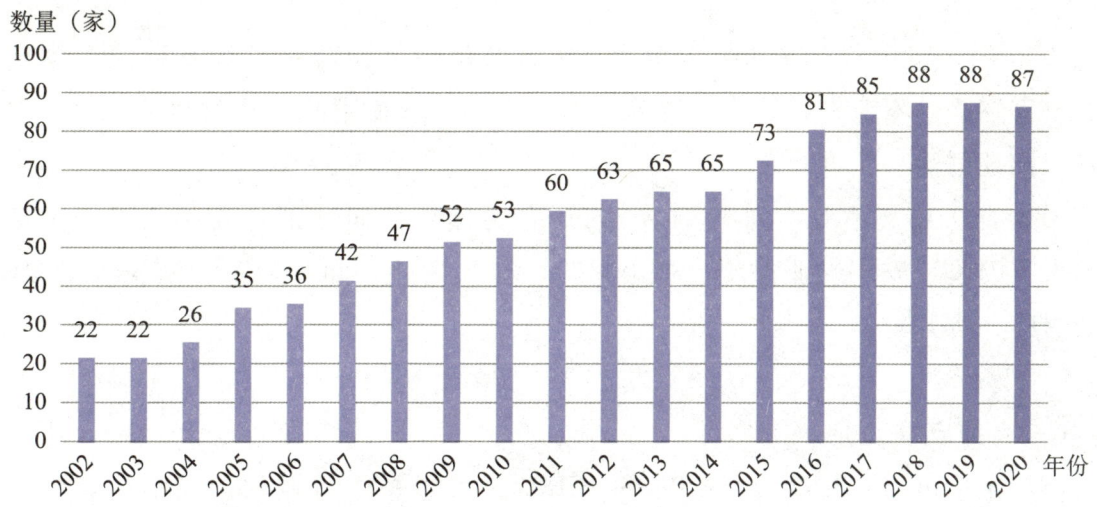

图1－11　2002~2020年中国财产险公司的数量变化情况

（二）市场份额

目前，中国财产险市场上大多数保险公司的市场占有率不足1%，中小型财产险公司数目众多（见表1－11）。纵观中国财产保险市场的市场份额，基本形成了"一超两强"为主导的市场格局。"一超"指中国人民财产保险股份有限公司（简称"人保财险"），"两强"指中国平安财产保险股份有限公司（简称"平安财险"）和中国太平洋财产保险股份有限公司（简称"太保财险"）。

表1－11　2020年中国财产险市场占有率排名前10位的保险公司

排名	公司名称	保费收入（亿元）	增长率（%）	市场占有率（%）
1	人保财险	4 320	0.09	31.80
2	平安财险	2 858	5.51	21.04
3	太保财险	1 467	10.96	10.80
4	国寿财险	863	12.17	6.36
5	中华联合	527	8.57	3.88

续表

排名	公司名称	保费收入（亿元）	增长率（%）	市场占有率（%）
6	大地财险	477	-1.38	3.52
7	阳光财险	372	-5.65	2.74
8	太平财险	281	4.48	2.07
9	众安财险	167	14.13	1.23
10	出口信用	164	12.05	1.21

2020年，市场占有率列第11～第20名的保险公司分别是天安财险、华安财险、永安财险、泰康在线、英大财险、紫金财险、永诚财险、华泰财险、国元农业保险、国任财险。

2020年，市场占有率列第21～第30名的保险公司分别是安盛天平、国泰财险、大家财险、安华农业保险、中银财险、亚太财险、鼎和财险、阳光农业保险、安诚财险、都邦财险。

（三）市场集中度

市场集中度（Concentration Ratio，CR）是衡量整个行业的市场结构集中程度的测量指标，用来衡量企业的数目和相对规模的差异，是反映市场垄断程度的重要量化指标。本报告对于中国财产保险行业市场集中度的分析以排名前3位的财产险公司的市场份额之和（CR3）为衡量标准。

由表1-12可以看出，2008～2011年，中国财产保险市场集中度持续上升，自2012年开始市场集中度有所下降，但是下降幅度较小。2020年，中国财产险市场集中度（63.64%）较2019年略有下降，下降了0.4个百分点。总体来看，中国财产保险市场集中度超过60%。这说明，中国财产保险市场仍然趋向于垄断，整体竞争程度不足。近年来，中国约六成的市场份额仍然由三大财产险公司贡献，而且人保财险一直稳居市场份额的首位，平安财险的市场份额从2009年起超越太保财险，排名次席。

表1-12　　2004～2020年中国财产保险行业市场集中度　　（单位：%）

年份	市场份额前3位（由大到小）	市场集中度（CR3）
2004	人保财险、太保财险、平安财险	79.90
2005	人保财险、太保财险、平安财险	72.60
2006	人保财险、太保财险、平安财险	67.30

续表

年份	市场份额前3位（由大到小）	市场集中度（CR3）
2007	人保财险、太保财险、平安财险	64.00
2008	人保财险、太保财险、平安财险	63.90
2009	人保财险、平安财险、太保财险	64.20
2010	人保财险、平安财险、太保财险	66.50
2011	人保财险、平安财险、太保财险	66.60
2012	人保财险、平安财险、太保财险	65.40
2013	人保财险、平安财险、太保财险	64.80
2014	人保财险、平安财险、太保财险	64.70
2015	人保财险、平安财险、太保财险	64.00
2016	人保财险、平安财险、太保财险	65.60
2017	人保财险、平安财险、太保财险	63.50
2018	人保财险、平安财险、太保财险	64.04
2019	人保财险、平安财险、太保财险	64.13
2020	人保财险、平安财险、太保财险	63.64

三、发展层次

（一）保险密度

保险密度是指按照当地人口计算的人均保费，它与保费收入总量从不同角度反映了保险的规模程度，同时也体现了一个国家（或地区）保险的普及程度。财产保险市场的保险密度说明了一个国家（或地区）财产保险产品的普及程度，是衡量财产保险市场发展情况的一项重要指标。

2020年，中国财产保险市场的保险密度为844.93元/人，增长率为1.55%。中国财产险市场的保险密度从2002年的60.57元/人迅速增至2020年的844.93元/人，增加了12.94（见表1-13和图1-12）。

表1-13　　　　　　　　2002～2020年中国财产险市场的保险密度

年份	财产险保费收入（亿元）	人口数量（万人）	财产险保险密度（元/人）
2002	778	128 453	60.57
2003	869	129 227	67.25
2004	1 089	129 988	83.78
2005	1 230	130 756	94.07

续表

年份	财产险保费收入（亿元）	人口数量（万人）	财产险保险密度（元/人）
2006	1 509	131 448	114.80
2007	1 998	132 129	151.22
2008	2 337	132 802	175.98
2009	2 876	133 450	215.51
2010	3 896	134 091	290.55
2011	4 618	134 735	342.75
2012	5 531	135 404	408.48
2013	6 212	136 072	456.52
2014	7 203	136 782	526.60
2015	7 995	137 462	581.62
2016	8 724	138 271	630.93
2017	9 835	139 008	707.51
2018	10 770	139 538	771.83
2019	11 649	140 005	832.04
2020	11 929	141 178	844.93

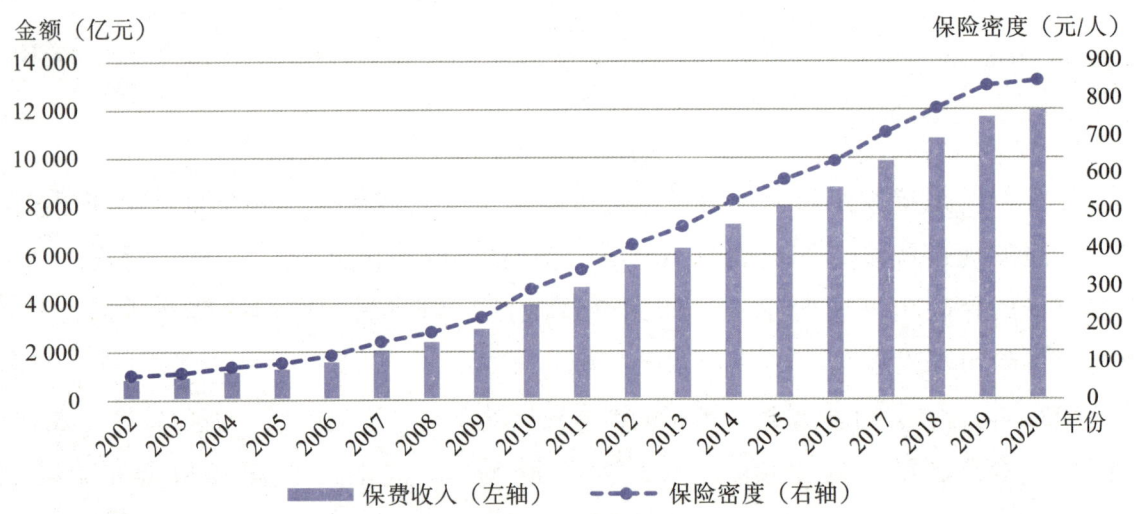

图 1-12　2002~2020 年中国财产险市场的保费收入和保险密度

（二）保险深度

保险深度是指一个国家（或地区）的保费收入与其生产总值之比，它反映了该国家（或地区）保险业在国民经济中所处的地位。财产保险市场的保险深度即财产保险保费与该国家（或地区）生产总值之比，用于衡量财产保险市场在国民经济中的重要程度。

近年来，中国财产保险市场的保险深度表现为较稳定的增长，从2002年的0.64%增至2020年的1.17%（见表1-14和图1-13），增加了近1倍。

表1-14　　　　2002～2020年中国财产险市场的保险深度

年份	财产险保费收入（亿元）	国内生产总值（亿元）	财产险保险深度（%）
2002	778	121 717	0.64
2003	869	137 422	0.63
2004	1 089	161 840	0.67
2005	1 230	187 319	0.66
2006	1 509	219 438	0.69
2007	1 998	270 092	0.74
2008	2 337	319 245	0.73
2009	2 876	348 518	0.83
2010	3 896	412 119	0.95
2011	4 618	487 940	0.95
2012	5 531	538 580	1.03
2013	6 212	592 963	1.05
2014	7 203	643 563	1.12
2015	7 995	688 858	1.16
2016	8 724	746 395	1.17
2017	9 835	832 036	1.18
2018	10 770	919 281	1.17
2019	11 649	986 515	1.18
2020	11 929	1 015 986	1.17

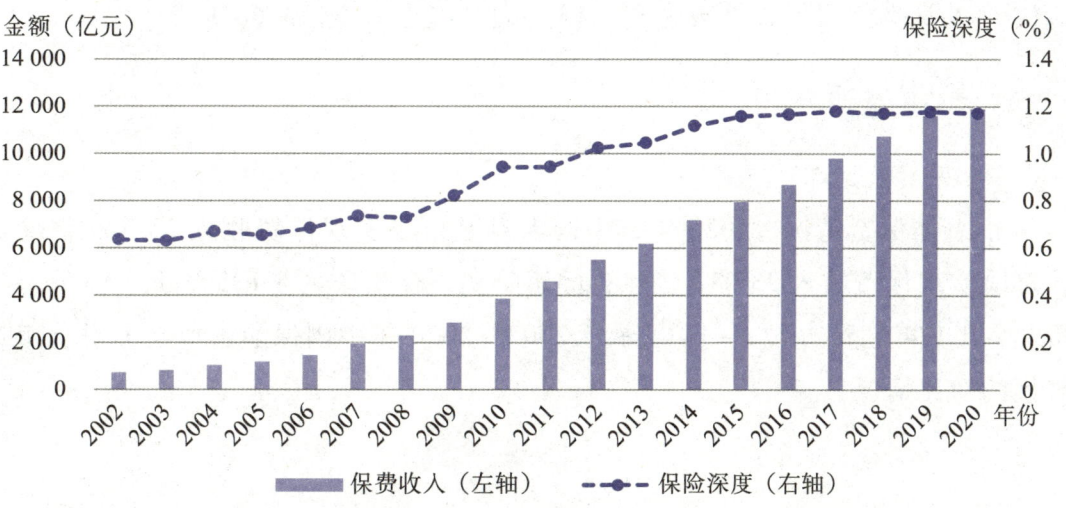

图1-13　2002～2020年中国财产险市场的保费收入和保险深度

第三节 2020年中国人身保险市场回顾

2020年,中国人身险行业保费收入为33 329亿元(含财产险公司经营的意外险和短期健康险),增长率为7.53%;寿险公司保险收入为1 198万亿元,增长率为8.79%。2020年,中国人身险行业整体发展情况如下。

(1)寿险业务收入达23 982亿元,增长率为5.4%,占人身险业务收入的71.96%;健康险业务收入达8 173亿元(含财产险公司经营的短期健康险1 114亿元),同比增长1 107亿元(含财产险公司经营的短期健康险840亿元),增长率为15.67%,占人身险业务收入的24.52%;意外险业务收入达1 174亿元(含财产险公司经营的意外险541亿元),同比减少2亿元(含财产险公司经营的意外险527亿元),增长率为-0.09%,占人身险业务收入的3.52%。

(2)2020年,未计入保险合同核算的保户投资款和独立账户新增缴费达7 517亿元,增长率为-17.28%。其中,人身险公司保户投资款新增缴费7 044亿元,增长率为-19.13%;人身险公司投连险独立账户新增缴费473亿元,增长率为25.7%。

(3)人身险业务赔款与给付支出达6 952亿元,增长率为8.76%。其中,寿险业务给付金额达3 715亿元,增长率为-0.75%;健康险业务赔款与给付支出达2 921亿元,增长率为24.25%;人身意外伤害险业务赔付支出达316亿元,增长率为6.04%。

(4)人身险公司保单件数为90 613万件,增长率为13.66%。

一、基本分析

(一)保费收入

(1)总体保费情况。2020年,中国人身险市场实现保费收入33 329亿元。其中,寿险实现保费收入23 932亿元;健康险实现保费收入8 173亿元;意外险实现保费收入1 174亿元。图1-14显示了2002~2020年中国保险市场与人身险市场保费规模的对比情况。

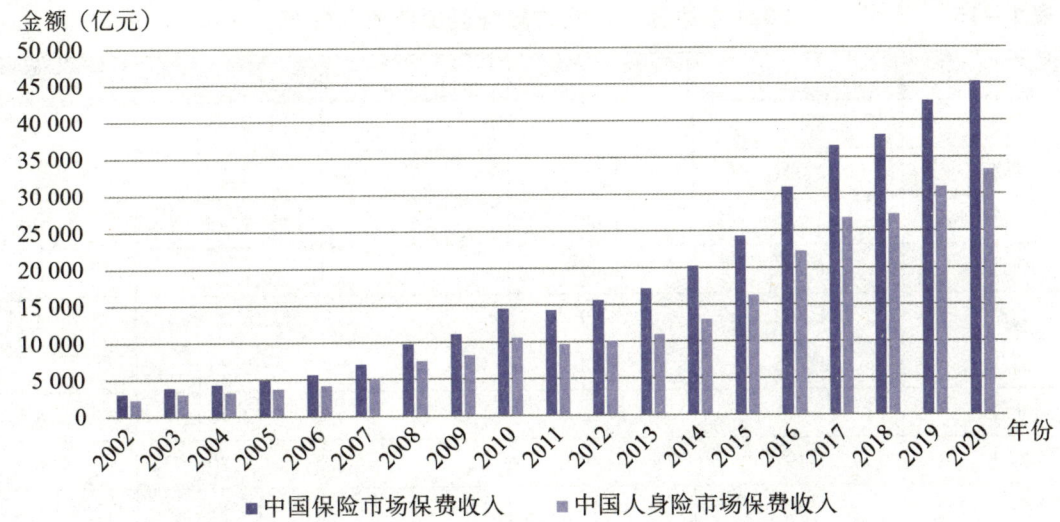

图 1-14　2002~2020 年中国保险市场整体与人身险市场保费收入的比较

图 1-15 显示了 2002~2020 年中国保险市场与人身险市场保费增速的对比情况。2020 年，中国人身险市场的保费收入实现正增长。从横向比较来看，2020 年中国人身险市场的保费收入增速为 7.53%，基本与同期中国保险市场的保费收入增速持平。从纵向比较来看，2020 年中国人身险市场的保费收入增速远远低于 2019 年。

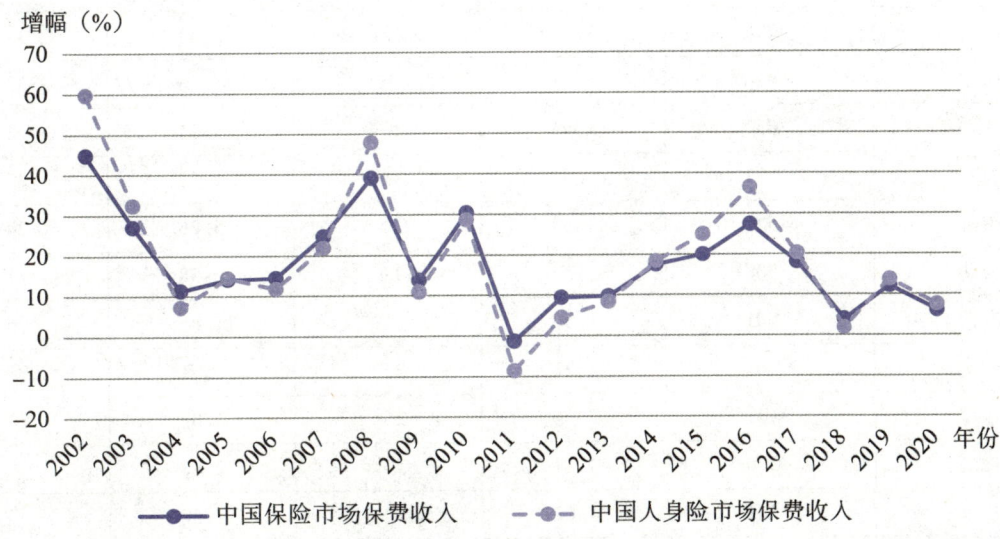

图 1-15　2002~2020 年中国保险市场整体与人身险市场的保费收入增速比较

（2）保费收入的地区差异。2020 年，中国人身险市场保费规模居前 5 位的省（自治区、直辖市）是广东省、江苏省、山东省、河南省和北京市。中国人身险市场地区保费规模和增长情况见表 1-15。

表 1-15　　2020 年中国人身险市场地区保费收入情况

地区	保费收入（亿元）	保费占比（%）	占比排名	保费增速（%）	增速排名
广东	3 189	9.57	1	4.88	25
江苏	3 022	9.07	2	7.57	16
山东	2 285	6.86	3	9.45	10
河南	1 935	5.81	4	1.92	34
北京	1 862	5.59	5	14.77	1
四川	1 725	5.18	6	5.53	21
浙江	1 711	5.13	7	12.79	4
河北	1 497	4.49	8	5.70	20
湖北	1 484	4.45	9	11.51	6
上海	1 356	4.07	10	13.45	2
湖南	1 104	3.31	11	10.64	8
深圳	1 090	3.27	12	6.67	17
安徽	933	2.80	13	4.08	28
陕西	865	2.59	14	5.97	18
黑龙江	777	2.33	15	3.64	29
重庆	757	2.27	16	8.82	12
福建	745	2.23	17	8.10	14
山西	695	2.09	18	5.93	19
辽宁	670	2.01	19	5.43	22
江西	650	1.95	20	13.11	3
内蒙古	523	1.57	21	1.17	35
吉林	522	1.57	22	5.26	24
天津	508	1.52	23	8.98	11
广西	501	1.50	24	11.85	5
云南	461	1.38	25	3.51	30
新疆	447	1.34	26	4.09	27
青岛	370	1.11	27	2.88	32
甘肃	341	1.02	28	11.50	7
贵州	286	0.86	29	7.62	15
大连	282	0.85	30	-0.59	36
宁波	217	0.65	31	3.14	31
厦门	160	0.48	32	8.37	13

续表

地区	保费收入（亿元）	保费占比（%）	占比排名	保费增速（%）	增速排名
宁夏	143	0.43	33	9.89	9
海南	134	0.40	34	2.06	33
青海	60	0.18	35	5.37	23
西藏	13	0.04	36	4.67	26
集团、总公司本级	9	0.03	—	75.00	—
合计	33 329	100.00	—	7.53	—

2020年，中国东部地区11个省（自治区、直辖市）的保费收入达19 097亿元，增长率约为8.3%，占比约为57.3%；中国中部地区8个省（自治区、直辖市）的保费收入达8 101亿元，增长率约为6.6%，占比约为24.3%；中国西部地区12个省（自治区、直辖市）的保费收入达6 122亿元，增长率约为6.3%，占比约为18.4%（见表1-16和图1-16）。

表1-16　　　　　　　中国东部、中部、西部地区人身险保费收入占比

地区	2020年		2019年	
	保费收入（亿元）	地区占比（%）	保费收入（亿元）	地区占比（%）
东部地区	19 097	57.3	17 633	56.9
中部地区	8 101	24.3	7 600	24.5
西部地区	6 122	18.4	5 757	18.6
集团、总公司本级	9	0.0	5	0.0

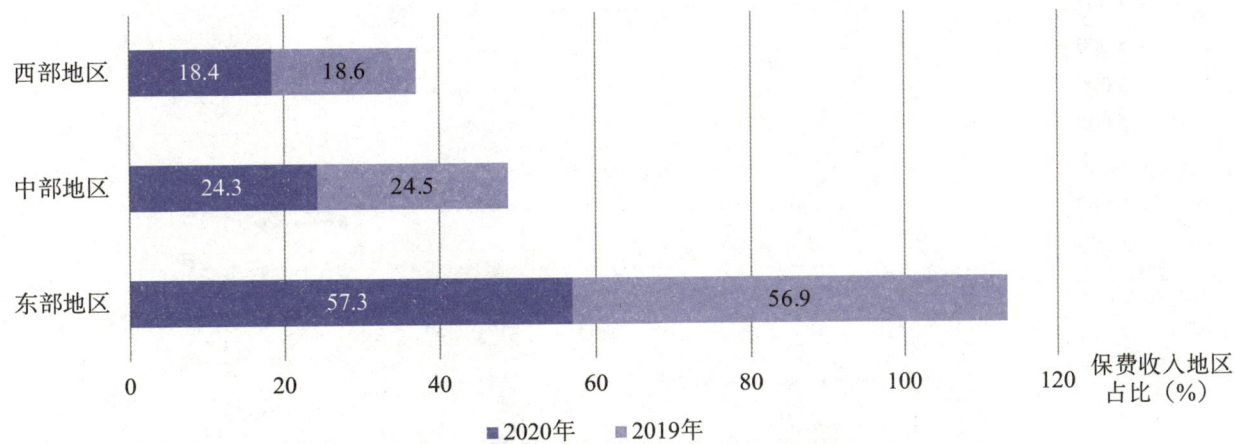

图1-16　2019年和2020年中国人身险保费收入的地区占比情况

（二）赔付支出

2020年，中国人身险业务赔款与给付支出累计达6 952亿元，增长率为8.76%。2020年各月中国人身险保费收入和赔付支出情况见表1-17和图1-17。

表1-17　　2020年中国人身险月度保费收入和赔付支出情况

月份	保费收入（亿元）	保费收入占比（%）	赔付支出（亿元）	赔付支出占比（%）	赔付率（%）
1月	7 745	23.2	723	10.4	9.3
2月	2 177	6.5	400	5.8	18.4
3月	3 812	11.4	647	9.3	17.0
4月	2 137	6.4	507	7.3	23.7
5月	2 181	6.5	483	6.9	22.1
6月	2 928	8.8	565	8.1	19.3
7月	1 892	5.7	548	7.9	28.9
8月	2 192	6.6	563	8.1	25.7
9月	2 705	8.1	667	9.6	24.7
10月	1 792	5.4	552	7.9	30.8
11月	1 681	5.0	633	9.1	37.6
12月	2 087	6.3	665	9.6	31.9

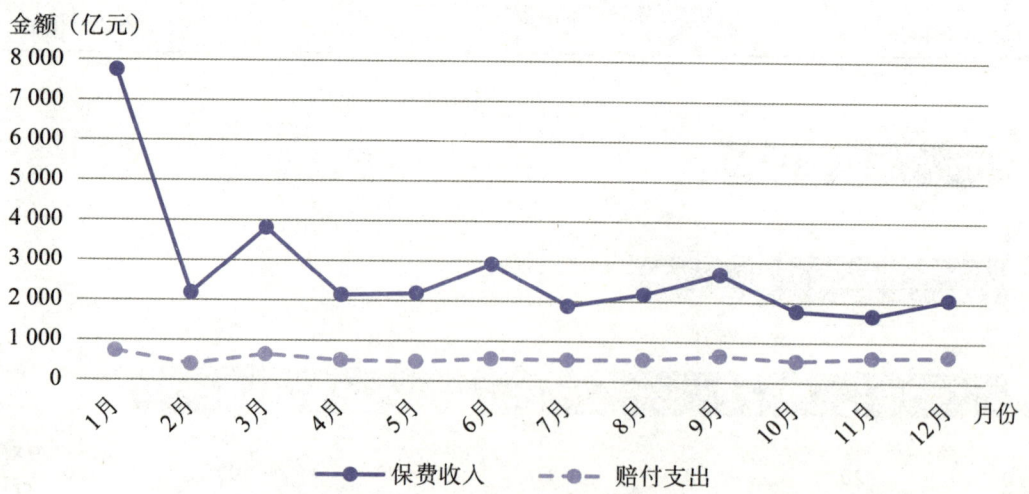

图1-17　2020年中国人身险月度保费收入和赔付支出情况

二、竞争态势

（一）经营主体数量

2020年，中国有1家人寿保险公司（恒安标准养老保险有限责任公司）获批开业。

2002年，中国仅有23家人身险公司。2006年末，中国的人身险公司发展至48家。其中，中资人身险公司有23家，外资人身险公司有25家；综合性人身险公司有41家，专业健康险公司有4家，专业养老保险公司有3家。截至2020年末，中国的人身险公司数量达91家（见图1-18）。

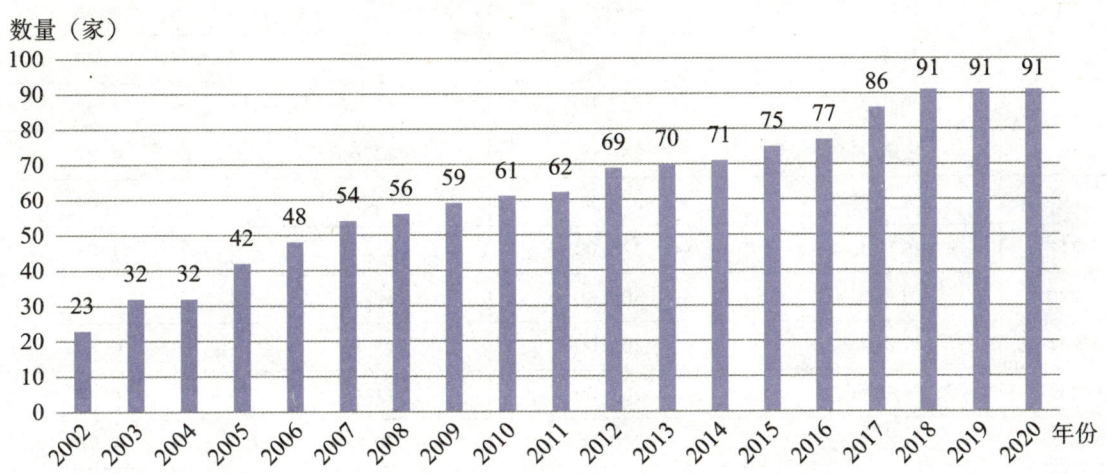

图1-18　2002~2020年中国人身险公司的数量变化情况

（二）市场份额

2020年，中国各家人身险公司的保费规模及其市场份额见表1-18。

表1-18　2020年中国人身险公司的保费收入情况

序号	公司名称	保费收入（亿元）	增长率（%）	市场占有率（%）
1	中国人寿	6 129.00	7.84	19.35
2	平安人寿	4 760.00	-3.61	15.03
3	中国太保	2 084.00	-1.84	6.58
4	新华人寿	1 595.00	15.48	5.04
5	华夏人寿	1 471.00	-19.52	4.64
6	太平人寿	1 443.00	2.78	4.56
7	泰康人寿	1 439.00	10.03	4.54

续表

序号	公司名称	保费收入（亿元）	增长率（%）	市场占有率（%）
8	人保寿险	961.00	-1.99	3.04
9	中邮人寿	819.00	21.40	2.59
10	前海人寿	783.00	2.36	2.47
11	富德生命	608.00	18.46	1.92
12	恒大人寿	603.00	43.56	1.90
13	阳光人寿	551.00	14.52	1.74
14	百年人寿	539.00	18.07	1.70
15	工银安盛	480.00	-11.52	1.52
16	天安人寿	468.00	-10.24	1.48
17	信泰人寿	455.00	116.88	1.44
18	建信人寿	428.00	46.66	1.35
19	友邦人寿	388.00	13.66	1.22
20	人保健康	328.00	46.07	1.04
21	国华人寿	325.00	-13.68	1.03
22	君康人寿	306.00	-15.49	0.97
23	农银人寿	265.00	13.97	0.84
24	平安养老	262.00	11.03	0.83
25	大家人寿	240.00	370.59	0.76
26	中信保诚人寿	234.00	9.45	0.74
27	招商信诺	197.00	9.21	0.62
28	合众人寿	190.00	12.87	0.60
29	上海人寿	169.00	33.49	0.53
30	交银康联	157.00	27.60	0.50
31	中意人寿	152.00	3.80	0.48
32	大都会人寿	151.00	5.08	0.48
33	英大人寿	149.00	54.05	0.47
34	利安人寿	146.00	10.84	0.46
35	光大永明	135.00	-16.66	0.43
36	民生人寿	125.00	1.60	0.39
37	中宏人寿	123.00	23.12	0.39
38	平安健康	122.00	31.48	0.39
39	中融人寿	122.00	51.43	0.39
40	中银三星	122.00	130.03	0.39

续表

序号	公司名称	保费收入（亿元）	增长率（%）	市场占有率（%）
41	招商仁和	117.00	12.07	0.37
42	泰康养老	116.00	28.46	0.37
43	中英人寿	99.00	5.09	0.31
44	幸福人寿	97.00	17.07	0.31
45	渤海人寿	89.00	13.57	0.28
46	长城人寿	88.00	8.23	0.28
47	昆仑健康	84.00	148.99	0.27
48	弘康人寿	83.00	-34.88	0.26
49	珠江人寿	73.00	118.10	0.23
50	太平洋健康	69.00	46.55	0.22
51	横琴人寿	66.00	11.34	0.21
52	中荷人寿	65.00	19.44	0.21
53	华泰人寿	62.00	1.02	0.20
54	同方全球人寿	62.00	22.35	0.20
55	中德安联	60.00	4.23	0.19
56	太平养老	59.00	17.74	0.19
57	恒安标准	44.00	12.89	0.14
58	东吴人寿	36.00	-0.75	0.11
59	信美人寿	34.00	68.02	0.11
60	爱心人寿	33.00	329.37	0.10
61	中华人寿	33.00	-30.06	0.10
62	陆家嘴国泰	30.00	10.66	0.09
63	北大方正	29.00	1.75	0.09
64	北京人寿	26.00	105.90	0.08
65	复星保德信	26.00	-36.97	0.08
66	复星联合健康	25.00	34.86	0.08
67	国联人寿	20.00	22.28	0.06
68	华贵人寿	20.00	1.18	0.06
69	国宝人寿	19.00	20.44	0.06
70	长生人寿	19.00	27.94	0.06
71	汇丰人寿	19.00	2.70	0.06
72	吉祥人寿	19.00	-7.36	0.06
73	和泰人寿	18.00	69.45	0.06

续表

序号	公司名称	保费收入（亿元）	增长率（%）	市场占有率（%）
74	国富人寿	16.00	72.45	0.05
75	海保人寿	14.00	21.70	0.04
76	三峡人寿	11.00	20.22	0.03
77	德华安顾	11.00	24.53	0.03
78	中韩人寿	10.00	34.07	0.03
79	君龙人寿	9.00	55.00	0.03
80	瑞泰人寿	8.00	21.71	0.03
81	和谐健康	4.00	100.00	0.01
82	瑞华健康	2.00	213.70	0.01
83	鼎诚人寿	2.00	109.81	0.01
84	大家养老	0.12	-88.00	0.00
85	华汇人寿	0.00	-19.27	0.00
86	中法人寿	0.00	39.03	0.00
87	国寿养老	0.00	—	0.00
88	长江养老	0.00	—	0.00
89	新华养老	0.00	—	0.00
90	人保养老	0.00	—	0.00
91	恒安标准养老	0.00	—	0.00

2020年，保费规模超过100亿元的中国人身险公司有42家，市场份额合计达95.6%；保费规模在10亿~100亿元的人身险公司有36家，市场份额合计为4.9%；保费规模为1亿~10亿元的人身险公司有5家，市场份额合计达0.1%；保费规模在1亿元以下的人身险公司有3家，市场份额合计约为0.01%（见表1-19）。

表1-19　　2019年和2020年中国人身险市场的保费收入分布情况

保费规模	公司数目（家）		市场份额合计（%）	
	2020年	2019年	2020年	2019年
大于100亿元	42	36	95.6	94.4
介于10亿元与100亿元之间	36	34	4.9	5.4
介于1亿元与10亿元之间	5	13	0.1	0.3
小于1亿元	3	8	0.01	0.0

（三）市场集中度

2020年，中国人身险市场格局发生了变化，新华人寿成为了市场份额第4名的人身险公司，华夏人寿退居第5名。随着市场主体的增加，中国人身险市场的竞争格局也在悄然变化，人身险市场从寡头垄断竞争阶段进入垄断竞争时期。2004年，中国人寿的人身险保费收入占市场总保费收入的46.87%，中国平安、中国太保、新华保险和泰康人寿4家人身险公司的保费收入占比分别为17.18%、10.8%、5.87%和5.54%，市场占有率居前5位的人身险公司市场份额合计超过86%。2020年，市场占有率居前5位的人身险公司总份额为50.6%，较2019年下降了3.3个百分点（见表1-20）。

表1-20　2004~2020年中国人身险市场占有率排名前5位的保险公司份额占比　（单位:%）

年份	中国人寿	中国平安	中国太保	新华保险	泰康人寿	人保寿险	大家人寿	华夏人寿	太平人寿	合计
2004	46.9	17.2	10.8	5.9	5.5					86.3
2005	44.1	16.1	9.9	5.8	4.9					80.8
2006	45.3	17.0	9.3	6.6	5.1					83.3
2007	39.7	16.0	10.2	6.6	6.9					79.5
2008	40.3	13.8	9.0	7.6	7.9					78.5
2009	36.2	16.2	8.3	8.2	8.2					77.2
2010	31.7	15.2	8.8	8.9	8.3					72.8
2011	33.3	12.4	9.8	9.9	7.1					72.5
2012	32.4	12.9	9.4	9.8	6.2					70.7
2013	32.2	14.4	9.4	10.2	6.0					72.2
2014	26.1	13.7	7.8	8.7		6.2				62.5
2015	23.0	13.1	7.1	6.9	5.6					54.6
2016	19.9	12.7	6.3	5.2			5.3			49.3
2017	19.7	14.2	6.7		4.4		7.3			52.2
2018	20.4	17.0	7.7	4.7				6.0		55.8
2019	19.7	16.7	7.2					6.2	4.7	53.9
2020	19.4	15.0	6.6	5.0				4.6		50.6

三、发展层次

（一）保险密度

近年来，中国保险市场的保险密度增长迅速，从2002年的177元/人增至2020

年的 2 361 元/人，增幅达到 12.34 倍（见表 1 - 21 和图 1 - 19）。

表 1 - 21　　　　　　　　2002～2020 年中国人身险市场的保险密度

年份	人身险保费收入（亿元）	人口数量（万人）	人身险保险密度（元/人）
2002	2 275	128 453	177
2003	3 011	129 227	233
2004	3 228	129 988	248
2005	3 697	130 756	283
2006	4 132	131 448	314
2007	5 038	132 129	381
2008	7 447	132 802	561
2009	8 261	133 450	619
2010	10 632	134 091	793
2011	9 721	134 735	721
2012	10 157	135 404	750
2013	11 010	136 072	809
2014	13 031	136 782	953
2015	16 288	137 462	1 185
2016	22 235	138 271	1 608
2017	26 746	139 008	1 924
2018	27 247	139 538	1 953
2019	30 996	140 005	2 214
2020	33 329	141 178	2 361

图 1 - 19　2002～2020 年中国人身险市场的保费收入和保险密度

（二）保险深度

近年来，中国人身险市场的保险深度波动较大，从 2002 年的 1.87% 逐年增至 2010 年的 2.58%，自 2011 年又逐年下降，至 2014 年再次波动上升，2020 年上升至 3.28%（见表 1-22 和图 1-20）。

表 1-22　　　　　　　　2002~2020 年中国人身险市场的保险深度

年份	人身险保费收入（亿元）	国内生产总值（亿元）	人身险保险深度（%）
2002	2 275	121 717	1.87
2003	3 011	137 422	2.19
2004	3 228	161 840	1.99
2005	3 697	187 319	1.97
2006	4 132	219 438	1.88
2007	5 038	270 092	1.87
2008	7 447	319 245	2.33
2009	8 261	348 518	2.37
2010	10 632	412 119	2.58
2011	9 721	487 940	1.99
2012	10 157	538 580	1.89
2013	11 010	592 963	1.86
2014	13 031	643 563	2.02
2015	16 288	688 858	2.36
2016	22 235	746 395	2.98
2017	26 746	832 036	3.21
2018	27 247	919 281	2.96
2019	30 996	986 515	3.14
2020	33 329	1 015 986	3.28

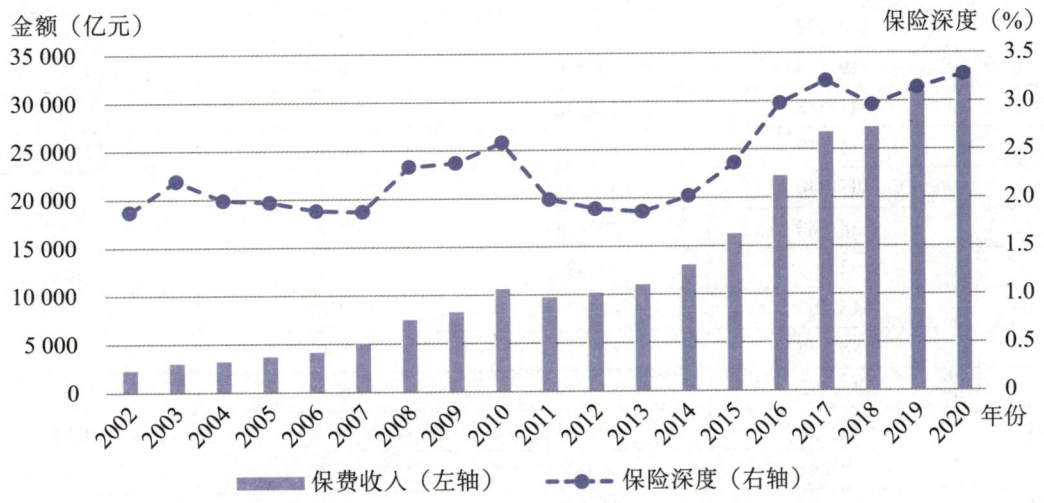

图 1-20　2002~2020 年中国人身险市场的保费收入和保险深度

第四节 2021年中国保险业发展展望

一、发展环境

近年来,中国经济发展迅速,国内生产总值以极快的速度增长(见表1-23)。2020年,中国国内生产总值较2000年增长了10.13倍。2020年,中国人均国内生产总值达71 965元。从图1-21中可以看出,近年来,中国国内生产总值增长率稳中有降,2020年增速达21年新低。总体来看,2020年中国经济仍运行在合理区间,经济结构进一步优化,转型升级进一步加快,新兴动力进一步积聚,人民生活进一步改善。但与此同时,国际环境错综复杂,中国国内经济结构调整和转型升级正处在爬坡过坎的关键阶段,全面深化改革任务艰巨。

表1-23 2000~2020年中国国内生产总值和人均国内生产总值情况

年份	GDP(亿元)	人均GDP(元)	GDP增幅(%)	人均GDP增幅(%)
2000	100 280	7 942	8.49	9.86
2001	110 863	8 717	8.34	9.75
2002	121 717	9 506	9.13	9.06
2003	137 422	10 666	10.04	12.20
2004	161 840	12 487	10.11	17.07
2005	187 319	14 368	11.39	15.06
2006	219 438	16 738	12.72	16.49
2007	270 092	20 494	14.23	22.44
2008	319 245	24 100	9.65	17.59
2009	348 518	26 180	9.40	8.63
2010	412 119	30 808	10.64	17.68
2011	487 940	36 302	9.55	17.83
2012	538 580	39 874	7.86	9.84
2013	592 963	43 684	7.77	9.56
2014	643 563	47 173	7.43	7.99
2015	688 858	50 237	7.04	6.50
2016	746 395	54 139	6.85	7.77
2017	832 036	60 014	6.95	10.85
2018	919 281	66 006	6.75	9.98
2019	986 515	70 581	6.00	6.93
2020	1 015 986	71 965	2.30	1.96

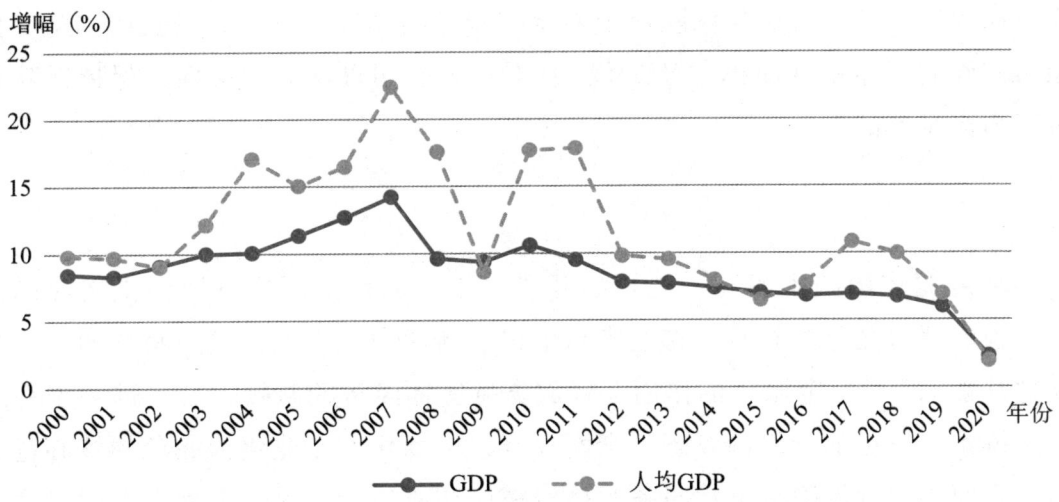

图1-21 2000~2020年中国GDP增速与人均GDP增速

党的十九大在政治上、理论上、实践上取得了一系列重大成果，其中一个重要论断就是中国特色社会主义进入新时代，中国社会主要矛盾已经转化为人民日益增长的美好生活需要和不平衡不充分的发展之间的矛盾。当前，中国保险业也步入了新时代，中国保险业面临的主要矛盾已经演进为不平衡不充分的保险供给与人民群众日益迸发、不断升级的保险需求之间的矛盾。2017年召开的全国金融工作会议和中央经济工作会议对金融工作作出了全面部署。可以说，新时代中国保险业的历史方位同国家、民族历史方位紧密相连，使命和任务无比清晰，那就是在实现中华民族伟大复兴中国梦中贡献行业全部力量，切实履行职责、把握机遇、迎接挑战，努力建设现代保险服务业。

2020年第一季度，受新冠肺炎疫情影响，中国保险行业业务开展增速有所放缓，但随着疫情影响的逐渐消退，国民经济逐步恢复，企业复工复产，居民生活恢复正轨。2020年第二季度以来，随着保险公司线下展业不断恢复，保费收入规模整体有所回升。在人身险保费收入方面，受新冠肺炎疫情影响，保险公司线下展业面临一定困难，加之部分企业停工停产以及面临一定经营危机，导致居民可运用现金流趋紧，寿险保费收入有所下滑。在财产险保费收入方面，由于健康险、农业险、责任险等非车险业务较好地开展，带动财产险保费收入呈现较好的增长态势。在万能险及投资连结险方面，受近年监管机构对保险产品的不断规范治理影响，中短存续期的万能险类产品基本停售，整体业务规模持续下滑。此外，2020年以来，监管机构不断推动细分保险行业监管政策、治理行业乱象、补齐制度短板，为中国保险行业的健康发展夯实了多项基础制度。例如，不断加强人身险的保险保障功能；颁布多项针对营销渠道的强化监管细则；平稳发展财产险业务；保险资金运用持续重风控、调结构，保障保险资金安全和服务实体经济发展；增强中国第二代偿付能力监管制度体系（简称"偿二代"）对保险公司资本的约束性，保持保险公司偿付能力充足率的稳定。

二、发展展望

2021年是中国"十四五"规划的开局之年，也是全面建设社会主义现代化国家新征程的开启之年。新阶段将迎来新生机、新活力。中国保险业将全面发挥资本市场"压舱石""稳定器"的作用，释放支持实体经济的磅礴力量；进一步完善金融产品体系，以更加开放的姿态，全面提升以市场化、专业化为底色的核心竞争能力。一方面，中国保险业秉承服务实体经济的初心使命；另一方面，中国保险业紧抓养老金融、绿色金融等领域新机遇，在持续创新的变革中开拓新局。

（一）保险科技助力保险业发展

随着监管和资本的双重加持，保险科技已成为保险行业业务建设越来越重要的一环。疫情更是犹如一面镜子，映照出保险业在数字化突围上的实践与思考。2021年伊始，中国保险业的数字化转型方兴未艾，智能化又悄然开启新的篇章。在这一时期，科技在保险行业的发展应用主要有以下几个方向。

在大数据方面，大多数传统险企主要依靠自有数据和历史数据进行风险厘定，而通过大数据技术进一步提炼用户画像、用户需求以及风险识别等信息。这些信息能够在产品设计、渠道分销和核保理赔等环节为保险企业提供帮助，从而通过产品的合理定价、精准营销、反欺诈等实现降本增效的目标。

目前，中国保险业仍然属于劳动密集型行业。而人工智能的核心价值之一就是为企业降低成本。人工智能的应用（例如，智能客服、智能外呼、智能保险顾问、智能理赔等）能够在一定程度上帮助保险公司优化人力成本，提升运营效率。

在云计算方面，保险SAAS平台是保险科技公司在云计算领域的主要切入点，也是目前较容易向保险行业进行技术输出的部分。SAAS平台形式可以实现保险从业机构需要的业务系统（例如，展业出单系统、理赔服务平台）的开箱即用。

在物联网方面，通过可穿戴设备采集用户的健康数据，实现智能化分析，建立健康知识图谱，可以更精准地评估用户的健康状况，从而帮助保险公司进行个性化产品的开发以及产品定价。同时，通过健康管理指导和健康管理计划可以提升用户的交互频次，增强用户黏性，也有助于保险公司降低承保风险和理赔成本。

通过车联网技术收集车辆的行驶数据，可以助推基于用户驾驶习惯进行差异化定价的 UBI 车险。

通过基因技术可以更有效地识别用户的发病风险，实现产品的精准定价和核保，并且可以有针对性地提供疾病预防和监测，从而降低理赔风险。

保险科技正在深刻地改变保险行业的格局。从互联网保险到科技保险是未来保险业的发展趋势。大数据、云计算、物联网、人工智能等领域的技术优势将助力保险行业沿着高质量的道路发展。

（二）保险资金投资新方向

近年来，保险资金运用环境出现深刻变化，包括中国经济转向高质量发展、碳中和成为高质量发展的约束条件、宏观经济和资本市场周期波动减弱等。在此背景下，保险资金的长期性、稳健性与经济高速发展需求不谋而合。一方面，长期利率趋势性下行，加大了资产负债错配风险，已经构成保险资金配置的最大挑战；另一方面，实体经济转型、高质量发展，呼吁引入长期资本。保险资金作为资本市场上稀缺的长期资金、优质资金和耐心资本，越来越成为金融市场的重要组成部分和服务实体经济的重要力量。未来，保险资金配置将发挥长期性、稳定性优势，更加注重服务实体经济，呈现以下发展趋势。

一是加大长久期债券配置力度。随着全球利率水平持续走低，债券投资收益压力加大，保险资金发挥期限优势赚取流动性溢价将是未来债券投资的重要方向。

二是在合规基础上，资产配置将更趋于多元化。随着监管对于保险资金投资范围的逐步放开，权益投资、REITs等领域的投资机会将有望扩大。

三是另类资产在保险配置中的比例将会继续上升。在传统投资资产不确定性增加、超额收益获取难的背景下，长期资金或将继续加大配置低流动性、高收益的另类资产。尤其是资本占用率较低的不动产和基建项目，将是未来保险资产配置的重点领域。

四是从本土服务向国际化服务转变。中国资本市场的开放深度和广度远超预期，中国市场和国际市场联动日益增强。在跨境财富管理业务和离岸资产配置需求提速的大背景下，保险资管公司除需强化内部能力外，还需积极吸纳外部专长，提供"离岸+在岸"的一站式全球资产配置服务。

五是从资产管理向财富管理转变。长期以来，中国的资管公司主要是向机构客户提供大类资产配置和类别资产，未来可能会把丰富的资产配置移入产品，向更多的机构和客户提供内嵌资产配置的组合类产品。

六是服务个人客户的主要方式从间接向直接转变。中国的资管公司过去主要是通过受托管理保险资金和企业年金方式间接向投保人或者受益人提供财富增值或者风险保障，未来可能会向个人客户直接提供市场化的资产配置产品和服务。

(三) 保险公司从规模扩张到价值挖掘

随着中国经济进入高质量发展阶段和近年来的政策纠偏，国内保险公司告别了高速增长、规模扩张的阶段，将发展重心转向产品、客户、服务等价值挖掘上。在坚持"保险姓保"的基础上，从同质化产品销售、价格竞争向差异化、专业化转变，结合服务场景、客户需求开发新产品。大型保险公司向全面化、产业链、提供一站式服务发展，构建自身生态和流量入口。中小保险公司专注细分客户和领域，与互联网平台合作推出爆款产品，探索适合自身资源禀赋的发展之路。

在财产险方面，创新力度仍然较低，经营主要停留在一些传统业务上，新险种的开发将是财产保险市场进一步完善的一个重要切入点。首先，科学技术（例如，航空航天技术、生物医药等）的不断发展将推动高科技保险成为财产保险创新的一个方向。此外，环境污染、气候变化等因素使得自然灾害频发，但目前大多数财产险品种都将自然灾害列为除外责任。因此，为自然灾害风险提高保障将是财产保险创新的另一个方向。再者，随着中国的法治建设步伐持续加快，中国的法律制度将日益完善，发展责任保险，开发新的责任险品种将是财产保险创新的又一个方向。

在人身险方面，根据中国银保监会起草的《关于进一步丰富人身保险产品供给的指导意见（征求意见稿）》，未来一段时间中国人身保险业将沿着以下方向发展。

一是加快普惠保险发展，面向低收入人群积极开发投保门槛较低、价格实惠、保障责任简单明确的产品，重点发展保障功能突出的定期寿险、意外伤害保险、疾病保险以及医疗保险。

二是针对老年人提高投保年龄上限，加快满足70岁及以上高龄老年人的保险保障需求，适当放宽投保条件，对有既往症和慢性病的老年人群给予合理保障。

三是扩大商业健康保险服务覆盖面，立足长期健康保障，将更多医保目录外合理医疗费用纳入医疗保险保障范围，提高重大疾病保险保障水平。

四是加强老年常见病的研究，加快开发老年人特定疾病保险，同时围绕儿童生活、教育、医疗等方面的实际需求，积极开发有特色的教育年金保险、残障儿童保险、儿童特定疾病保险等产品，加大对儿童先天性心脏病、罕见病等的医疗保障。

第二章
中国保险公司竞争力评价的理论与方法

第一节 保险公司竞争力的定义

中国在对保险公司竞争力的实证研究方面还处于初级阶段。目前，国际上对保险公司竞争力还没有一个比较明确的、被广泛接受的定义。竞争力是参与者双方或者多方在角逐或者比较中体现出来的综合能力，它是一种通过竞争表现出来的相对指标。MBA智库百科把企业竞争力定义为：在竞争性市场条件下，通过培育自身资源和能力，获取外部可获得的资源，并综合加以利用，在为顾客创造价值的基础上，实现自身价值的综合性能力。

姚壬元（2004）将保险公司竞争力定义为：保险公司在市场机制的作用下，合理充分地运用自身拥有的资源，提供适应市场经济要求和保险业发展规律的产品和服务，使之在市场竞争中相对于其他竞争对手表现出长久和持续发展的能力。他认为，保险公司的竞争力是包括资源、能力、环境三要素在内的综合系统，每个要素又分解为不同的能力和指标体系，通过对指标赋予权重，实现对保险公司竞争力的评价，指标权重的准确性在很大程度上影响了保险公司竞争力评价结果的科学性和正确性。王成辉和江生忠（2006）指出，保险竞争力是一个保险行为主体与其他保险行为主体竞争保险资源的能力，它既指某一保险产品的竞争力，也指某一保险公司的竞争力，还指保险行业竞争力和保险业的国际竞争力。他们认为，中国学界对保险公司竞争力并没有形成定论，大多数研究是从定性分析的角度进行的。由《21世纪经济报道》、21世纪研究院金融研究中心联合美国加州大学组成的课题组（2009）认为，保险公司的竞争力是指在同一市场环境下同业竞争者实现其经营目标的综合实力。保险公司的经营目标是满足保险经营的各利益参与者（即所有者、投资者、管理者和客户）的利益，并且为保险公司自身创造持续、安全和稳健的价值。王小平（2005）指出，人寿保险公司的核心竞争力，就是人身险公司长期形成的，建立在先进的经营要素（例如，客户关系、产品开发、销售体系、员工队伍等）基础上的相互融通、相互依存、相互促进、整体运作的能力。借助这一能力，人身险公司能够按寿险行业的一流标准销售保单、提供服务，保费收入和赢利能力领先其他人身险公司。冯占军和李秀芳（2012）基于《中国保险年鉴》的相关数据，提出了保险企业竞争力"三段式"评价分析模型。魏伟（2012）认为，保险公司的核心竞争力是指其能够经受国内外激烈竞争考验，具有显著竞争优势、扩展应用潜力和竞争对手难以模仿的整合各种资源的能力。其中，创新能力是保险公司的重要核心竞争力，包括科研和开发能力、技术和开发成果转化为产品和提高业务规模和业务质量的能力、组织协调公司内各种资源进行有效经营的能力以及公司应对制度环境、市场变化和不可预测因素的应变能力。周毅（2013）在讨论中国中小型财产保险公司核心竞争力的提升策略时指出，保险公司的核心竞争力主要包括5个方面，即组织学习能力、险种研发能力、市场开拓能力、风险管理能力和企业文化的影响能力。其中，险种研发与风险控制能力、公司品牌意识与服务水平是制约中小型财产保险公司提升核心竞争力的主要因素。瞿娟娟（2014）认为，核心竞争力是企业参与市场竞争时，在适应内外部环境的前提下通过有效地协调、整合企业的各种资源和能力，进而形成的使企业能够获得持续竞争优势、长久稳定发展的综合能力。孔婷婷（2015）认为，保险企业的核心竞争能力包括市场开拓、信息吸收、协调整合、开发创新和组织学习能力，保险企业核心竞争能力不是单一的某种能力，而是面对市场、面对环境表现出来的一种综合能力。施淑蓉（2015）认为，寿险公司的核心竞争力既表现为公司的经营状况与投入产出效率等显性实力，也体现为支撑起整个寿险公司运行的潜在能力。李德立和于佳睿（2017）利用价值链分析法评价中国寿险公司核心竞争力时认为，保险公司的核心竞争力源于企业内部，是外在力量与内部控制相结合的产物。它包括了保险公司对内部资源的整合与协调能力和对外部环境变化的适应能力。陈炯远（2017）认为，保险企业的核心竞争力是在企业的经营过程中形成的，短期不易被模仿并且内质于企业中，能够为企业带来较高价值的要素的总和，具有价值性、延展性、整合性和突出性兼具、资源依赖性、动态性以及异质性的特点，是整体性的正向力量。李宁（2019）从3个角度对企业竞争力的内涵进行了界定。从外部表现的角度来看，企业竞争力是其在市场竞争中的一种表现力，是指企业在与其他企业进行物质交换时表现出的比较优势；从竞争对手的角度来看，在企业生产经营过程中，通过有效的资源配置、累积市场份额和降低相对成本等途径比竞争对手更具有竞争优势，这就是企业竞争力的体现；从企业内部存在的核心能力出发，企业竞争力是企业在发挥自身产品优势、优化生产方式并且与市场环境进行有效交互的前提下达到更好的生产经营效果的能力。刘永党（2020）认为，核心竞争力是企业在长期经营过程中与其他企业竞争时展示出的各种能力的集合，主要包括市场占有能力、创新能力、经营管理能力、风险控制能力和盈利能力等，是支持企业在经营过程中获得胜利的以上这些能力的综合。

综合以上学术研究成果并结合本课题组成员的经验和理解，本报告对保险公司竞争力给出如下定义：保险公司竞争力是在市场经济环境中，保险公司根据行业和自身特点综合运用人力、物力、财力等各种资源，获得相对于竞争对手表现出来的生存能力、创新能力和持续发展能力的总和，是保险企业综合能力的体现。竞争力是一个相对的概念，强调的是保险行业内竞争者之间的比较。

2018年4月，中国银保监会颁布《保险公司信息披露管理办法》。绝大部分保险公司都按照该办法的规定对公司信息进行了披露。本报告主要是根据保险公司据此披露的信息以及《中国保险年鉴》、原保监会网站等发布的信息，将生存能力、创新能力和持续发展能力细化为5个可度量的部分，即盈利能力、资本管理能力、经营能力、风险管理能力和业务发展潜力，然后从这5个方面评价保险公司的竞争力。

第二节 保险公司竞争力研究方法综述

石新武（2004）在《开放条件下的保险竞争力》中把保险公司的竞争力指标划分为3级，一级指标为权重20%的直接指标和权重80%的间接指标，直接指标为市场份额，间接指标包括规模实力（10%）、运营能力（20%）、成长能力（15%）、偿付能力（10%）、盈利能力（15%）和经营安全（10%）6项二级指标。每项二级指标下有1~3项三级指标。

姬便便（2005）应用标杆测定法对中国财产保险公司的竞争力进行了研究，把财险公司竞争力的构成要素划分为外部市场要素、内部市场要素和外部政策环境。根据这3个要素分别构造评价指标，得出影响中国财产保险公司竞争力的主要因素。

冯占军和李秀芳（2012）认为，企业的竞争力主要体现在对市场地位的竞争、对市场要素的竞争、对盈利水平的竞争以及综合性的发展竞争等方面，把中国保险企业的竞争力用竞争力绩效评价指标、竞争力状况评价指标和竞争力成因分析指标进行评价。

《2017亚洲保险公司竞争力评价研究报告》基于保险公司财务实力评估保险公司的竞争力，而财务实力是通过市场规模、资本金充足性、赔付准备金充足性、盈利能力、流动性和稳定性测试6个部分的数据加以衡量。该报告尽管参考了A. M. Best、Weiss和Fitch三大评级机构对保险公司的评级模型，并在此基础上衍生出评估体系中使用财务比率的主要类别和估算方法，但却没有考虑不同的经济制度、财务制度和发展阶段等因素，对亚洲各国保险公司均采用了相同的评价方法和权重设定。

由于保险公司竞争力指标是保险企业在整个社会经济现象中多面性、复杂性和交叉性的客观反映，不能人为地、主观地去掉或者保留哪些指标，所以必须运用科学的、严格的定性和定量相结合的分析理论。中国文献中关于筛选、综合、优化保险公司竞争力指标体系的分析方法主要划分为以下几种。

一、主成分分析法和因子分析法

主成分分析法和因子分析法都是通过简化数据结构达到降低维数的目的，把多个存在相关关系的指标划分成少数几个互不相关的新的综合性指标，或者对原众多指标按一定"原则"寻求原始指标的某种线性组合而形成新的综合指标（主成分变量）；或者把原始指标分解为公因子和特殊因子的线性组合（有时可忽略特殊因子）。这些新产生的主成分和公因子最大程度上反映了原始指标的信息（涵盖量达85%以上），之间互不相关，不仅去除了重叠信息，个数又较少，而且层次较高，综合性较强，使之形成的新指标体系达到最优。

在综合评价中，优化指标体系多使用该类方法，即主成分分析法和因子分析法。这两种方法既有联系又有本质区别。

首先，主成分分析法与因子分析法简化数据结构的机理不同。主成分分析法是对具有复杂相关关系的原始指标 $X = (x_1, \cdots, x_p)$，寻求投影向量 a，选择具有方差最大或者较大的新的线性组合变量，而舍去方差较小的变量重新组合成个数较少、互不相关，但又最大程度地反映原始指标信息的主成分向量 $Y = (y_1, \cdots, y_m)(m < p)$。于是，由原始评价指标 $x_1, \cdots, x_p$ 简化并优化为综合性指标 $y_1, \cdots, y_m$。

其次，主成分分析法与因子分析法的运算实质不同。因子分析法的运算实质不是对数据进行数学变换，而是对于具有复杂相关关系的原始指标（变量）$X = (x_1, \cdots, x_p)$，通过寻找原始变量的共同方面简化存在于原始变量之间的复杂关系，把各个测量本质相同的变量归入一个因子（公因子）。这些公因子对原始变量起着重要的支配作用，公因子之间不相关，往往不可测，个数比原始变量个数要少（例如，m 个，$m<p$），是所有变量共同具有的公共因素。这样，p 个原始变量 x_1，$\cdots$，x_p 和每一个原始变量独自具有的特殊因子（e）2 个部分描述或者解释（通常只考虑公因子，忽略特殊因子），达到简化数据结构的目的，即把原始评价指标转化为 m 个公因子（综合指标），形成优化的指标体系。因子分析法的最大优势在于各个综合因子的权重不是主观赋值，而是根据各自的方差贡献率大小确定的。方差越大的变量越重要，从而具有较大的权重；相反，方差越小的变量对应的权重也就越小。这就避免了人为确定权重的随意性，使得评价结果唯一，而且较为客观合理。

再次，主成分分析法与因子分析法的应用范围不尽相同。

叶欣（2007）通过运用主成分分析法构建评价模型，对上海市主要中资、外资保险公司的竞争力进行了比较分析和排名。王成辉和江生忠（2006）在建立中国保险业竞争力指标体系的基础上，应用因子分析方法，结合中国保险市场的实际数据对其竞争力进行了实证分析，并分别对中国的财产险和人身险公司进行了竞争力比较和排名。胡永红（2007）利用因子分析法对中国人寿保险公司竞争力进行了研究。张晶（2011）运用因子分析法对中国保险市场中的 28 家保险企业的竞争能力进行了排序。吴成浩（2012）在现有的关于上市公司（特别是保险类上市公司）竞争力指标体系的研究基础上，选取 4 家中国保险类上市公司 2011 年的财务数据，利用因子分析构建竞争力评价指标体系。王光毅（2013）利用综合指标选择法、综合聚类分析、相关性分析、主成分分析等多元统计分析方法，并根据历年《中国保险年鉴》中的数据，选取代表性公司，对保险公司竞争力评价指标进行选择和精简，最终构造出由 3 项综合指标、6 项分项指标组成的评价指标体系。刘祥祥（2013）利用因子分析法，使用 2010 年的数据选取 9 项指标对中国保险市场上各家财产保险公司的竞争力进行实证分析，衡量不同财产保险企业的竞争力。胡宏兵（2013）运用因子分析法和聚类分析法，对中国保险业核心竞争力进行实证分析，构建了 17 项指标（包括保费收入水平、资产总额、资本充足率和资产负债率等）综合分析中国保险公司的核心竞争力。张永杰（2015）基于 2013 年和 2014 年中国寿险业数据，运用因子分析法，从市场运营管理、资金管理、风险管控和人力资源管理等 5 个维度选取 17 项评价指标对中国寿险企业的核心竞争力进行实证分析。仝明望（2015）以已赚保费为标准从《中国保险年鉴 2014》中选取 24 家保险公司的数据作为样本，从中选取 10 项指标构造指标评价体系，对其进行因子分析，并从中提取3个公因子，将其命名为公司规模因子、收益能力因子和发展能力因子。陈炯远（2017）构建了评价中国中型财产险公司核心竞争力的指标体系，运用因子分析法和熵值法按照构建的指标体系进行实证分析，同时与中国3家大型财产险公司进行比较分析，评价中国中型财产险公司的核心竞争力情况。李宁（2019）选取2007～2017年平安财险的数据指标进行因子分析，测算其历年竞争力水平，并且基于跨境经营视角对其竞争力的变化进行解释分析。刘永党（2020）构建了包含保费收入、保费收入增长率、市场占有率、赔付率、退保率和有效保单件数在内的寿险公司核心竞争力评价指标体系，从44家河南省寿险公司中选取30家样本公司，从2015～2019年的《中国保险年鉴》中选择合适的数据，运用SPSS软件进行因子分析，并从规模因子、经营能力因子、风险控制因子和综合实力4个方面分析了河南省寿险公司的核心竞争力。

在经济领域中，如果综合评价基于反映客观社会经济现象数量特征的客观性指标体系，一般选用主成分分析法；如果综合评价基于反映人们心理感受、主观愿望、满意程度等方面的主观性指标形成的指标体系，则一般选用因子分析法。

二、其他方法

（一）数据包络分析法

数据包络分析（Data Envelopment Analysis，DEA）是美国运筹学家A. Charnes以相对效率概念为基础发展起来的一种效率评价方法。它是研究同类型生产决策单元相对有效性的有力工具。DEA模型主要采用的是数学规划方法，利用观察到的有效样本数据对决策单元（DMU）进行生产有效性评价。DEA模型可同时对决策单元的多项投入和多项产出计算相对效率。每一个决策单元的各项投入和产出权重都是由模型根据最优原则计算出来的，而不是由决策者主观给定的，可避免主观随意性。DEA模型的理论假设是：投入越少，产出越大，效率就越高。但在实践中，有些产出（例如，污染环境的物质）是越少越好。

将DEA用于产出效率分析时，虽然投入产出指标的权重是通过模型计算出来的，但由于模型中没有对权重的取值范围加以限制，有时会出现不切实际的权重分配，从而导致权重取值的任意性。此外，数据包络分析法只能从效率的角度评价分析竞争力。但是，竞争力的评价分析必须从效能和效率2个角度进行，否则其评价分析就不是完整和系统的。

恽敏（2003）使用数据包络分析法综合考虑投入和产出以及它们之间的关系，考察目前保险公司的核心竞争实力，并且为如何提高其核心竞争力提出了建议。姚树洁、冯根福和韩钟伟（2005）基于 1999~2002 年中国 22 家保险公司的数据资料，运用两阶段法分析影响保险公司效率的重要因素。孙林和李光金（2005）基于 DEA 对中国保险公司竞争力进行了分析。赵城和尹成远（2009）运用 DEA 的"超效率"模型，基于 2000~2007 年中国 18 家财产保险公司的数据资料，测度其技术效率、纯技术效率、规模效率，并对影响其效率的因素进行了分析，给出了相关的政策建议。李杭蔚和刘强（2010）将熵权法和 TOPSIS 法相结合，对 4 家上市保险公司进行了实证分析。张春海（2011）利用 DEA 三阶段分析方法，对 2009 年中国财险业的 46 家公司的经营效率进行了分析。李保华（2012）从寿险产品的角度出发，采用 DEA 探讨了中国 26 家人寿保险公司的投资绩效，将寿险投资绩效进行技术效率与规模效率的分解，得出中国寿险公司投资绩效存在规模效应、投资技术较低、难以应对市场波动等结论。施淑蓉（2015）将寿险公司核心竞争力划分为显在和潜在 2 个部分，并运用超效率 DEA 分析和因子分析对它们分别进行评分，从而得到寿险公司核心竞争力的综合得分，并对外资、合资、中资寿险公司的核心竞争力进行了排名。

（二）模糊综合评价法

有学者认为，企业核心竞争力的评价具有模糊性。一是核心竞争力等级的分类具有模糊性，通常把核心竞争力强度划分为优、良、中和差 4 个等级，但很难界定各个等级的标准；二是企业核心竞争力的影响因素（例如，产品美誉度等）具有模糊性。简金平（2004）采用模糊物元综合评价法评价保险公司的综合竞争力。闫春和赵明清（2007）利用 2003 年 7 家财产险公司的营业数据运用模糊聚类分析法对财产险公司偿付能力进行分类分析和研究。张洪涛、甄贞和马驰（2014）基于成对比较矩阵方法对保险企业的核心竞争力进行评价。

（三）层次分析法

用层次分析法对保险公司进行综合性评价，可以按照得分情况对保险公司进行排序。层次分析法的具体操作步骤为：第一步，去除指标量纲的影响；第二步，将指标按重要程度排序；第三步，列出判别矩阵和权重向量；第四步，对矩阵进行一致性检验；第五步，计算最终分值。将指标值与权重之积进行加权相加，计算出保险公司竞争力的最终分值。

钱璐和郑少智（2005）采用层次分析法（AHP）对中国保险公司竞争力进行评价，主要用来对二级指标的权重大小进行设置。

（四）均值—方差法

有学者按照每个指标对研究对象独立作用的大小（又称方差贡献的大小），通过统计检验和数学变换等，筛选作用小的不重要指标，保留作用大的重要指标，最后形成由原指标体系中的部分重要指标组成的优化的指标体系。

《21世纪经济报道》、21世纪研究院金融研究中心联合美国加州大学组成的课题组（2010）在《2010亚洲保险公司竞争力排名研究报告》中运用均值—方差法进行相关研究。该报告将保险公司的财务实力通过6个主要部分（即市场规模、资本充足性、赔款准备金充足率、盈利能力、流动性和稳定性）衡量，每一部分包含若干个因素，并人为规定每个因素在该部分中的重要性比例（例如，50%），分别评分。通过计算所有因素的平均值和标准差，得到对保险公司的总体评价。为了获得比较合理的比率范围，首先将每一指标得分标准化，标准化后的变量分布变为新的分布。然后，再根据指标特性调整其得分 Z，并将其得分进行转化，得到保险公司的竞争力得分。

秦川杰（2014）从盈利能力、偿付能力和承保能力等10项指标构建了综合竞争力评价体系，运用变异系数法（均值—方差法）对12家中资财产险公司和8家外资财产险公司进行核心竞争力分析。在变异系数法中，通过判断变异系数的大小，对评价指标赋予不同的权重，克服主观赋权造成的评价结果失真的影响。这种评价方式不仅操作简便，而且有较好的实用性。

（五）熵权法

熵权法主要用来确定指标权重值的大小，其中的"熵"用来衡量研究总体的无序程度。当指标提供的信息量较大时，该指标的信息熵就会较小，所以它在综合评价中所起的作用就较大，在进行评价时所赋权重就应该较高。

李杭蔚和刘强（2010）从盈利能力、流动能力、规模优势、发展能力、经营能力以及人力资源6个方面构建了一个比较全面、系统的保险业竞争力指标体系，利用熵权法与TOPSIS法相结合对4家上市保险公司进行了实证分析，并深入比较了各家保险公司竞争力的优势与不足。谢琛（2016）利用熵权法对4家财产险公司财务报表中得到的评价指标赋予权重，进行综合评分，从而得出财产险公司的竞争力评价。

（六）回归分析法

石红莲和董蕊（2018）根据1990~2016年的时间序列数据构建VAR模型，对影响中国保险服务贸易国际竞争力的相关因素（保险业总资产、保险从业人数、城镇居民人均可支配收入、保险费率、货物贸易出口额和外商直接投资等）展开实证探究。

代建军和陈晓霞（2018）引入面板数据模型，选取2015~2017年内蒙古自治区重乡重镇保险市场数据，建立旗县中心镇、国家级重点镇、国家级及省级贫困旗县覆盖镇等几个截面，对重乡重镇保险市场竞争力进行实证分析，探索影响乡镇保险市场竞争力的相关因素。

总之，在研究保险公司竞争力的相关文献中，常用的、公认度较高的评价分析方法主要有主成分分析法和因子分析法。使用过但研究成果较少的方法有模糊综合评价法、数据包络分析法（DEA）。其他在个别文献中出现过的方法包括均值—方差法、多元回归评价法、灰色关联分析等。由于主成分分析法的原理比较容易理解，建模步骤明确，局限性和主观性较小，并且能够使用SPSS等统计软件直接进行计算，因而本报告选用主成分分析法进行保险公司竞争力的评价研究。

第三节 保险公司竞争力评价指标体系的构建与原则

根据保险公司竞争力的定义和保险公司负债经营的特征，本报告首先通过构建盈利能力、资本管理能力、经营能力、风险管理能力和业务发展能力5项一级指标，反映保险公司竞争力的不同方面；然后，在每项一级指标下构建若干项二级指标；最后，通过对所有二级指标的综合分析得到保险公司综合竞争力的评价。同时，通过分析一级指标下的二级指标得到保险公司一级指标竞争力的评价。

人身险公司和财产险公司在经营模式、发展思路、监管要求等方面有所区别。因此，在构建二级指标时，这两类公司的指标有所不同。

一、保险公司竞争力评价指标构建的原则

保险公司竞争力是反映保险公司生存能力、创新能力和持续发展能力的一个综合性指标。因此，构建指标必须能够反映保险公司的经营特点，并且能够全面地体现竞争力的定义。

1. 可得性原则

可得性原则是指具体指标的可量化和可计算性，也指具体数据的可获得性。

在评价保险公司竞争力时，建立和定义各项指标是不可避免的。此时，既要考虑各项指标的具体量化和计算方法，又要考虑各种数据的可获得性。虽然近年来中国的信息化建设取得了飞速发展，2010年6月12日原中国保监会颁布施行了《保险公司信息披露管理办法》，中国银保监会于2018年4月颁布《保险公司信息披露管理办法》做了补充完善；中国保险行业协会、各家保险公司的官网也为相关研究提供了比较权威和系统的数据，但在进行具体的研究时，数据方面仍然显得捉襟见肘。

2. 客观性原则

在构建评价指标时，既要客观地反映人身险公司和财产险公司在经营模式、发展思路、监管要求等方面的区别，又要体现保险业的发展特点，并真实地反映保险公司竞争力的各个不同方面。

3. 均衡性原则

本报告将二级指标划分为3类，即规模性指标、结构性指标和比率性指标。规模性指标是指保费收入、资产规模等反映公司经营规模的指标。结构性指标是指反映公司当年经营思路和发展水平的指标。例如，综合费用率、综合赔付率、退保率等。结构性指标是由公司当年的经营业绩指标计算得到的，与公司往年的表现和其他公司无关。比率性指标是反映公司经营业绩的年度变化情况的指标。例如，保费收入增长率、净利润增长率等指标。

毋庸讳言，以上各类指标对于不同类别公司竞争力的评价影响是不同的。规模性指标的设立对于成立时间较长的大型保险公司的竞争力评价结果比较有利。比率性指标对于成立时间较短、发展比较迅速的保险公司竞争力的评价结果有利。因此，在设立评价指标时，需要考虑各类指标的均衡性问题，特别是运用主成分分析法和因子分析法进行保险公司竞争力评价时，均衡性原则尤其重要。

值得欣慰的是，中央财经大学"保险公司竞争力评价研究"课题组注意到了这一问题。除了在评价指标设立时考虑了均衡性原则外，还运用现代多元统计分析方法从公司和指标2个角度对评价结果进行了Wilcoxon符号秩检验，做出了稳健性检验。这也是本课题组的一项创新性研究。

二、保险公司竞争力评价指标的构建

盈利能力是指企业获取利润的能力。利润是投资者取得投资收益、债权人收取本息的最终来源，是管理者经营业绩和管理效能的集中体现，也是职工集体福利不断完善的重要保障。因此，企业盈利能力分析十分重要。盈利能力指标包括总资产增长率、总资产收益率、净资产增长率等二级指标。

资本管理能力即资本的筹集、分配以及运用的能力，主要表现在偿付能力充足率上。偿付能力一直是保险业监管的重点，保险公司偿付能力是指保险公司偿还债务的能力。原中国保监会发布的《保险公司偿付能力管理规定》第三条规定，保险公司应当具有与其风险和业务规模相适应的资本，确保偿付能力充足率不低于100%。该类指标主要包括偿付能力充足率、认可资产负债率等二级指标。

保险公司经营能力是一个系统的概念，它是指保险公司根据本身的内外部条件制定经营战略和经营计划的决策能力以及进行各种活动的组织管理能力的总和。保险公司经营能力的强弱表明了资产的利用程度和使用效率，在很大程度上决定了保险公司的经营效益以及由此产生的对债务偿付的保障程度。该类指标主要包括资本利用率、综合赔付率、综合费用率等二级指标。

保险公司风险管理是对风险的识别、衡量和控制的技术方法，也可以指经济主体用以降低风险负面影响的动态连续过程，其目的是直接有效地推动组织目标的实现。保险公司风险管理的总体目标是实现企业价值最大化，企业价值最大化将通过风险成本最小化实现。在经济全球化、金融一体化迅猛发展的今天，保险公司面临的风险越来越大。因此，加强对保险公司风险管理能力的监管是十分必要的。风险管理能力包括流动性比率、融资比例等二级指标。

保险公司业务的发展潜力关系到其发展前景。例如，保险公司未来的业务发展规模、市场份额占有状况、公司的发展潜力等。因此，该类指标是衡量保险公司未来可持续发展能力的重要指标，有必要对保险公司业务发展潜力的监管加以重视。反映保险公司业务发展的指标很多，主要包括原保费收入增长比率、发展系数等二级指标。

三、保险公司竞争力评价结果的科学性

1. 数据信息的公开性原则

数据信息的公开、客观和准确是一切公司评价的基础。为了保证《中国保险公司竞争力评价研究报告》结果的科学性和可验证性，本报告对保险公司进行评价的数据都源于公开渠道。既有各家保险公司的年度信息披露报告、保险公司网站发布的信息，也有中国银保监会网站、中国保险行业协会网站以及《中国保险年鉴》等。这样，在讨论评价结果时，就有了一个可以共同讨论的数据基础。在此，

对中国银保监会等政府部门的信息化建设表示感谢！

为了保证数据的可信性和合规性，本报告第二章专门对中国保险公司的信息披露质量做出了分析。这也为完善本报告的评价工作提供了一个良好的数据支撑和准备。

2. 评价方法的稳定性原则

即使基于同样的数据，评价方法不同，其结果往往也不同，有时甚至千差万别。

为了保证评价结果的可比较性，评价方法的稳定性至关重要。这里的稳定性包括两层含义：一是评价方法一旦确定，就尽量保持不变或者不做大的调整，保持评价结果的继承性和可比较性，使被评价对象对自己的评价结果有一个直观的认识和比较。这有助于增加评价结果的说服力；二是评价方法能够适用于具体评价的对象、行业或者区域，不同类别的公司、行业或者区域可能选用不同的评价方法或者设置不同的参数。具体问题具体分析，没有一成不变的适用所有类别的公司、行业或者区域的评价方法。

3. 评价结果的稳健性原则

稳健性最早源于财务管理，往往指公司财务应对各种风险的能力。在这里，稳健性主要考察的是评价方法和指标解释能力的强壮性。也就是当改变某些参数时，评价方法和指标能否仍然对评价结果保持一致、稳定的解释。如果改变参数设定后评价结果发生显著改变，则说明评价结果不是稳健的，需要寻找问题的原因。

当然，不同的评价方法，参数的设定也有所不同。对于非参数统计方法，人们往往是通过改变指标或者改变部分参选对象评价结果的稳健性。《2020中国保险公司竞争力评价研究报告》通过运用模糊聚类分析方法，对一些特殊的保险公司、特殊的评价指标进行剔除，并采用对剔除前后的结果进行非参数检验的方法分析评价结果的稳健性。

在国内外各种对经营单位进行的评价研究报告中，运用稳健性方法检验评价结果有效性的做法还不多见。这也是本报告评价工作的一个鲜明特色和创新之处。

第四节　对主成分分析法和模糊聚类分析法的介绍

一、主成分分析法

各个领域的科学研究往往都需要对反映事物的多个变量进行大量的观测，收集大量数据以便进行分析、寻找规律。多变量大样本无疑为科学研究提供了丰富的信息，但也在一定程度上增加了数据采集的工作量。更重要的是，在大多数情况下，多变量之间可能存在的相关性增加了问题的复杂性，也给分析带来诸多不便。如果分别分析各项指标，分析可能是孤立的，而不是综合的；如果盲目地减少指标，可能损失很多信息，容易得出错误的结论。因此，找到一个合理的方法，在减少分析指标的同时，尽量减少原指标包含信息的损失，从而对收集的资料做全面的分析。由于各个变量之间存在一定的相关关系，因此有可能仅用较少的综合指标就能综合评价存在于各个变量中的各类信息。主成分分析就是把多个指标转换为少数几个综合指标的统计分析方法。它通过几个综合因子（主成分）代表原来众多的变量，使这些主成分尽可能多地反映原来变量的信息，而且彼此之间互不相关。主成分分析的步骤如下。

设有 p 项指标的 n 个样本构成矩阵 X：

$$X = \begin{bmatrix} x_{11} & x_{12} & \cdots & x_{1p} \\ x_{21} & x_{22} & \cdots & x_{2p} \\ \vdots & \vdots & & \vdots \\ x_{n1} & x_{n2} & \cdots & x_{np} \end{bmatrix}$$

1. 进行原始数据的标准化

$$Z_{ij} = \frac{X_{ij} - \overline{X}_j}{S_j}, \ i = 1, 2, \cdots, n; j = 1, 2, \cdots, p$$

其中，$\overline{X}_j = \frac{1}{n}\sum_{i=1}^{n} X_{ij}$ 为第 j 个变量的均值；$S_j^2 = \frac{1}{n-1}\sum_{i=1}^{n}(X_{ij} - \overline{X}_j)^2$ 为第 j 个变量的样本方差。

2. 计算样本的相关系数矩阵 R

$$R = (r_{ij})_{p \times p}$$

其中，

$$r_{ij} = \frac{1}{n-1}\sum_{k=1}^{n} Z_{ki}Z_{kj}, i, j = 1, 2, \cdots, p$$

3. 求矩阵 R 的特征值 $\lambda_1 \geq \lambda_2 \geq \cdots \geq \lambda_p$ 和特征向量 $U = (u_{ij})_{p \times p}$

特征值 λ_i 是特征方程 $|R - \lambda E| = 0$ 的根，它的大小反映了各个主成分在描述评价对象上所起的作用的大小，λ_i 对应的特征向量 U_{*j} 由方程 $(R - \lambda_i E)U_{*j} = 0$ 得出。第 i 个主成分可以用公式表示为：

$$F_i = \sum_{j=1}^{p} U_{ij} Z_{*j}, i = 1, 2, \cdots, p$$

4. 选取主成分数量的判定准则

第 i 个主成分的方差贡献率表示该主成分能够解释的原始变量的信息量。

$$\alpha_i = \frac{\lambda_i}{\sum_{i=1}^{p} \lambda_i}$$

对于一般的主成分分析，通常约定累计方差贡献率 q 不小于 85%。对于约定的累计方差贡献率 q_0，如果有如下关系成立，则取前 k 个主成分进行分析评价：

$$\frac{\sum_{i=1}^{k-1} \lambda_i}{\sum_{i=1}^{p} \lambda_i} < q_0 \leq \frac{\sum_{i=1}^{k} \lambda_i}{\sum_{i=1}^{p} \lambda_i}$$

5. 利用主成分得分进行评价分析

利用得到的前 k 个主成分 F_i 作为变量，相应的方差贡献率 λ_i 作为权重，得到主成分加权平均后的得分 G，用公式表示如下：

$$G = \frac{\sum_{i=1}^{k} \lambda_i F_i}{\sum_{i=1}^{k} \lambda_i}$$

根据分数的高低可以对各个样本进行排名。

二、模糊聚类分析法

聚类分析是按照一定的要求和规律将事物进行分类的一种数学方法，它原来是数量统计中多元分析的一个分支（许海洋、汪国安和王万森，2005）。从应用数学的角度来看，对公司财务和经营状况的评价在某种程度上是一种排名和分类工作，即在多大程度上与最优标准或者理想状况处于同一个层次（寇业富和李晓林，2009）。因此，模糊聚类分析方法是从另一个角度对保险公司的业务结构和质量进行的分析。

寇业富和李晓林（2009）认为，模糊聚类分析的步骤如下。

1. 确立指标体系并对指标数据进行预处理

在选择评价指标时，为了保证分析结果的科学性和适用性，应该将反映保单和保险公司经营状况的全部重要特性包括进去。

在实际应用中，即使选用了一个较好的算法进行分析研究，但是由于各项数据的性质以及数量级的不同，也会出现个别指标（主要是大数量级的指标）数据

"吃掉"其他指标（小数量级的指标）数据的情况，从而影响分析的有效性。为弥补这一不足，需要对指标数据进行预处理。

对于数量级不同以及量纲单位不同的指标，可以选用极差化法，即对数据矩阵的第 j 列进行如下处理：

$$M_j = \max_{1 \leq i \leq n} x_{ij}, \quad m_j = \min_{1 \leq i \leq n} x_{ij}, \quad j = 1, \cdots, m$$

然后，将原数据做变换：

$$x'_{ij} = \frac{x_{ij} - m_j}{M_j - m_j}, \quad i = 1, \cdots, n, \quad j = 1, \cdots, m$$

通过上述方法可以将所有指标的量纲单位消除，变为无量纲量，从而消除数额、时间、百分率等单位的不同。

2. 聚类分析

设 $Z = \{x_1, x_2, \cdots, x_n\}$ 是 n 个对象集合，每个对象的特征数据表示为：

$$x_i = (x_{i1}, x_{i2}, \cdots, x_{im}), \quad i = 1, 2, \cdots, n$$

利用标定方法，可以得到 2 个对象（x_i 和 x_j）的模糊相似关系（r_{ij}），从而得到模糊相似矩阵 R，用公式表示如下：

$$R = \begin{bmatrix} r_{11} & r_{12} & \cdots & r_{1n} \\ r_{21} & r_{22} & \cdots & r_{2n} \\ \vdots & \vdots & & \vdots \\ r_{n1} & r_{n2} & \cdots & r_{nn} \end{bmatrix}_{n \times n}$$

其中，

$$r_{ii} = 1, \quad r_{ij} = r_{ji}, \quad j = 1, 2, \cdots, n$$

定理 设 R 是模糊相似矩阵，则存在一个最小自然数 k 小于等于 n，使 $t(R) = R^k$，并且对一切大于 k 的自然数 q，均有 R^q 等于 R^k。

该定理说明从一个 Fuzzy 相似矩阵 R 通过求 R 的传递闭包可以构造一个 Fuzzy 等价矩阵，并且运算有限次（即不超过 n 次）。为了提高运算速度，可以运用平方，即 $R \to R^2 \to R^4 \to \cdots R^{2^K} \to \cdots$。经过有限次运算后，一定有一个自然数（$2^k$）小于等于 n，使 R^{2^k} 等于 $R^{2^{k+1}}$，于是：

$$t(R) = R^{2^k}$$

利用截关系关于对 R^{2^k} 进行等价分类，得到诸对象的评价结果。

由于众多保险公司的规模、发展定位和发展思路不同，对其进行业务结构的相似性分析及其聚类研究具有实际意义。

第三章
中国人身保险公司竞争力评价分析

保险公司竞争力评价研究是基于公开、客观和科学的原则，即研究方法、评价指标、数据来源等均坚持公开、客观和科学的原则，坚持评价过程和目标客观有效，避免或者尽量减少主观因素的干扰。考虑到评价结果的敏感性，本报告在有可能使用定量分析的地方尽量使用定量分析，避免或者减少使用涉及权重选择等主观性问题的评价方法。

一、信息来源说明

保险公司竞争力评价研究的数据主要源于各家保险公司的年度信息披露报告，少部分指标源于历年的《中国保险年鉴》和原中国保监会、中国保险学会、中国保险行业协会以及各家保险公司网站发布的信息，即全部数据均源于公开渠道。

保险公司 2020 年年度信息披露报告主要包括以下 5 个方面内容：①公司简介；②年度财务报告及其附注；③风险管理状况；④产品信息；⑤偿付能力信息。本章主要从以上报告获取数据进行研究。

二、研究对象

中国银保监会相关数据显示，截至 2020 年 12 月 31 日，中国人身险公司共有 91 家。其中，中资公司有 63 家，外资公司有 28 家。

国寿养老、长江养老、新华养老、人保养老仅经营养老保障管理、企业年金、职业年金等业务，暂不经营负债型的人寿保险业务，不适用偿付能力的监管要求。因此，本章对这四家养老保险公司不予评价。

国寿存续、华夏人寿、君康人寿、和谐健康、大家人寿、华汇人寿、大家养老、天安人寿、北大方正人寿 9 家公司没有披露 2020 年年度信息披露报告或者披露内容不完整。中法人寿、信美人寿、富德生命人寿、弘康人寿、和泰人寿 5 家公司的部分指标数据异常或者经营异常。

保险公司的部分指标数据异常，并不意味着其经营绩效的优劣。但由于本报告采用主成分分析法、因子分析法进行竞争力运算，为了避免少数保险公司的部分指标异常对其他保险公司的评价结果产生重大、异常的影响，进而使评价结果不合常理，本报告剔除了部分保险公司的数据，这是本报告进行的必要前期数据处理。

上述18家公司如果有任何建议或者意见，请与本课题组联系。

最终，本课题组共对73家人身险公司进行了竞争力评价。

三、特别说明

（1）本章的分析都是基于公开发布的数据进行的，根据实质重于形式原则，对发现的个别公司错误或者异样的年报信息数据进行了调整，或者在涉及该指标时进行了批注说明。

（2）本章的分析采用的数据皆源于已公开的资料或者本课题组成员的个人分析，但不保证上述信息的完整性和准确性。中国精算研究院不对因使用本报告产生的一切后果承担责任，只以此作为学术研究以及学界和业界的信息交流和参考。同时，本章的分析为本课题组成员的个人观点，不代表中国精算研究院的观点。有关问题的来源、讨论或者争议，请以电话或电子邮件的方式与本课题组联系。

（3）在本章的评价指标中，有的指标取值越大越好，可以称为正向指标；有的指标取值越小越好，可以称为逆向指标；有的指标取值位于中间的某个值为好。

对于逆向指标，本章均已进行了逆向化处理，即逆向化后指标数据的取值越高越好。对于取值位于中间的某个值为好的指标，本章通过构建系数的方式对其进行了处理。经过系数化后的此类指标取值也是越大越好。

第一节　人身险公司竞争力指标体系的构建

一、评价指标体系说明

目前，国际上还没有一个比较明确的、被广泛接受的"保险公司竞争力"的定义。本报告综合国内外相关研究，结合本课题组成员的经验和理解，给出了保险公司竞争力的定义：保险公司竞争力是保险公司根据行业和自身特点，在市场经济环境中，综合运用其人力、物力、财力等各种资源，获得相对于竞争对手表现出来的更强的生存能力、创新能力和持续发展能力的总和，是公司综合能力的体现。同时，竞争力是一个相对的概念，强调的是保险行业内竞争者之间的比较。

本章进行的人身险公司竞争力评价研究以中国人身险公司为出发点和落脚点，根据保险公司负债经营的特征以及当前中国银保监会的监管重点，构建人身险公司的盈利能力、资本管理能力、经营能力、风险管理能力和发展潜力5类一级指标，反映人身险公司竞争力的不同方面。首先，在每类一级指标下建立个数不等的二级指标，共有58项二级指标；其次，通过对二级指标定量分析得到人身险公司一级指标的评价结果；最后，对全部二级指标进行定量分析，得到人身险公司竞争力的综合评价结果。

二、具体指标构建

（一）盈利能力指标

盈利能力指标共有10项二级指标，包括8项比率分析指标和2项规模指标。

1. 总资产收益率

$$总资产收益率 = 净利润 \div \frac{期初总资产 + 期末总资产}{2} \times 100\%$$

2. 净资产收益率

$$净资产收益率 = \frac{净利润}{平均净资产} \times 100\%$$

3. 投资收益率

$$投资收益率 = \frac{投资收益总额}{平均投资资产} \times 100\%$$

4. 净投资收益率

$$净投资收益率 = \frac{投资收益 + 其他业务收入}{平均投资资产} \times 100\%$$

5. 承保利润率

$$承保利润率 = \frac{承保利润}{（期初保险业务收入 + 期末保险业务收入）的均值} \times 100\%$$

6. 投资资产占总资产的比率

$$投资资产占总资产的比率 = \frac{平均投资资产}{平均总资产} \times 100\%$$

7. 净利润

8. 净利润增长率

$$净利润增长率 = \frac{当年净利润 - 上一年净利润}{上一年净利润} \times 100\%$$

9. 人均净利润

$$人均净利润 = \frac{净利润总额}{公司职工人数}$$

10. 综合收益率

综合收益率 =（利息收入 + 投资收益 + 交易类公允价值变动 + 可供出售类公允价值变动 − 交易费用及税金 + 其他综合收益）÷ 两年平均投资资产

（二）资本管理能力指标

资本管理能力共有 12 项二级指标，包括 11 项比率和结构分析指标和 1 项规模指标。

1. 资本管理系数

$$偿付能力充足率（x） = \frac{实际资本}{最低资本} \times 100\%$$

$$资本管理系数 = \begin{cases} \dfrac{x - 100\% + 50\%}{50\%}, & 50\% \leq x \leq 100\% \\ 1, & 100\% < x \leq 300\% \\ \dfrac{300\% + 2\,000\% - x}{2\,000\%}, & 300\% < x \leq 300\% + 2\,000\% \\ 0, & 其他 \end{cases}$$

2. 认可资产负债率

$$认可资产负债率 = \frac{认可负债}{认可资产} \times 100\%$$

3. 资产认可率

$$资产认可率 = \frac{认可资产}{总资产} \times 100\%$$

4. 资本利用率

$$资本利用率 = \frac{保险业务收入}{所有者权益} \times 100\%$$

5. 资金成本率

$$资金成本率 = \frac{承保利润}{年初保险合同准备金（寿险）} - 1年期定期存款利率（取 3\%）$$

6. 准备金保费比率

准备金保费比率 = 两年的（未到期责任准备金 + 未决赔款准备金 + 保险保障基金 + 寿险责任准备金 + 长期健康险责任准备金 + 保费准备金 − 应收分保未到期责

任准备金 – 应收分保未决赔款准备金 – 应收分保寿险责任准备金 – 应收分保长期健康险责任准备金）均值÷两年的原保费收入均值

7. 认可资产增长率

$$认可资产增长率 = \frac{期末认可资产 - 期初认可资产}{期初认可资产} \times 100\%$$

8. 所有者权益

9. 资产杠杆系数

$$杠杆比率（x） = \frac{总资产}{净资产}$$

$$杠杆比率系数 = \begin{cases} 1, & 3 \leq x \leq 10 \\ \dfrac{30-x}{20}, & 10 < x \leq 30 \\ \dfrac{x-1}{2}, & 1 \leq x < 3 \\ 0, & 其他 \end{cases}$$

10. 资本运用率

资本运用率 =（资本金 + 公积金）÷（资本金 + 公积金 + 未分配利润 + 各项准备金 + 保户储金及投资款 + 资本补充债或应付债券以及其他资金）× 100%

11. 资本回报率

资本回报率 =（综合收益 – 保险业务营业税金及附加 – 业务及管理费 – 手续费及佣金 – 报告期退保金额）÷（资本金 + 公积金）× 100%

12. 风险调整资本利润率

$$风险调整资本利润率 = \frac{净利润}{最低资本} \times 100\%$$

13. 风险调整资本回报率

风险调整资本回报率 =（综合收益 – 保险业务营业税金及附加 – 业务及管理费 – 手续费及佣金 – 报告期退保金额）÷ 最低资本 × 100%

14. 资本管理绩效增长率

$$资本管理绩效增长率 = \frac{当年净利润}{最低资本} \div \frac{上一年净利润}{最低资本} \times 100\%$$

（三）经营能力指标

经营能力由 12 项指标构成，包括 11 项比率和结构指标和 1 项规模指标。

1. 可运用资金收益率

$$可运用资金收益率 = \frac{投资收益 + 公允价值变动损益 + 汇兑损益}{可运用资金} \times 100\%$$

2. 净资产周转率

$$净资产周转率 = 报告期营业收入合计 \div \frac{期初股东权益 + 期末股东权益}{2} \times 100\%$$

3. 总资产周转率

$$总资产周转率 = 报告期营业收入合计 \div \frac{期初总资产 + 期末总资产}{2} \times 100\%$$

4. 综合费用率

综合费用率 = (业务及管理费 + 手续费及佣金 + 分保费用 + 保险业务营业税金及附加 − 摊回分保费用) ÷ 已赚保费 × 100%

5. 综合赔付率

综合赔付率 = (赔付支出 − 摊回赔付支出 + 提取未决赔款准备金 − 摊回未决赔款准备金) ÷ 已赚保费 × 100%

6. 综合费用率的增长率

$$综合费用率的增长率 = \frac{当年综合费用率 - 上一年综合费用率}{上一年综合费用率} \times 100\%$$

7. 险种集中度系数

$$险种集中度系数 = \sum_{i=1}^{5} (前 i 种产品各自的保费收入)^2 \div (前5种产品的保费总收入)^2$$

8. 退保率

退保率 = 报告期退保金额 ÷ (期初寿险责任准备金 + 期初长期健康险责任准备金 + 报告期原保费收入) × 100%

9. 报告期营业收入

10. 保险业务收入增长率

$$保险业务收入增长率 = \left(\frac{当年保险业务收入}{上一年保险业务收入} - 1 \right) \times 100\%$$

11. 净利润赔付支出覆盖率

净利润赔付支出覆盖率 = 净利润 ÷ (赔付支出 − 摊回赔付支出 + 提取未决赔款准备金 − 摊回未决赔款准备金) × 100%

12. 保费收入费用增长比

$$保费收入费用增长比 = \frac{当期原保费收入 - 上一期原保费收入}{当期综合费用 - 上一期综合费用}$$

（四）风险管理能力指标

风险管理能力由 11 项比率和结构性指标构成。

1. 偿付能力充足率

$$偿付能力充足率 = \frac{实际资本}{最低资本} \times 100\%$$

2. 流动性比率

$$流动性比率 = \frac{流动性资产余额}{流动性负债余额} \times 100\%$$

3. 自留保费率

$$自留保费率 = \frac{自留保费}{保险业务收入} \times 100\%$$

4. 自留保费占净资产的比率

$$自留保费占净资产的比率 = \frac{自留保费}{（期初所有者权益 + 期末所有者权益）的均值} \times 100\%$$

5. 自留保费增长率

$$自留保费增长率 = \frac{本年自留保费 - 上一年自留保费}{上一年自留保费} \times 100\%$$

6. 准备金安全率

准备金安全率 = 两年的所有者权益均值 ÷ 两年的（未到期责任准备金 + 未决赔款准备金 + 保险保障基金 + 寿险责任准备金 + 长期健康险责任准备金 - 应收分保未到期责任准备金 - 应收分保未决赔款准备金 - 应收分保寿险责任准备金 - 应收分保长期健康险责任准备金）均值 × 100%

7. 保险负债占总资产的比率

$$保险负债占总资产的比率 = \frac{保险负债}{总资产} \times 100\%$$

8. 现金盈余保障倍数

$$现金盈余保障倍数 = \frac{经营活动净现金流}{净利润}$$

9. 收现比

收现比 =（经营活动、投资活动、筹资活动的现金流入合计 + 汇率变动对现金

及现金等价物的影响额）÷营业收入合计

10. 付现比

付现比 =（经营活动、投资活动、筹资活动的现金流出合计 + 汇率变动对现金及现金等价物的影响额）÷营业支出合计

11. 资产杠杆率

$$资产杠杆率 = \frac{总资产}{净资产}$$

（五）发展潜力指标

发展潜力由以下 11 项指标构成，包括 9 项比率分析指标和 2 项规模指标。

1. 发展系数

$$发展系数 = \frac{公司保费收入增量份额}{人身险市场保费收入增量份额} \times 100\%$$

2. 综合收益增长率

$$综合收益增长率 = \frac{当年综合收益额 - 上一年综合收益额}{上一年综合收益额} \times 100\%$$

3. 总资产增长率

$$总资产增长率 = \frac{期末总资产 - 期初总资产}{期初总资产} \times 100\%$$

4. 净资产增长率

$$净资产增长率 = \frac{期末所有者权益 - 期初所有者权益}{期初所有者权益} \times 100\%$$

5. 市场拓展能力

$$市场拓展能力 = \frac{公司原保费收入}{实收资本（或股本）}$$

6. 人均产能

$$人均产能 = \frac{营业收入合计}{公司职工人数}$$

7. 分支机构数目

分支机构数目指设立分公司的数目，包括在省级和经济单列市的分公司数目。

8. 万张保单投诉量

9. 应收保费周转率

$$应收保费周转率 = \frac{报告期原保费收入}{（期初应收保费 + 期末应收保费）的均值} \times 100\%$$

10. 保险业务收入增长率

$$\text{保险业务收入增长率} = \frac{\text{当年保险业务收入} - \text{上一年保险业务收入}}{\text{当年保险业务收入}} \times 100\%$$

11. SARMRA 得分

第二节 2020年中国人身保险公司综合竞争力评价结果与分析

在确定了指标和提取数据后，本报告为保证对人身险公司竞争力评价的客观性和科学性，采用以下研究方法。首先，根据指标的正向和逆向进行数据的预处理，使处理后的全部指标数据为正向，即数据越大越好；其次，指标数据中有些是比率指标，有些是数值指标，为了避免"以大欺小"以及指标单位对评价结果的影响，本报告对全部数据进行了归一化处理，即全部指标数据的取值都在0~1；最后，在运用主成分分析法进行综合竞争力评价时，对全部58项二级指标数据进行了分析处理。因此，二级指标与一级指标的隶属关系不影响综合竞争力的评价结果。

为了便于对人身险公司的业绩进行比较，以下披露的各家人身险公司的二级指标数据都进行了逆向化处理，即得分高意味着对一级指标具有较大的正向作用，得分低意味着对一级指标具有较小的负向作用。同时，根据综合运用主成分分析法、因子分析法得到的对保险公司综合竞争力以及一级指标的评价结果，设定最高分不超过100分，最低分不低于40分。

一、2020年中国人身险公司综合竞争力的得分及排名

经预处理后，本报告得到73家人身险公司的58项二级指标数据。为了更好地反映保险公司竞争力的实际情况，并根据中国保险业的发展阶段和监管要求，本课题组选择了4项指标进行加权处理，得到了一个73×62的数据矩阵。利用主成分分析法，共选取15个主成分，其累计解释率达86.42%，每个主成分都是这些二级指标的线性组合（见图3-1）。

确定了这15个主成分后，2020年中国各家人身险公司综合竞争力的评价结果见表3-1。

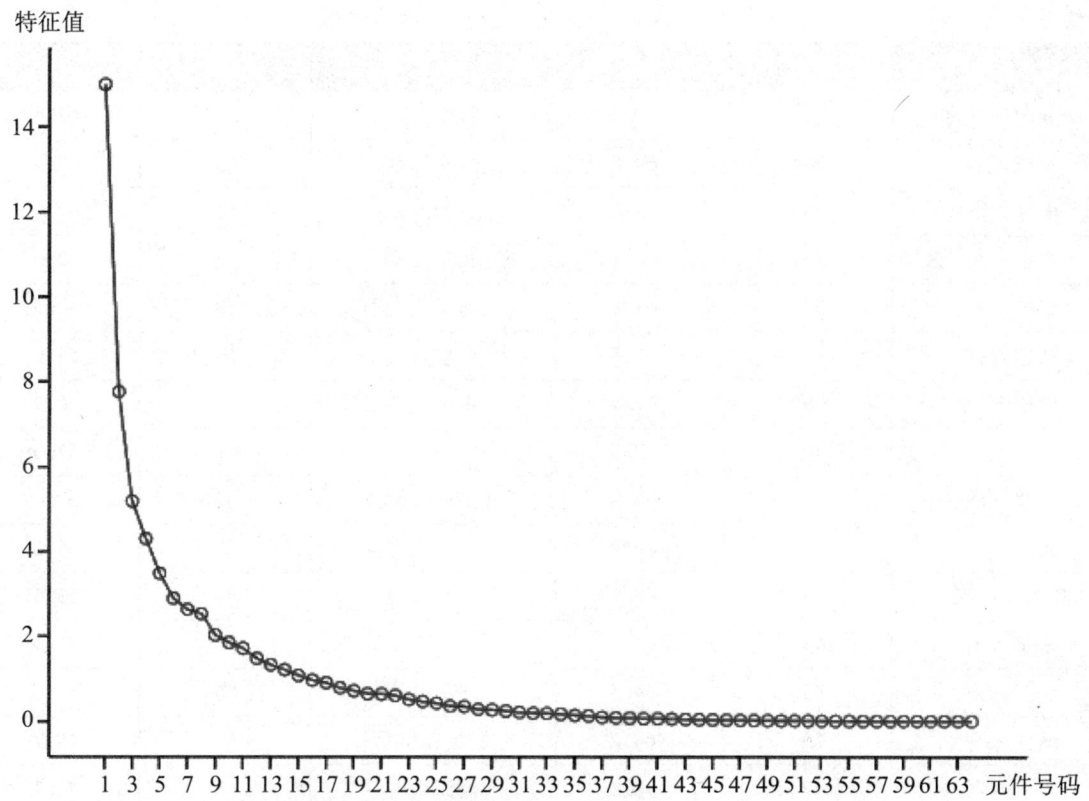

图 3-1　人身险公司综合竞争力分析的陡坡图（碎石图）

表 3-1　　　　2020 年中国人身险公司综合竞争力的排名及得分

公司名称	排名	得分	公司名称	排名	得分
中国人寿	1	100.0	招商信诺	17	74.7
平安人寿	2	98.9	中融人寿	18	74.5
泰康人寿	3	91.1	英大人寿	19	74.2
太保寿险	4	88.1	昆仑健康	20	73.8
新华人寿	5	87.2	前海人寿	21	73.8
友邦人寿	6	85.6	上海人寿	22	73.5
太平人寿	7	83.4	中宏人寿	23	73.2
恒大人寿	8	79.4	建信人寿	24	72.4
平安健康	9	77.8	平安养老	25	72.3
百年人寿	10	77.7	民生人寿	26	71.9
农银人寿	11	76.4	中信保诚人寿	27	71.3
人保寿险	12	76.0	幸福人寿	28	71.2
信泰人寿	13	75.7	交银康联	29	70.8
中邮人寿	14	75.5	太保安联健康	30	70.4
阳光人寿	15	75.2	大都会人寿	31	70.3
泰康养老	16	75.1	人保健康	32	70.3

续表

公司名称	排名	得分	公司名称	排名	得分
同方全球人寿	33	70.0	君龙人寿	54	62.4
长城人寿	34	69.8	恒安标准	55	62.4
横琴人寿	35	68.4	中韩人寿	56	62.0
中银三星	36	68.1	北京人寿	57	62.0
汇丰人寿	37	68.0	国华人寿	58	60.5
财信吉祥	38	67.5	华泰人寿	59	59.6
中荷人寿	39	67.4	中英人寿	60	58.9
合众人寿	40	67.3	国联人寿	61	57.0
中德安联	41	66.8	复星联合健康	62	57.0
太平养老	42	66.2	海保人寿	63	56.2
陆家嘴国泰	43	65.2	中华人寿	64	52.5
东吴人寿	44	64.6	长生人寿	65	52.4
华贵人寿	45	64.5	瑞华健康	66	50.0
珠江人寿	46	64.2	复星保德信	67	49.7
光大永明	47	64.1	渤海人寿	68	48.7
国富人寿	48	63.9	瑞泰人寿	69	47.7
招商仁和	49	63.7	爱心人寿	70	46.7
工银安盛	50	63.7	三峡人寿	71	45.3
国宝人寿	51	63.5	鼎诚人寿	72	41.7
中意人寿	52	63.1	德华安顾	73	40.0
利安人寿	53	62.9			

二、结论与分析

本报告在2019年研究的基础上，根据影响当前中国人身险公司的发展和中国银保监会的监管要求等各个方面的因素，修改完善了人身险公司竞争力评价指标体系。根据此评价指标体系，本报告应用主成分分析法对中国人身险公司的竞争力进行了经验分析。随着国际经济金融危机和中国经济结构的调整，中国保险业的发展逐渐克服了一些困难和瓶颈。2020年，中国人身险市场的保费收入为33 328亿元，增长率为7.5%；中国人身险公司的保险金额达1 198万亿元，比2019年（1 101万亿元）增长了8.81%；中国人身险公司的资产总额达19.98万亿元，比2019年（16.96万亿元）增长了17.81%。

基于公开的数据和本课题组的评价体系，2020年中国人身险公司综合竞争力评价的基本情况如下。

1. 盈利能力方面

参评的73家中国人身险公司的盈利能力表现差别较大。整体来看，中资人身险公司占有一定的优势。

在盈利能力竞争力排名前10位的公司中，有3家外资保险公司，分别是平安健康、友邦人寿、中韩人寿（分别列第4名、第9名和第10名），其余7家均是中资保险公司。可见，中资人身险公司的盈利能力高于外资人身险公司。然而，在强调"保险姓保"、经营发展保障性产品方面，中资人身险公司还有很多地方需要向外资人身险公司学习。人身险公司在注重规模、份额的同时，投资收益、技术等还有待加强。

2. 资本管理能力方面

2020年，中国人身险公司的资本管理能力得到大幅度提高。其中，外资人身险公司的资本管理能力表现比较突出，占有比较明显的优势。这说明中资人身险公司在资本实力、资本管理能力等方面还有很多需要学习借鉴的地方。

在资本管理能力方面，有些人身险公司的资本管理系数远低于1，主要是这些公司的偿付能力充足率太高、资本运用太不充分所致。在资本管理能力排名前10位的人身险公司中，有2家外资保险公司入围，分别是恒大人寿（第6名）和平安健康（第10名），其余8家都是中资保险公司。相较于2019年5家外资保险公司入围，中资人身险公司在资本实力、资本管理、保护股东权益等方面与外资人身险公司的差距正在缩小。

3. 经营管理能力方面

2020年，中国各家人身险公司的综合成本率居高不下，基本在100%左右。因此，承保利润形势严峻。整体而言，中国各家人身险公司在综合赔付率和综合费用率2项指标上的差异不大，超过一半的参评人身险公司综合成本率高于100%。

在经营能力排名前10位的人身险公司中有9家中资保险公司，中国人寿、平安人寿和太保寿险分别列第1名、第2名和第3名。在2019年的经营管理能力评价中，没有外资保险公司入围。这说明中资保险公司在经营管理能力方面已具有一定优势。

4. 风险管理能力方面

2020年中国人身险公司风险管理能力评价结果显示，中资人身险公司的风险管理能力优势较明显。在风险管理能力排名前10位的人身险公司中有7家中资保险公司,从数量上看占有明显的优势。与2019年相比,2020年入围风险管理能力前10位的中资保险公司数量略有下降,从9家降至7家。需要注意的是,在分出再保能力方面,中资人身险公司还有许多需要学习和改进的地方。

5. 发展潜力方面

中资人身险公司在发展潜力方面占有明显的优势。在发展潜力排名前10位的人身险公司中有6家中资保险公司。其中,信泰人寿、华贵人寿和国富人寿分别列第1名、第2名和第3名,得分分别为100分、96.2分和95.5分。中资人身险公司在市场拓展能力、资本运用充分率、分支机构数目等方面优势明显。

基于上述5个方面,在参评的73家人身险公司中,中资人身险公司的综合竞争力占有一定的优势。在发展潜力排名前10位的人身险公司中有3家外资保险公司,分别是友邦人寿(第6名)、恒大人寿(第8名)和平安健康(第9名)。在发展潜力排名前20位的人身险公司中有4家外资保险公司,分别是友邦人寿、恒大人寿、平安健康和招商信诺。

第三节 2020年人身保险公司综合竞争力一级指标的评价结果与分析

根据定义,人身险公司的综合竞争力评价包含盈利能力、资本管理能力、经营能力、风险管理能力和发展潜力5类一级指标。各类一级指标包含数量不等的二级指标。本节基于二级指标,运用主成分分析法对各家人身险公司一级指标的表现进行评价和分析。

一、2020年人身险公司盈利能力的排名分析

在数据预处理后,本部分根据参评的73家人身险公司盈利能力的10项二级指标数据得到了一个73×10的数据矩阵。根据主成分分析法,本部分选取4个主成分,其方差贡献解释率为85.11%,每个主成分都是这10项二级指标的线性组合(见表3-2)。

表3-2　　2020年中国人身险公司盈利能力竞争力的排名及得分

公司名称	排名	得分	公司名称	排名	得分
泰康人寿	1	100.0	工银安盛	38	76.0
平安人寿	2	98.1	泰康养老	39	75.5
财信吉祥	3	96.4	交银康联	40	74.6
平安健康	4	93.3	中德安联	41	73.3
昆仑健康	5	93.2	建信人寿	42	72.4
中国人寿	6	90.2	太平养老	43	72.4
前海人寿	7	89.4	中银三星	44	72.3
君龙人寿	8	88.0	中荷人寿	45	72.0
友邦人寿	9	87.6	大都会人寿	46	71.5
中韩人寿	10	87.2	中邮人寿	47	71.5
招商信诺	11	86.5	华泰人寿	48	70.8
平安养老	12	86.1	农银人寿	49	70.3
陆家嘴国泰	13	85.9	珠江人寿	50	69.7
太平人寿	14	85.8	光大永明	51	69.6
东吴人寿	15	85.6	英大人寿	52	68.8
太保安联健康	16	84.9	人保健康	53	68.7
中信保诚人寿	17	84.0	三峡人寿	54	68.7
民生人寿	18	83.8	国华人寿	55	68.6
太保寿险	19	83.6	中融人寿	56	67.7
中华人寿	20	81.2	幸福人寿	57	67.2
国联人寿	21	80.9	国宝人寿	58	66.2
中英人寿	22	80.9	汇丰人寿	59	64.8
上海人寿	23	80.8	信泰人寿	60	64.5
新华人寿	24	80.3	华贵人寿	61	63.7
同方全球人寿	25	80.2	长生人寿	62	62.7
恒安标准	26	79.4	招商仁和	63	60.1
横琴人寿	27	79.0	爱心人寿	64	58.8
中意人寿	28	79.0	北京人寿	65	57.9
中宏人寿	29	78.9	海保人寿	66	56.7
人保寿险	30	78.5	瑞华健康	67	55.3
百年人寿	31	78.4	复星联合健康	68	55.1
阳光人寿	32	78.2	复星保德信	69	53.0
恒大人寿	33	77.9	德华安顾	70	51.5
长城人寿	34	77.6	瑞泰人寿	71	50.5
国富人寿	35	77.4	渤海人寿	72	49.4
利安人寿	36	76.8	鼎诚人寿	73	40.0
合众人寿	37	76.2			

由表 3-2 可以看出，2020 年中国人身险市场盈利能力排名前 3 位的保险公司依次是泰康人寿、平安人寿和财信吉祥。在百分制基准下，它们的得分分别为 100 分、98.1 分和 96.4 分。

在参评的 73 家人身险公司中，盈利能力得分最高的为泰康人寿（100 分），得分最低的是鼎诚人寿（40 分），平均得分为 74.56 分，得分高于平均分（含）的人寿险公司共有 39 家，占比约为 53.42%。得分在 90 分以上的人身险公司有 6 家，得分在 80~90 分的人身险公司有 19 家，得分在 70~80 分的人身险公司有 24 家，得分在 60~70 分的人身险公司有 14 家，得分在 60 分以下的人身险公司有 10 家。

图 3-2 显示了 2020 年盈利能力排名前 10 位的中国人寿险公司，它们依次是泰康人寿、平安人寿、财信吉祥、平安健康、昆仑健康、中国人寿、前海人寿、君龙人寿、友邦人寿、中韩人寿。

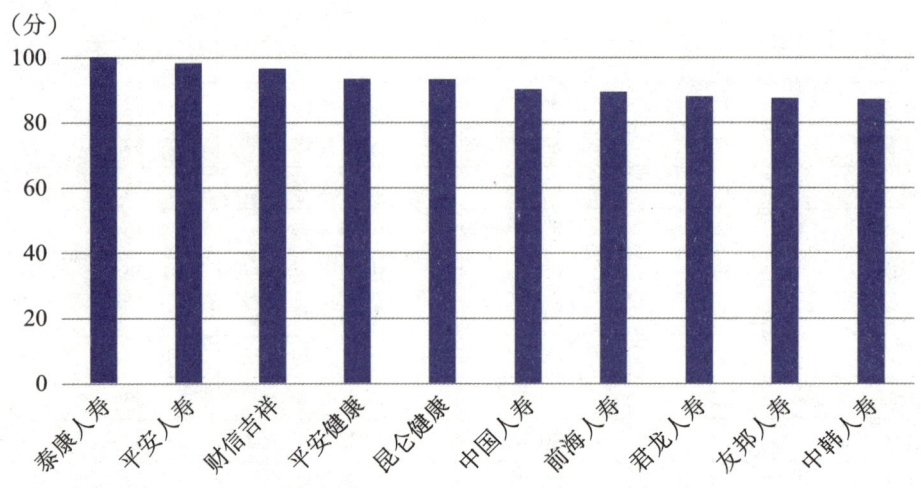

图 3-2　盈利能力排名前 10 位的人身险公司的得分比较

总体来看，排名前 10 位的人身险公司得分相差不大，分布比较均衡，说明它们的盈利能力没有明显差别。

（一）盈利能力排名前 10 位的人身险公司二级指标的排名及得分

盈利能力是反映保险公司竞争力的一项重要指标。表 3-3 列出了盈利能力排名前 10 位的人身险公司的 10 项盈利能力二级指标的得分和排名。

泰康人寿在盈利能力方面列第 1 名，主要是因为其盈利能力的大多数指标得分均处于中上游水平，并且部分指标表现优异。在盈利能力各项二级指标中，泰康人寿的净资产收益率、净利润、人均净利润 3 项指标均位于参评的 73 家人身险公司的前 10 位，并且除投资资产占总资产的比率、净利润增长率 2 项指标外，其余指

表 3-3　盈利能力排名前 10 位的人身险公司二级指标的表现

公司名称	总资产收益率		净资产收益率		投资收益率		净投资收益率		承保利润率		投资资产占总资产的比率		净利润		净利润增长率		人均净利润		综合收益率	
	排名	得分	排名	得分	排名	得分	排名	得分	排名	得分	排名	得分	排名	得分	排名	得分	排名	得分	排名	得分
泰康人寿	12	88.9	4	94.9	11	89.7	15	77.2	28	73.0	45	66.5	4	89.1	44	66.6	4	89.5	11	88.0
平安人寿	4	94.5	2	99.2	64	50.6	37	60.7	7	86.3	4	96.7	1	100.0	37	66.9	2	99.7	65	50.5
财信吉祥	18	85.2	26	78.2	6	97.3	10	87.2	4	94.5	39	70.9	39	47.6	3	94.0	32	72.3	6	96.8
平安健康	1	100.0	6	92.4	16	77.5	1	100.0	12	81.7	69	42.3	25	48.5	22	67.9	23	77.5	23	71.8
昆仑健康	27	82.7	3	96.0	9	93.1	6	92.2	58	62.6	43	68.2	36	47.7	10	70.3	22	78.7	10	91.0
中国人寿	25	84.0	21	80.3	26	73.7	25	65.5	50	66.8	38	72.2	1	100.0	54	65.9	13	81.0	22	71.8
前海人寿	39	77.8	38	70.9	8	94.4	9	91.0	10	82.6	64	46.6	17	49.9	15	69.2	24	76.9	9	91.6
君龙人寿	40	77.5	43	68.6	1	100.0	4	98.7	57	64.8	68	42.6	53	46.9	12	70.2	50	67.0	1	100.0
友邦人寿	2	98.3	1	100.0	57	57.6	64	52.5	13	81.1	8	94.3	7	66.4	53	66.0	1	100.0	62	52.4
中韩人寿	43	76.9	48	67.0	2	99.9	1	100.0	59	60.8	72	41.1	52	46.9	13	69.9	52	66.7	2	99.9

标均排在前30位,总体表现较好。

从整体上看,2020年盈利能力排名前10位的人身险公司在总资产收益率、净资产收益率、投资收益率、净投资收益率、人均净利润和综合收益率等指标上的表现都比较优秀,大多数人身险公司均进入排名前20位,说明这10家人身险公司的投资能力和经营水平总体上相当不错。但其中部分指标存在两极分化现象。例如,大多数公司在净投资收益率、承保利润率指标、投资资产占总资产的比率指标中表现优异,而少数公司在上述指标中的排名落入后10名。

平安人寿的投资收益率(第64名,50.6分)和综合收益率(第65名,50.5分),昆仑健康的承保利润率(第58名,62.6分)等与其他排名前10位的人身险公司的得分相比有一定差距,但由于这两家公司部分指标表现优异,得以立足盈利能力前10位。

这10家人身险公司在投资资产占总资产的比率这一指标上的表现差别较大。盈利能力排名前10位的人身险公司中,得分最高的平安人寿(第4名,96.7分)与得分最低的中韩人寿(第72名,41.1分)相差55.6分。这10家人身险公司在净利润增长率指标上的表现都高于平均水平。其中,得分最高的是财信吉祥(第3名,94分),得分最低的是中国人寿(第54名,65.9分)。

(二) 盈利能力各项二级指标排名前10位的人身险公司的情况

表3-4反映了盈利能力各项二级指标排名前10位的人身险公司及其得分情况。

由表3-4可以看出,投资资产占总资产的比率排名前10位的人身险公司得分在93.2~100分,说明这些人身险公司在该指标上尽管存在差别,但差异并不明显。

2020年,中国各家人身险公司的盈利能力差距比较明显。差异较大的指标主要有净利润(从平安人寿的100分至中信保诚人寿的53.4分),表明该指标对各家人身险公司盈利能力的排名影响较大;平安健康在总资产收益率、净投资收益率,平安人寿在净利润,幸福人寿人寿在承保利润率和投资资产占总资产的比率指标上得分遥遥领先于其他公司。

(三) 盈利能力结构的模糊聚类分析

聚类分析是数理统计中的一种多元分析方法,它是用数学方法定量地确定研究对象的亲疏关系,从而客观地划分类型和度量研究对象的相似程度。事物之间的界限,有些是确切的,有些则是模糊的。当聚类涉及事物之间的模糊界限时,就需要

表 3-4 盈利能力各项二级指标排名前 10 位的人身险公司的得分情况

二级指标 排名	总资产收益率 公司名称（得分）	净资产收益率 公司名称（得分）	投资收益率 公司名称（得分）	净投资收益率 公司名称（得分）	承保利润率 公司名称（得分）	投资资产占总资产的比率 公司名称（得分）	净利润 公司名称（得分）	净利润增长率 公司名称（得分）	人均净利润 公司名称（得分）	综合收益率 公司名称（得分）
1	平安健康（100.0）	友邦人寿（100.0）	君龙人寿（100.0）	平安健康（100.0）	幸福人寿（100.0）	幸福人寿（100.0）	平安人寿（100.0）	利安人寿（100.0）	友邦人寿（100.0）	君龙人寿（100.0）
2	友邦人寿（98.3）	平安人寿（99.2）	中韩人寿（99.9）	中韩人寿（100.0）	人保寿险（97.8）	太保寿险（97.6）	中国人寿（100.0）	太保安联健康（98.5）	平安人寿（99.7）	中韩人寿（99.9）
3	平安养老（98.1）	昆仑健康（96.0）	国联人寿（99.3）	中华人寿（99.5）	建信人寿（96.5）	人保寿险（96.9）	太保寿险（89.4）	财信吉祥（94.0）	招商信诺（90.2）	中华人寿（99.7）
4	平安人寿（94.5）	泰康人寿（94.9）	国富人寿（98.8）	君龙人寿（98.7）	财信吉祥（94.5）	平安人寿（96.7）	泰康人寿（89.1）	光大永明（88.1）	泰康人寿（89.5）	国联人寿（99.3）
5	陆家嘴国泰（93.3）	合众人寿（94.5）	中华人寿（97.6）	国富人寿（95.7）	农银人寿（91.6）	新华人寿（96.2）	新华人寿（80.5）	东吴人寿（86.6）	上海人寿（87.6）	国富人寿（98.2）
6	同方全球人寿（92.6）	平安健康（92.4）	财信吉祥（97.3）	昆仑健康（92.2）	上海人寿（86.4）	大都会人寿（95.4）	太平人寿（80.3）	百年人寿（75.0）	中德安联（85.8）	财信吉祥（96.8）
7	招商信诺（91.2）	中信保诚人寿（92.1）	三峡人寿（97.2）	平安养老（92.1）	平安人寿（86.3）	中意人寿（95.1）	友邦人寿（66.4）	泰康养老（74.8）	中邮人寿（85.5）	三峡人寿（95.8）
8	中宏人寿（90.8）	太平人寿（92.0）	前海人寿（94.4）	国联人寿（91.0）	珠江人寿（86.2）	友邦人寿（94.3）	人保寿险（59.1）	太平养老（71.6）	交银康联（83.8）	东吴人寿（92.9）
9	太平养老（89.9）	同方全球人寿（91.5）	昆仑健康（93.1）	前海人寿（91.0）	大都会人寿（83.7）	珠江人寿（94.0）	阳光人寿（58.4）	横琴人寿（70.6）	信大人寿（83.2）	前海人寿（91.6）
10	民生人寿（89.8）	中德安联（90.4）	东吴人寿（92.3）	财信吉祥（87.2）	前海人寿（82.6）	农银人寿（93.2）	中信保诚人寿（53.4）	昆仑健康（70.3）	新华人寿（83.1）	昆仑健康（91.0）

运用模糊聚类分析方法。模糊聚类分析基于"物以类聚、人以群分"的观念比较分析中国各家人身险公司在经营结构上的近似程度，不是优劣评价。

本部分根据人身险公司在盈利能力二级指标上的得分，运用模糊聚类方法分析各家人身险公司之间的相似程度，为比较各家人身险公司的盈利能力提供了一个新的方法和视角。

由表3-5可以看出，处于主对角线上的值均为1。显然，各家人身险公司和自己的相似与贴近程度为100%。盈利能力排名前10位的人身险公司之间各项指标的相似性都不高并且差别较大，介于0.53~0.77，相似度的最低值同比有所下降，最高值同比略有升高。

表3-5　　盈利能力排名前10位的人身险公司的模糊聚类等价矩阵

	泰康人寿	平安人寿	财信吉祥	平安健康	昆仑健康	中国人寿	前海人寿	君龙人寿	友邦人寿	中韩人寿
泰康人寿	1.00	0.62	0.58	0.53	0.64	0.62	0.60	0.60	0.62	0.60
平安人寿	0.62	1.00	0.58	0.53	0.62	0.77	0.60	0.60	0.77	0.60
财信吉祥	0.58	0.58	1.00	0.53	0.58	0.58	0.58	0.58	0.58	0.58
平安健康	0.53	0.53	0.53	1.00	0.53	0.53	0.53	0.53	0.53	0.53
昆仑健康	0.64	0.62	0.58	0.53	1.00	0.62	0.60	0.60	0.62	0.60
中国人寿	0.62	0.77	0.58	0.53	0.62	1.00	0.60	0.60	0.77	0.60
前海人寿	0.60	0.60	0.58	0.53	0.60	0.60	1.00	0.66	0.60	0.60
君龙人寿	0.60	0.60	0.58	0.53	0.60	0.60	0.66	1.00	0.60	0.60
友邦人寿	0.62	0.77	0.58	0.53	0.62	0.77	0.60	0.60	1.00	0.60
中韩人寿	0.60	0.60	0.58	0.53	0.60	0.60	0.60	0.60	0.60	1.00

盈利能力指标表现相似度较高的是中国人寿、平安人寿和友邦人寿。这3家公司的相似度为0.77，说明它们的盈利能力和模式具有较高的相似性和对标性。

比较有特点的公司是平安健康，它与其他9家排名进入前10位的人身险公司的相似度都是0.53，在矩阵中最低，说明该公司与其他9家人身险公司的盈利能力对标性不强。这是一个值得进一步关注和研究的现象。

从表3-5中的数据来看，各家人身险公司的盈利能力和模式对标性有待加强。这也从另一个方面说明中国人身险公司的盈利能力和水平还需进一步提高。在国际经济危机和国内经济结构调整的过程中，中国寿险企业如何提升自身的盈利能力，在市场中发现和挖掘盈利模式，已成为中国寿险业面临的一个严峻的问题。

二、2020年人身险公司资本管理能力的排名分析

在数据预处理后，本部分根据参评的73家人身险公司资本管理能力的14项二

级指标数据得到了一个 73×14 的数据矩阵。根据主成分分析法，本部分选取 8 个主成分，其累计解释率为 87.71%，每个主成分都是这 14 项二级指标的线性组合（见表 3-6）。

表 3-6　　2020 年中国人身险公司资本管理能力的排名及得分

公司名称	排名	得分	公司名称	排名	得分
信泰人寿	1	100.0	人保寿险	38	73.0
百年人寿	2	99.7	中华人寿	39	72.9
昆仑健康	3	95.8	中宏人寿	40	72.5
横琴人寿	4	95.6	泰康养老	41	69.8
英大人寿	5	91.2	建信人寿	42	69.3
恒大人寿	6	89.0	中意人寿	43	68.2
合众人寿	7	87.7	大都会人寿	44	67.4
中邮人寿	8	86.6	利安人寿	45	67.1
平安人寿	9	86.5	君龙人寿	46	66.4
平安健康	10	86.5	太平养老	47	65.9
人保健康	11	86.1	长城人寿	48	64.5
阳光人寿	12	85.4	中荷人寿	49	64.3
中融人寿	13	85.4	中英人寿	50	64.1
农银人寿	14	84.7	国宝人寿	51	63.4
爱心人寿	15	84.5	友邦人寿	52	62.9
德华安顾	16	84.1	鼎诚人寿	53	62.3
中国人寿	17	83.7	国华人寿	54	62.2
太平人寿	18	83.6	陆家嘴国泰	55	62.1
中银三星	19	83.6	珠江人寿	56	61.7
太保寿险	20	82.7	三峡人寿	57	60.8
前海人寿	21	81.4	幸福人寿	58	60.6
中信保诚人寿	22	80.6	海保人寿	59	60.3
中德安联	23	80.4	华泰人寿	60	60.2
泰康人寿	24	80.3	复星保德信	61	59.6
上海人寿	25	79.6	国富人寿	62	59.4
复星联合健康	26	79.3	北京人寿	63	59.3
汇丰人寿	27	78.4	中韩人寿	64	58.1
华贵人寿	28	78.2	渤海人寿	65	58.1
工银安盛	29	77.5	长生人寿	66	57.6
太保安联健康	30	77.2	瑞泰人寿	67	56.5
光大永明	31	76.9	恒安标准	68	56.2
新华人寿	32	76.6	国联人寿	69	56.0
招商信诺	33	76.1	瑞华健康	70	54.1
同方全球人寿	34	74.3	东吴人寿	71	53.7
招商仁和	35	74.2	财信吉祥	72	50.7
交银康联	36	73.9	民生人寿	73	40.0
平安养老	37	73.4			

由表 3-6 可以看出，2020 年中国人身险市场上资本管理能力排名前 3 位的保险公司依次是信泰人寿、百年人寿和昆仑健康。在百分制基准下，它们的得分分别为 100 分、99.7 分和 95.8 分。

在参评的 73 家人身险公司中，资本管理能力得分最高的是信泰人寿（100 分），得分最低的是民生人寿（40 分），平均得分为 72.6 分，得分高于平均分的人身险公司共有 39 家，占比约为 53.4%。得分在 90 分以上的人身险公司有 5 家，得分在 80~90 分的人身险公司有 19 家，得分在 70~80 分的人身险公司有 16 家，得分在 60~70 分的人身险公司有 20 家，60 分以下的人身险公司有 13 家。

图 3-3 显示了资本管理能力排名前 10 位的人身险公司，它们依次是信泰人寿、百年人寿、昆仑健康、横琴人寿、英大人寿、恒大人寿、合众人寿、中邮人寿、平安人寿、平安健康。其中，第 1 名信泰人寿的得分为 100 分；第 2 名百年人寿的得分为 99.7 分；第 3 名昆仑健康的得分为 95.8 分；第 4 名横琴人寿的得分为 95.6 分。资本管理能力排名前 4 位的优势比较明显，第 5 名（英大人寿，91.2 分）至第 10 名（平安健康，86.5 分）分差并不显著。

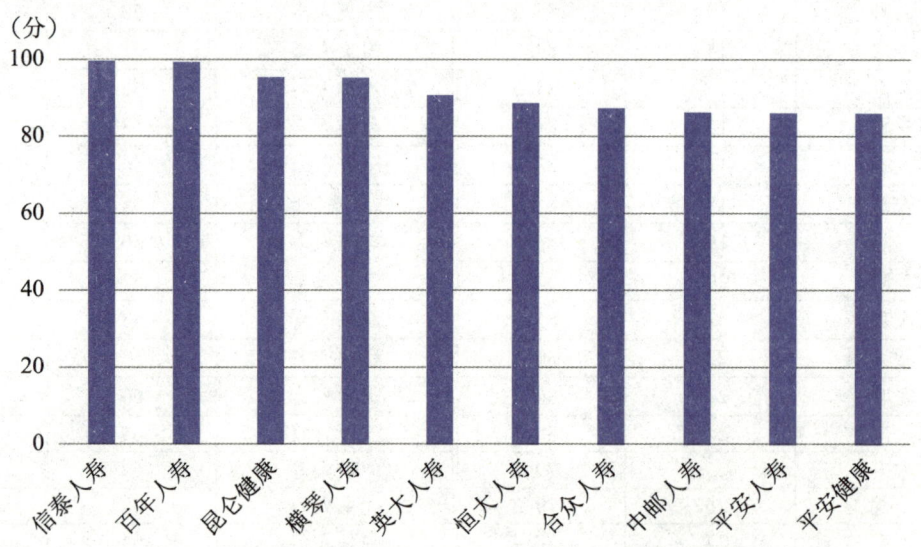

图 3-3 资本管理能力排名前 10 位的人身险公司的得分比较

（一）资本管理能力排名前 10 位的人身险公司二级指标的排名及得分

表 3-7 列明了资本管理能力排名前 10 位的人身险公司的情况，即这些人身险公司在资本管理能力 14 项二级指标中的具体得分和排名。

信泰人寿的资本管理能力列第 1 名（100 分），主要得益于其在资本管理系数（第 1 名，100 分）、资本利用率（第 3 名，99.9 分）、资本运用率（第 3 名，99.9 分）

第三章 中国人身保险公司竞争力评价分析

表3-7 资本管理能力排名前10位的人身险公司二级指标的表现

公司名称	资本管理系数		认可资产负债率		资产认可率		资本利用率		资金成本率		认可资产增长率		所有者权益		准备金保费比率		资产杠杆系数		资本运用率		资本回报率		风险调整资本利润率		风险调整资本回报率		资本管理绩效增长率	
	排名	得分	排名	得分	排名	得分	排名	得分	排名	得分	排名	得分	排名	得分	排名	得分	排名	得分	排名	得分	排名	得分	排名	得分	排名	得分	排名	得分
信泰人寿	1	100.0	33	85.0	47	64.0	2	99.9	21	81.8	5	97.6	28	44.2	13	87.3	64	65.7	2	99.9	47	73.4	8	40.4	1	100.0	36	69.2
百年人寿	1	100.0	15	94.5	40	66.3	2	99.9	32	79.9	24	74.2	22	44.9	7	94.9	69	40.5	2	99.9	72	40.1	8	40.4	48	99.9	63	65.8
昆仑健康	1	100.0	41	78.6	71	41.2	1	100.0	60	73.0	4	98.8	61	40.6	25	73.2	73	40.0	1	100.0	2	99.9	8	40.4	1	100.0	23	70.2
横琴人寿	1	100.0	27	88.6	32	70.1	8	95.0	53	76.0	7	96.8	54	40.8	26	73.1	65	58.9	8	95.0	45	75.4	8	40.4	48	99.9	71	42.3
英大人寿	1	100.0	31	87.1	42	65.5	12	89.0	42	78.2	8	95.6	40	42.3	24	73.9	55	79.4	12	89.0	24	91.6	8	40.4	1	100.0	38	69.1
宿大人寿	1	100.0	18	93.3	54	61.4	13	87.0	37	79.4	14	83.6	14	50.1	14	86.3	63	66.1	13	87.0	26	89.6	8	40.4	1	100.0	39	69.0
合众人寿	1	100.0	14	95.1	61	53.8	10	91.9	25	80.9	54	53.1	37	42.7	17	83.9	71	40.1	10	91.9	68	44.6	8	40.4	1	100.0	46	68.2
中邮人寿	1	100.0	20	92.4	13	84.7	18	79.2	32	79.9	18	78.9	10	56.3	18	79.1	46	95.7	18	79.2	42	78.4	8	40.4	1	100.0	12	73.3
平安人寿	1	100.0	1	100.0	65	50.4	45	56.1	9	85.6	61	50.8	1	100.0	5	99.1	59	73.2	45	56.1	58	54.9	8	40.4	1	100.0	43	68.5
平安健康	1	100.0	45	71.0	62	52.3	7	95.4	6	88.4	30	64.2	47	41.5	12	90.2	1	100.0	7	95.4	66	46.0	4	40.5	48	99.9	42	68.6

和认可资产负债率（第5名，97.6分）方面的优异表现。该公司在资产认可率（第47名）、资产杠杆系数（第64名）、资本回报率（第47名）和风险调整资本利润率（第51名）方面还有很大的发展空间。

百年寿险的资本管理能力列第2名（99.7分），主要是因为该公司在资本管理系数（第1名，100分）、资本利用率（第2名，99.9分）、资本运用率（第2名，99.9分）和准备金保费比率（第7名，94.9分）方面的优异表现。百年寿险在资产杠杆系数（第69名）、资本回报率（第72名）、风险调整资本回报率（第61名）和资本管理绩效增长率（第63名）方面还有很大的发展空间。

昆仑健康的资本管理能力列第3名（95.8分），主要得益于其在资本管理系数（第1名，100分）、资本运用率（第1名，100分）、资本利用率（第1名，100分）、资本回报率（第2名，99.9分）、风险调整资本回报率（第3名，100分）和认可资产增长率（第4名，98.8分）的优异表现。该公司在资产认可率（第71名）、资金成本率（第60名）、所有者权益（第61名）和资产杠杆系数（第73名）方面还有很大的发展空间。

整体来看，资本管理能力排名前10位的人身险公司在资本管理系数、资本利用率、准备金保费比率、资本运用率指标上的表现都比较优秀，大部分指标处于参评的73家人身险公司的中上游水平。

在资产认可率、资产杠杆系数和资本管理绩效增长率指标中，除个别公司以外，这10家人身险公司排名普遍靠后，得分也普遍偏低。这10家人身险公司在这些指标方面仍有待提高。

（二）资本管理能力各项二级指标排名前10位的人身险公司的情况

表3-8列出了资本管理能力各项二级指标排名前10位的人身险公司及其得分情况。

资本管理能力各项二级指标排名前10位的人身险公司在资本管理系数和资产杠杆系数指标上的表现几乎没有差别，得分均为满分100分。资本管理系数指标得分为100分的人身险公司有中国人寿、太保寿险、平安人寿、新华人寿、泰康人寿、太平人寿、建信人寿、光大永明、平安养老、中融人寿、合众人寿、太平养老、人保健康、信泰人寿、农银人寿、长城人寿、昆仑健康、人保寿险、国华人寿、英大人寿、泰康养老、幸福人寿、阳光人寿、百年人寿、中邮人寿、利安人寿、前海人寿、东吴人寿、珠江人寿、财信吉祥、渤海人寿、国联人寿、太保安联健康、上海人寿、中华人寿、横琴人寿、复星联合健康、华贵人寿、爱心人寿、招

第三章 中国人身保险公司竞争力评价分析

表 3-8 资本管理能力各项二级指标排名前 10 位的人身险公司的得分情况

二级指标 排名	资本管理系数 公司名称（得分）	认可资产负债率 公司名称（得分）	资产认可率 公司名称（得分）	资本利用率 公司名称（得分）	资金成本率 公司名称（得分）	认可资产增长率 公司名称（得分）	所有者权益 公司名称（得分）	准备金保费比率 公司名称（得分）	资产杠杆系数 公司名称（得分）	资本运用率 公司名称（得分）	资本回报率 公司名称（得分）	风险调整资本利润率 公司名称（得分）	风险调整资本回报率 公司名称（得分）	资本管理绩效增长率 公司名称（得分）
1	中国人寿（100.0）	平安人寿（100.0）	瑞华健康（100.0）	昆仑健康（100.0）	幸福人寿（100.0）	中华人寿（100.0）	中国人寿（100.0）	太平人寿（100.0）	招商信诺（100.0）	昆仑健康（100.0）	国富人寿（100.0）	阳光人寿（100.0）	友邦人寿（100.0）	汇丰人寿（100.0）
2	太保寿险（100.0）	太平人寿（99.7）	鼎诚人寿（100.0）	百年人寿（99.9）	人保寿险（94.4）	中德安联（99.8）	平安人寿（100.0）	友邦人寿（99.5）	平安养老（100.0）	百年人寿（99.9）	昆仑健康（99.9）	陆家嘴国泰（76.4）	平安人寿（100.0）	中荷人寿（100.0）
3	平安人寿（100.0）	中信保诚（99.3）	德华安顾（94.1）	信泰人寿（99.9）	建信人寿（93.9）	爱心人寿（99.7）	新华人寿（90.4）	中信保诚（99.1）	中宏人寿（100.0）	信泰人寿（99.9）	瑞泰人寿（99.7）	平安人寿（40.5）	昆仑健康（100.0）	中融人寿（100.0）
4	新华人寿（100.0）	友邦人寿（99.2）	君龙人寿（93.7）	德华安顾（99.0）	农银人寿（89.5）	爱心人寿（99.7）	太保寿险（88.9）	前海人寿（99.1）	平安健康（100.0）	德华安顾（99.0）	友邦人寿（99.2）	平安人寿（40.5）	泰康养老（100.0）	中融人寿（98.9）
5	泰康人寿（100.0）	中国人寿（98.9）	渤海人寿（92.0）	人保健康（97.6）	财信吉祥（89.3）	信泰人寿（97.6）	泰康人寿（81.2）	平安人寿（99.1）	新华人寿（100.0）	人保健康（97.6）	北京人寿（98.7）	友邦人寿（40.5）	太保寿险（100.0）	国华人寿（93.9）
6	太平人寿（100.0）	太保寿险（98.6）	中韩人寿（90.4）	太保安联健康（97.5）	平安健康（88.4）	复星联合健康（97.0）	太平人寿（76.3）	招商信诺（98.0）	中国人寿（100.0）	太保安联健康（97.5）	幸福人寿（98.1）	民生人寿（40.5）	中国人寿（100.0）	长生人寿（84.9）
7	建信人寿（100.0）	新华人寿（98.1）	国联人寿（89.9）	平安健康（95.4）	上海人寿（87.6）	横琴人寿（96.8）	人保寿险（69.5）	百年人寿（94.9）	人保健康（100.0）	平安健康（95.4）	鼎诚人寿（98.0）	中德安联（40.5）	太平人寿（100.0）	三峡人寿（84.0）
8	光大永明（100.0）	泰康人寿（97.6）	华贵人寿（89.4）	横琴人寿（95.0）	珠江人寿（86.1）	英大人寿（95.6）	阳光人寿（61.8）	泰康人寿（93.6）	太保安联健康（100.0）	横琴人寿（95.0）	恒安标准（97.7）	平安养老（40.4）	新华人寿（100.0）	瑞华健康（83.5）
9	平安养老（100.0）	中宏人寿（97.3）	三峡人寿（87.4）	爱心人寿（92.2）	平安人寿（85.6）	国宝人寿（91.8）	前海人寿（56.3）	太保寿险（92.9）	泰康养老（100.0）	爱心人寿（92.2）	渤海人寿（97.5）	大都会人寿（40.4）	民生人寿（100.0）	招商仁和（77.5）
10	中融人寿（100.0）	招商信诺（97.0）	汇丰人寿（86.6）	合众人寿（91.9）	大都会人寿（84.8）	招商仁和（91.0）	中邮人寿（56.3）	平安养老（90.6）	中英人寿（100.0）	合众人寿（91.9）	陆家嘴国泰（96.6）	太平养老（40.4）	中信保诚（100.0）	爱心人寿（74.4）

商仁和、三峡人寿、瑞华健康、北京人寿、海保人寿、国富人寿、国宝人寿、中宏人寿、中德安联、工银安盛、中信保诚人寿、交银康联、中意人寿、中荷人寿、中英人寿、同方全球人寿、招商信诺、长生人寿、恒安标准、瑞泰人寿、华泰人寿、陆家嘴国泰、平安健康、中银三星、恒大人寿、鼎诚人寿、汇丰人寿、君龙人寿、复星保德信、中韩人寿和德华安顾。资产杠杆系数指标得分为100分的人身险公司有中国人寿、新华人寿、平安养老、太平养老、人保健康、长城人寿、国华人寿、泰康养老、阳光人寿、利安人寿、东吴人寿、财信吉祥、渤海人寿、国联人寿、太保安联健康、中华人寿、复星联合健康、华贵人寿、招商仁和、三峡人寿、北京人寿、海保人寿、国富人寿、国宝人寿、中宏人寿、中荷人寿、中英人寿、同方全球人寿、招商信诺、长生人寿、恒安标准、瑞泰人寿、华泰人寿、陆家嘴国泰、平安健康、鼎诚人寿、君龙人寿、复星保德信、中韩人寿和民生人寿。

资本管理系数和资产杠杆系数指标反映了公司财务状况的稳定性。上述结果表明，这些公司在这两项指标上的差别并不明显，没有能力和水平上的差距。

在所有者权益和风险调整资本利润率指标中，第1名分别为中国人寿（100分）、平安人寿（100分）和阳光人寿（100分），第2～第10名在这两项指标中的得分分别介于56.3～90.4分和40.4～76.4分，说明它们在资金运用效率和所有者权益方面差距明显。

（三）资本管理能力结构的模糊聚类分析

本部分根据人身险公司在资本管理能力指标上的得分，运用模糊聚类方法分析各家人身险公司之间的相似程度，为比较各家人身险公司的盈利能力提供了一个新的方法和视角（见表3-9）。同时，它体现的是"物以类聚、人以群分"的观念，是对人身险公司资本管理能力结构的相似性分析。模糊聚类分析的得分高低并不意味着资本管理能力的优劣。

表3-9　资本管理能力排名前10位的人身险公司的模糊聚类等价矩阵

	信泰人寿	百年人寿	昆仑健康	横琴人寿	英大人寿	恒大人寿	合众人寿	中邮人寿	平安人寿	平安健康
信泰人寿	1.00	0.65	0.63	0.62	0.74	0.74	0.68	0.68	0.46	0.48
百年人寿	0.65	1.00	0.63	0.62	0.65	0.65	0.65	0.65	0.46	0.48
昆仑健康	0.63	0.63	1.00	0.62	0.63	0.63	0.63	0.63	0.46	0.48
横琴人寿	0.62	0.62	0.62	1.00	0.62	0.62	0.62	0.62	0.46	0.48
英大人寿	0.74	0.65	0.63	0.62	1.00	0.74	0.68	0.68	0.46	0.48

续表

	信泰人寿	百年人寿	昆仑健康	横琴人寿	英大人寿	恒大人寿	合众人寿	中邮人寿	平安人寿	平安健康
恒大人寿	0.74	0.65	0.63	0.62	0.74	1.00	0.68	0.68	0.46	0.48
合众人寿	0.68	0.65	0.63	0.62	0.68	0.68	1.00	0.68	0.46	0.48
中邮人寿	0.68	0.65	0.63	0.62	0.68	0.68	0.68	1.00	0.46	0.48
平安人寿	0.46	0.46	0.46	0.46	0.46	0.46	0.46	0.46	1.00	0.46
平安健康	0.48	0.48	0.48	0.48	0.48	0.48	0.48	0.48	0.46	1.00

由表3-9可以看出，处于主对角线上的值均为1。显然，各家人身险公司和自己的相似与贴近程度为100%。

从此等价矩阵可以看出，各家人身险公司之间的相似度差别不是特别大，最高为0.74，最低为0.46。

在资本管理能力方面列第1名的信泰人寿与英大人身（第5名）和恒大人寿（第6名）的相似度最高，为0.74，具有较强的对标性；中邮人寿与与平安健康的相似度为0.48，对标性一般。

需要关注的是平安人寿，其资本管理能力得分列第9名，但是与其余9家资本管理能力排名前10位的人身险公司的相似度均为0.46，对标性均较差。

整体来看，资本管理能力排名前10位的人身险公司的近似性和对标性都不高，说明各家人身险公司均需要加强这方面的研究分析，提高资本管理水平。

三、2020年人身险公司经营能力的排名分析

在数据预处理后，本部分根据参评的73家人身险公司的12项二级指标数据得到了一个73×12的数据矩阵。根据主成分分析法，本部分选取7个主成分，其累计解释率为84.42%，每个主成分都是这12项二级指标的线性组合（见表3-10）。

由表3-10可以看出，2020年中国人身险市场上经营能力排名前3位的保险公司依次是中国人寿、平安人寿和太保寿险。在百分制基准下，它们的得分分别为100分、95.1分和90分。

在参评的73家人身险公司中，经营能力得分最高的是中国人寿（100分），得分最低的是爱心人寿（40分），平均得分为76.7分，得分高于平均分的人身险公司共有41家，占比约为56.2%。得分在80分以上的人身险公司有23家，得分在70~80分的人身险公司有40家，得分在60~70分的人身险公司有7家，得分在60分以下的人身险公司有3家。

表 3-10　　2020 年中国人身险公司经营能力的排名及得分

公司名称	排名	得分	公司名称	排名	得分
中国人寿	1	100.0	中德安联	38	77.0
平安人寿	2	95.1	中邮人寿	39	77.0
太保寿险	3	90.0	阳光人寿	40	77.0
农银人寿	4	88.3	英大人寿	41	76.9
中荷人寿	5	87.7	中英人寿	42	76.6
泰康人寿	6	87.4	复星联合健康	43	76.3
新华人寿	7	87.1	中宏人寿	44	76.3
太平人寿	8	86.4	华泰人寿	45	76.2
人保健康	9	84.6	利安人寿	46	75.9
幸福人寿	10	83.9	瑞华健康	47	75.8
上海人寿	11	83.4	大都会人寿	48	75.8
友邦人寿	12	83.3	合众人寿	49	75.8
国华人寿	13	83.1	珠江人寿	50	75.5
平安养老	14	82.5	工银安盛	51	75.3
交银康联	15	82.4	恒安标准	52	75.2
中融人寿	16	82.1	昆仑健康	53	74.4
招商信诺	17	81.7	复星保德信	54	73.8
百年人寿	18	81.7	太保安联健康	55	73.3
中银三星	19	81.6	君龙人寿	56	73.1
招商仁和	20	81.3	汇丰人寿	57	72.9
中信保诚人寿	21	80.4	光大永明	58	72.0
信泰人寿	22	80.3	长城人寿	59	71.9
同方全球人寿	23	80.3	东吴人寿	60	71.6
国宝人寿	24	79.9	国联人寿	61	71.1
北京人寿	25	79.2	财信吉祥	62	70.4
恒大人寿	26	79.1	平安健康	63	70.2
泰康养老	27	78.9	建信人寿	64	69.9
民生人寿	28	78.7	渤海人寿	65	68.9
太平养老	29	78.6	瑞泰人寿	66	68.4
陆家嘴国泰	30	78.5	国富人寿	67	67.8
中韩人寿	31	78.2	长生人寿	68	67.1
海保人寿	32	77.8	三峡人寿	69	62.6
人保寿险	33	77.8	德华安顾	70	60.1
中意人寿	34	77.8	鼎诚人寿	71	54.3
横琴人寿	35	77.4	中华人寿	72	53.6
华贵人寿	36	77.2	爱心人寿	73	40.0
前海人寿	37	77.1			

图 3-4 显示了经营能力排名前 10 位的人身险公司,它们依次是中国人寿、平安人寿、太保寿险、农银人寿、中荷人寿、泰康人寿、新华人寿、太平人寿、人保健康、幸福人寿。

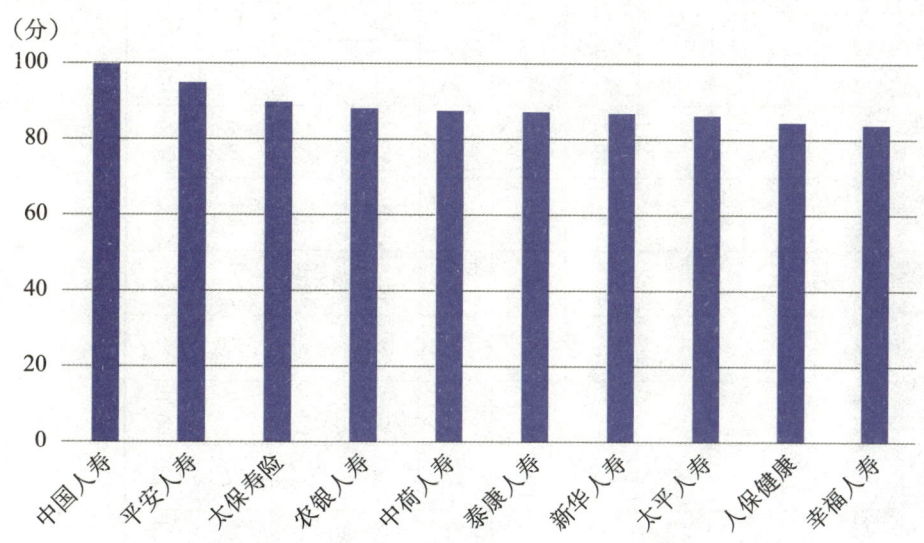

图 3-4　经营能力排名前 10 位的人身险公司的得分比较

由图 3-4 可以看出,中国人寿的经营能力列第 1 名 (100 分),并且优势明显。经营能力排名前 10 位的人身险公司均为中资保险公司。可见,中资人身险公司的经营能力相对较强。

(一) 经营能力排名前 10 位的人身险公司二级指标的排名及得分

经营能力是反映保险公司竞争力的一项重要指标。表 3-11 列出了经营能力排名前 10 位的人身险公司 12 项经营能力二级指标的得分和排名。其中的逆向评价指标已进行了逆向化处理。

中国人寿在经营能力方面列第 1 名,主要原因在于其部分二级指标表现优异。其中,报告期营业收入指标列第 1 名,保费收入费用增长比指标中列第 7 名,险种集中度系数指标列第 9 名。但是,中国人寿在总资产周转率指标上的表现 (第 62 名,46.3 分) 较差,资产周转效率有待加强。

总资产周转率和净资产周转率是考察企业资产运营效率的重要指标,能够反映企业对其全部资产的管理质量和利用效率。中国人寿、平安人寿、太保寿险、泰康人寿、新华人寿和幸福人寿的总资产周转率分别列第 61 名、并列第 61 名、第 64 名、第 58 名、第 60 名和第 63 名。中国人寿在净资产周转率指标中的表现一般,仅列第 51 名,处于下游水平。在经营能力排名前 10 位的人身险公司中只有人保健

表 3-11 经营能力排名前 10 位的人身险公司二级指标的表现

公司名称	可运用资金收益率 排名	得分	净资产周转率 排名	得分	总资产周转率 排名	得分	综合费用率 排名	得分	综合赔付率 排名	得分	综合费用的增长率 排名	得分	险种集中度系数 排名	得分	退保率 排名	得分	报告期营业收入 排名	得分	保险业务收入增长率 排名	得分	净利润赔付支出覆盖率 排名	得分	费用增长比 排名	得分
中国人寿	52	56.1	51	51.9	61	46.3	28	87.0	59	55.1	50	72.3	9	98.3	14	91.8	1	100.0	56	54.1	24	82.4	7	56.0
平安人寿	47	58.6	34	63.5	61	46.3	32	86.5	17	73.8	3	76.1	1	100.0	46	85.9	1	100.0	69	49.5	3	94.2	67	42.0
太保寿险	30	66.6	22	70.4	64	45.6	14	89.8	62	53.4	24	77.7	31	91.6	22	90.4	3	96.8	66	50.8	20	82.9	67	42.0
农银人寿	61	51.5	12	85.1	32	62.1	12	92.5	21	72.4	38	74.9	29	93.4	67	43.0	18	48.6	44	56.7	43	77.1	2	84.6
中荷人寿	56	54.2	37	62.6	35	59.6	24	87.5	56	56.1	12	82.4	24	94.5	38	87.9	45	42.0	35	59.1	54	76.1	3	71.3
泰康人寿	27	69.9	23	70.2	58	48.3	27	87.1	44	59.9	48	72.9	14	96.3	13	92.6	4	89.5	48	55.5	7	86.1	17	45.1
新华人寿	62	50.9	44	56.6	60	47.7	23	87.8	58	55.4	37	75.0	30	93.3	38	87.9	5	89.5	40	57.3	22	82.7	9	51.4
太平人寿	35	63.2	20	72.2	41	55.5	22	88.4	35	63.6	38	74.9	4	99.7	49	83.1	6	86.0	61	52.1	12	84.0	56	42.3
人保健康	28	69.1	7	89.8	5	97.3	16	89.3	52	57.3	41	73.5	37	89.6	15	91.6	20	48.3	18	70.5	53	76.2	25	43.4
幸福人寿	45	59.0	38	62.3	61	46.3	34	86.4	2	99.4	31	76.3	51	74.3	73	40.0	34	43.5	38	58.0	30	79.6	1	100.0

康（第 7 名，89.8 分）在净资产周转率指标的排名进入前 10 位，一定程度上说明这些公司需要提升它们的资产经营能力。

从整体上看，经营能力排名前 10 位的人身险公司在综合费用率、综合费用率的增长率、险种集中度系数、报告期营业收入、保费收入费用增长比和净利润赔付支出覆盖率指标上的表现都较为良好。除个别公司外，几乎都处于参评的 73 家人身险公司的中上游水平，部分公司还进入了前 10 位。说明这 10 家公司在业务拓展方面的表现都较为不错，从而取得了经营能力总体评价的高分。

但也应看到，这 10 家公司在可运用资金收益率、总资产周转率、综合赔付率和退保率 4 项指标上表现平平，相当一部分人身险公司处于中下游水平。特别是综合赔付率指标，有 6 家公司处于参评的 73 家人身险公司的中下游。以上指标的表现在一定程度上说明这些公司的经营能力在某些方面（例如，产品结构、保单服务、费用管控等）仍存在短板。中国人身险公司可以有针对性地加以改进，以进一步提高其综合经营能力。

（二）经营能力各项二级指标排名前 10 位的人身险公司的情况

表 3-12 反映了经营能力各项指标排名前 10 位的人身险公司及其得分情况，从中可以对人身险公司经营能力的整体表现有一个基本的了解。其中的逆向指标已经过逆向化处理。

由表 3-12 可以看出，各家人身险公司在经营能力各项二项指标上的表现存在一定差距。净资产周转率和总资产周转率反映了公司资产的管理质量和利用效率。在这两项指标下，平安健康、人保健康、信泰人寿表现优异，均入围了前 10 位。

在综合费用率的增长率指标下，排名前 10 位的人身险公司之间差距较小，整体表现较好。

经营能力排名前 10 位的人身险公司之间差距较小的二级指标还有可运用资金收益率、总资产周转率、综合费用率、险种集中度系数和退保率。在这些指标上第 1 名与第 10 名的分差均在 10 分以内。

险种集中度系数反映了公司保费收入来源的产品险种的集中程度，能够反映公司产品开发和市场拓展的能力。由于此项指标已经过逆向化处理，因此指标得分越高，表明公司的保费收入越分散。此项指标排名前 3 位的人身险公司分别是平安人寿（100 分）、财信吉祥（99.8 分）和瑞泰人寿（99.7 分）。

退保率指标能够较为全面地反映公司的经营能力和应对退保的风险准备能力。由于退保率指标已经过逆向化处理，因此该指标得分越高的保险公司退保率就越

表 3-12 经营能力各项二级指标排名前 10 位的人身险公司的得分情况

二级指标 排名	可运用资金收益率 公司名称（得分）	净资产周转率 公司名称（得分）	总资产周转率 公司名称（得分）	综合费用率 公司名称（得分）	综合赔付率 公司名称（得分）	综合费用率的增长率 公司名称（得分）	险种集中度系数 公司名称（得分）	退保率 公司名称（得分）	报告期营业收入 公司名称（得分）	保险业务收入增长率 公司名称（得分）	净利润赔付支出覆盖率 公司名称（得分）	保费收入费用增长比 公司名称（得分）
1	瑞华健康 (100.0)	昆仑健康 (100.0)	复星联合健康 (100.0)	国华人寿 (100.0)	中华人寿 (100.0)	国华人寿 (100.0)	平安人寿 (100.0)	太保安联健康 (100.0)	中国人寿 (100.0)	爱心人寿 (100.0)	财信吉祥 (100.0)	幸福人寿 (100.0)
2	中韩人寿 (100.0)	百年人寿 (100.0)	平安人寿 (100.0)	中邮人寿 (97.5)	幸福人寿 (99.4)	瑞华健康 (96.2)	财信吉祥 (99.8)	平安健康 (99.8)	平安人寿 (100.0)	瑞华健康 (100.0)	中华人寿 (95.2)	农银人寿 (84.6)
3	国富人寿 (99.8)	信泰人寿 (99.5)	瑞华健康 (100.0)	中融人寿 (95.9)	爱心人寿 (99.3)	珠江人寿 (95.7)	瑞泰人寿 (99.7)	平安养老 (99.2)	太保寿险 (96.8)	国富人寿 (99.2)	平安人寿 (94.2)	中荷人寿 (71.3)
4	君龙人寿 (99.6)	合众人寿 (97.0)	信泰人寿 (97.3)	渤海人寿 (95.6)	财信吉祥 (97.9)	中融人寿 (94.4)	太平人寿 (99.7)	友邦人寿 (96.0)	泰康人寿 (89.6)	昆仑健康 (98.5)	友邦人寿 (93.1)	招商信诺 (69.2)
5	国联人寿 (97.3)	横琴人寿 (93.4)	人保健康 (97.3)	前海人寿 (95.4)	平安人寿 (97.5)	上海人寿 (92.0)	中德安联 (99.2)	复星联合健康 (95.5)	新华人寿 (89.5)	珠江人寿 (95.3)	民生人寿 (90.8)	国宝人寿 (65.0)
6	中华人寿 (97.0)	中融人寿 (90.0)	华贵人寿 (97.0)	上海人寿 (95.3)	鼎诚人寿 (96.2)	上海人寿 (91.4)	民生人寿 (99.1)	招商仁和 (95.3)	太平人寿 (86.1)	信泰人寿 (95.1)	平安人寿 (88.5)	交银康联 (65.0)
7	陆家嘴国泰 (96.9)	人保健康 (89.8)	太保安联健康 (96.5)	工银安盛 (95.3)	太保安联健康 (95.5)	国宝人寿 (90.0)	中英人寿 (98.9)	泰康养老 (94.8)	人保寿险 (73.3)	鼎诚人寿 (93.6)	泰康人寿 (86.1)	中国人寿 (56.0)
8	民生人寿 (93.9)	英大人寿 (88.2)	国富人寿 (94.6)	恒大人寿 (94.9)	德华安顾 (93.8)	中银三星 (88.2)	华泰人寿 (98.7)	中信保诚 (94.2)	前海人寿 (66.3)	北京人寿 (93.0)	中宏人寿 (81.6)	中融人寿 (51.9)
9	财信吉祥 (91.5)	平安人寿 (88.0)	国宝人寿 (94.6)	交银康联 (94.5)	人保寿险 (92.1)	信泰人寿 (85.9)	中国人寿 (98.3)	复星保德信 (93.8)	中邮人寿 (66.2)	国宝人寿 (88.8)	陆家嘴国泰 (85.7)	新华人寿 (51.4)
10	前海人寿 (90.8)	恒大人寿 (87.0)	三峡人寿 (94.3)	珠江人寿 (93.0)	长生人寿 (88.8)	横琴人寿 (84.4)	中意人寿 (98.3)	英大人寿 (93.5)	阳光人寿 (60.2)	华贵人寿 (87.2)	中信保诚 (85.0)	招商仁和 (51.4)

低,说明保险公司的风险管理能力较强并且业务经营较为稳定。退保中指标排名前3位分别为太保安联健康(100分)、平安健康(99.8分)和平安养老(99.2分)。

综合赔付率与人身险公司的产品特点和服务管理水平相关,指标经过逆向化处理,指标排名越高,说明公司赔付率水平越低。该指标列前3位的保险公司分别为中华人寿(100分)、幸福人寿(99.4分)和爱心人寿(99.3分)。

此外,报告期营业收入指标排名前10位的人身险公司得分差距较大。报告期营业收入排名前3位的人身险公司分别为中国人寿(100分)、平安人寿(100分)和太保寿险(96.8分)。

(三)经营能力结构的模糊聚类分析

本部分根据人身险公司在经营能力指标上的得分,运用模糊聚类方法分析各家人身险公司之间的相似程度,为比较各家人身险公司的盈利能力提供一个新的方法和视角。模糊聚类方法体现的是一种"物以类聚、人以群分"的观念,是对公司经营能力结构的相似性分析。矩阵中的取值评价的是公司之间经营能力结构的相似性,是对保险公司经营能力的一种分类,是满足自反性、对称性和传递性的等价分类。

由表3-13可以看出,处于主对角线上的值均为1。显然,各家人身险公司和自己的相似与贴近程度为100%。在此模糊聚类等价矩阵中,各项得分都比较低,相似度最高为0.67,最低为0.35,表明各家人身险公司经营能力的对标性不高,并且差别性不大。

表3-13　　经营能力排名前10位的人身险公司的模糊聚类等价矩阵

公司名称	中国人寿	平安人寿	太保寿险	农银人寿	中荷人寿	泰康人寿	新华人寿	太平人寿	人保健康	幸福人寿
中国人寿	1.00	0.62	0.64	0.40	0.47	0.67	0.67	0.67	0.47	0.35
平安人寿	0.62	1.00	0.62	0.40	0.47	0.62	0.62	0.62	0.47	0.35
太保寿险	0.64	0.62	1.00	0.40	0.47	0.64	0.64	0.64	0.47	0.35
农银人寿	0.40	0.40	0.40	1.00	0.40	0.40	0.40	0.40	0.40	0.35
中荷人寿	0.47	0.47	0.47	0.40	1.00	0.47	0.47	0.47	0.47	0.35
泰康人寿	0.67	0.62	0.64	0.40	0.47	1.00	0.67	0.67	0.47	0.35
新华人寿	0.67	0.62	0.64	0.40	0.47	0.67	1.00	0.67	0.47	0.35

续表

公司名称	中国人寿	平安人寿	太保寿险	农银人寿	中荷人寿	泰康人寿	新华人寿	太平人寿	人保健康	幸福人寿
太平人寿	0.67	0.62	0.64	0.40	0.47	0.67	0.67	1.00	0.47	0.35
人保健康	0.47	0.47	0.47	0.40	0.47	0.47	0.47	0.47	1.00	0.35
幸福人寿	0.35	0.35	0.35	0.35	0.35	0.35	0.35	0.35	0.35	1.00

幸福人寿与其他9家排名前10位的人身险公司的相似度均为0.35，是矩阵中的最低值，说明该公司的经营能力和经营模式与其他9家公司不具有对标性，具有进一步分析讨论的价值。

在此矩阵中，相似度最高的是中国人寿、泰康人寿、新华人寿和太平人寿，相似度为0.67，说明这几家公司之间在经营能力各项指标上具有比较高的对标性，但该数值仍然不算很高。

整体而言，经营能力排名前10位的人身险公司之间的近似性与对标性都不高，大公司之间的对标性相对强一些，而不同背景或者新公司之间的经营能力和水平参差不齐。可见，人身险公司需要加强这方面的研究分析，提高自身的经营管理能力。

四、2020年人身险公司风险管理能力的排名分析

在数据预处理后，本部分根据参评的73家人身险公司的12项二级指标数据得到了一个73×12的数据矩阵。根据主成分分析法，本部分选取7个主成分，其累计解释率为89.4%，每个主成分都是这12项二级指标的线性组合（见表3-14）。

由表3-14可以看出，2020年中国人身险市场上风险管理能力排名前3位的保险公司依次是汇丰人寿、人保健康、平安健康。在百分制基准下，它们的得分分别为100分、94分和88.8分。

在参评的73家人身险公司中，风险管理能力得分最高的是汇丰人寿（100分），得分最低的是昆仑健康（40分），平均得分为68.4分，得分高于平均分（含）的人身险公司共有41家，占比约为56.2%。得分在80分以上的人身险公司有11家，得分在70~80分的人身险公司有27家，得分在60~70分的人身险公司有16家，得分在60分以下的人身险公司有19家。

图3-5显示了风险管理能力排名前10位的人身险公司，它们依次是汇丰人寿、人保健康、平安健康、民生人寿、复星联合健康、海保人寿、太平养老、平安养老、北京人寿、瑞华健康。

表 3-14 2020 年中国人身险公司风险管理能力的排名及得分

公司名称	排名	得分	公司名称	排名	得分
汇丰人寿	1	100.0	中国人寿	38	70.1
人保健康	2	94.0	太保寿险	39	69.7
平安健康	3	88.8	建信人寿	40	69.4
民生人寿	4	88.3	招商仁和	41	68.4
复星联合健康	5	87.5	中信保诚人寿	42	68.0
海保人寿	6	86.3	陆家嘴国泰	43	67.8
太平养老	7	86.1	信泰人寿	44	67.3
平安养老	8	84.8	平安人寿	45	66.8
北京人寿	9	84.6	华贵人寿	46	66.3
瑞华健康	10	82.1	横琴人寿	47	64.7
光大永明	11	81.4	三峡人寿	48	64.5
东吴人寿	12	79.9	渤海人寿	49	64.1
财信吉祥	13	78.8	阳光人寿	50	63.6
幸福人寿	14	78.3	太平人寿	51	63.1
国富人寿	15	76.5	中德安联	52	63.0
友邦人寿	16	76.5	中银三星	53	62.5
中宏人寿	17	75.6	中邮人寿	54	61.0
中荷人寿	18	75.0	国华人寿	55	59.4
复星保德信	19	74.1	交银康联	56	58.5
德华安顾	20	74.1	长城人寿	57	57.8
中韩人寿	21	74.0	利安人寿	58	56.4
泰康人寿	22	74.0	中英人寿	59	55.6
同方全球人寿	23	73.8	华泰人寿	60	55.6
招商信诺	24	73.7	上海人寿	61	55.4
鼎诚人寿	25	73.6	恒大人寿	62	54.7
中融人寿	26	73.6	合众人寿	63	54.5
农银人寿	27	73.6	长生人寿	64	54.2
中华人寿	28	73.4	君龙人寿	65	54.1
英大人寿	29	73.3	中意人寿	66	50.6
泰康养老	30	73.2	国联人寿	67	50.0
人保寿险	31	72.9	前海人寿	68	48.8
瑞泰人寿	32	72.9	爱心人寿	69	47.1
恒安标准	33	72.7	百年人寿	70	44.1
太保安联健康	34	72.2	工银安盛	71	43.0
国宝人寿	35	71.9	珠江人寿	72	41.6
大都会人寿	36	71.4	昆仑健康	73	40.0
新华人寿	37	70.9			

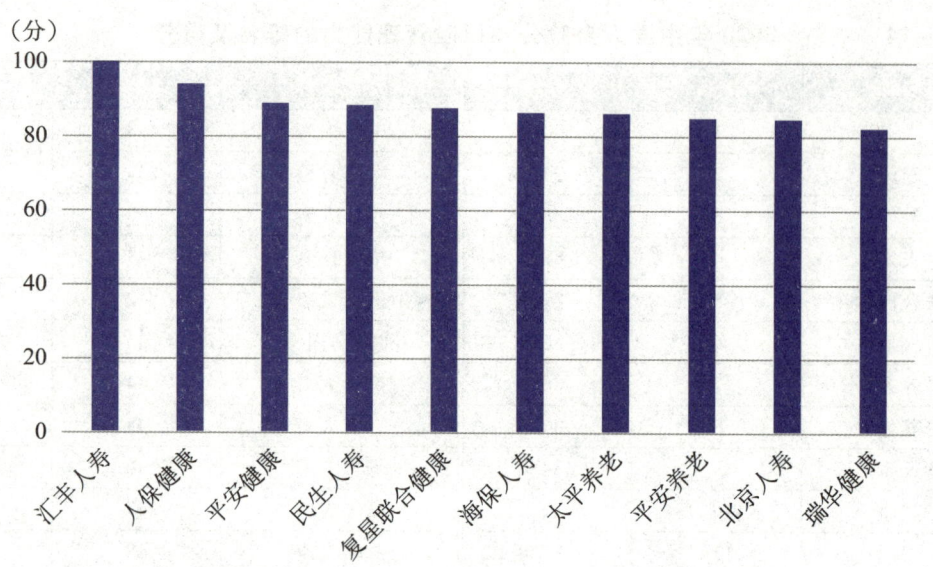

图 3-5 风险管理能力排名前 10 位的人身险公司的得分比较

由表 3-14 和图 3-5 可以看出，风险管理能力列第 1 名的汇丰人寿占有比较明显的优势（100 分），比第 2 名人保健康（94 分）高出 6 分；而第 2 名与第 10 名（瑞华健康，82.1 分）的分差为 11.9 分。尽管风险管理能力排名前 10 位的人身险公司的得分总体呈现出逐一下降的趋势，但第 2~第 10 名的分差均不大。

（一）风险管理能力排名前 10 位的人身险公司二级指标的排名及得分

汇丰人寿在风险管理能力指标上列第 1 名，主要是由于其在风险管理能力各项二级指标的优异表现。汇丰人寿的自留保费率（逆向）和现金盈余保障倍数 2 项指标均列第 1 名，得分为 100 分，并且还有 5 项风险管理能力二级指标排名进入前 20 位。总体来看，汇丰人寿具备较强的风险管理能力（见表 3-15）。

人保健康在风险管理能力指标上列第 2 名，其在自留保费占净资产的比率、现金盈余保障倍数、付现比（逆向）和资产杠杆率（逆向）指标上表现出色，但在自留保费增长率和收现比 2 项指标上的表现劣势明显。

总体来看，综合竞争力排名前 10 位的人身险公司在流动性比率、自留保费率、准备金安全率、保险负债占总资产的比率、付现比 5 项指标上表现较为良好，它们中的大多数处于参评的 73 家人身险公司的中上游水平。

风险管理能力排名前 10 位的人身险公司在资产杠杆率、自留保费率和保险负债占总资产比指标上均表现优秀，说明绝大多数人身险公司都具有稳健经营的能力。

第三章 中国人身保险公司竞争力评价分析

表 3-15 风险管理能力排名前 10 位的人身险公司二级指标的表现

公司名称	偿付能力充足率		流动性比率		自留保费率		自留保费占净资产的比率		自留保费增长率		准备金安全率		保险负债占总资产的比率		现金盈余保障倍数		收现比		付现比		资产杠杆率	
	排名	得分	排名	得分	排名	得分	排名	得分	排名	得分	排名	得分	排名	得分	排名	得分	排名	得分	排名	得分	排名	得分
汇丰人寿	12	89.2	56	49.6	1	100.0	14	83.1	13	85.2	72	40.3	20	74.8	1	100.0	35	46.5	41	92.5	11	86.4
人保健康	31	68.5	29	77.3	19	94.7	5	93.7	57	65.4	27	49.0	21	74.6	5	74.4	72	40.5	2	98.5	9	87.1
平安健康	27	70.6	3	99.0	17	95.1	7	92.1	51	70.6	8	64.8	15	84.1	62	45.3	67	41.5	11	97.2	52	66.7
民生人寿	3	98.5	45	56.9	30	87.7	68	44.2	15	84.4	33	47.0	13	84.8	68	45.0	36	46.1	44	90.6	6	93.2
复星联合健康	66	45.6	26	79.5	44	74.9	20	74.8	53	68.6	10	63.9	8	92.8	40	46.0	66	41.6	7	97.5	2	99.9
海保人寿	32	68.1	4	96.0	6	99.4	61	46.7	46	75.0	5	72.7	14	84.4	35	46.4	39	45.5	34	94.4	27	75.3
太平养老	20	81.9	39	66.0	14	97.4	40	59.3	42	76.6	15	59.5	6	95.2	53	45.5	68	41.3	4	97.6	60	59.9
平安养老	19	83.1	33	76.7	3	99.7	28	65.8	27	80.6	6	70.1	22	74.1	53	45.5	60	42.2	20	96.3	45	72.2
北京人寿	9	91.4	37	69.9	31	86.4	65	45.2	65	44.3	2	86.3	7	94.3	30	47.1	34	46.9	35	93.5	70	43.9
瑞华健康	55	49.2	18	85.5	1	100.0	67	45.1	73	40.0	1	100.0	1	100.0	70	44.8	73	40.0	1	100.0	68	46.2

风险管理能力排名前10位的人身险公司在现金盈余保障倍数指标上的表现则呈现出较为明显的两极分化。在现金盈余保障倍数指标上表现出色的有汇丰人寿（第1名，100分）、人保健康（第5名，74.4分），其余8家人身险公司则均处于中游或下游水平。

此外，各家人身险公司在收现比、偿付能力充足率指标上的表现分化也较为明显，分布在总体中的各个水平。

风险管理能力的二级指标得分分化较为明显，从一定程度上说明了各家人身险公司在风险管理意识以及具体的风险管理控制策略选择上存在较大差异。

(二) 风险管理能力各项二级指标排名前10位的人身险公司的情况

表3-16列明了风险管理能力各项二级指标排名前10位的人身险公司及其得分，反映了2020年中国人身险公司风险管理能力的整体状况。

流动性比率是衡量公司财务安全状况和短期偿债能力的重要指标。在参评的73家人身险公司中，流动性比率得分较高的是三峡人寿（100分）、泰康养老（100分）和平安健康（99分）。可以看出，各家人身险公司在流动性比率指标上的得分差距不大。流动性比率排名前10位的人身险公司的指标数据在整体上较2019年有了明显提高。同时，各家人身险公司的差距显著缩小。

在偿付能力充足率排名前10位的人身险公司中，友邦人寿列第1名（100分）、大都会人寿列第2名（98.9分）、民生人寿列第3名（98.5分）。同时，第4~第10名在偿付能力充足率指标中的分差也不大（91.1~97.7分），在10分以内。

风险管理能力排名前10位分差较大的二级指标有自准备金安全率和现金盈余保障倍数。这在一定程度上再次印证了各家人身险公司的风险管理能力和风险管理策略存在较大不同。

在准备金安全率指标中，除瑞华健康（第1名，100分）、北京人寿（第2名，86.3分）表现优良外，其他参评人身险公司的准备金安全状况不佳。这说明除少数公司外，很多人身险公司的准备金安全风险保障能力仍有所欠缺。

而对于保险负债占总资产的比率、付现比、资产杠杆率等二级指标，排名前10位的人身险公司的分差较小，均在20分以内。

(三) 风险管理能力结构的模糊聚类分析

本部分根据人身险公司在风险管理能力二级指标上的得分，运用模糊聚类方法分析各家人身险公司的相似程度，为比较各家人身险公司的风险管理能力提供了一

表 3-16　风险管理能力各项二级指标排名前 10 位的人身险公司的得分情况

二级指标 排名	偿付能力充足率 公司名称（得分）	流动性比率 公司名称（得分）	自留保费率 公司名称（得分）	自留保费占净资产的比率 公司名称（得分）	自留保费增长率 公司名称（得分）	准备金安全率 公司名称（得分）	保险负债占总资产的比率 公司名称（得分）	现金盈余保障倍数 公司名称（得分）	收现比 公司名称（得分）	付现比 公司名称（得分）	资产杠杆率 公司名称（得分）
1	友邦人寿（100.0）	三峡人寿（100.0）	瑞华健康（100.0）	昆仑健康（100.0）	中华人寿（100.0）	瑞华健康（100.0）	瑞华健康（100.0）	汇丰人寿（100.0）	长城人寿（100.0）	瑞华健康（100.0）	复星保德信（100.0）
2	大都会人寿（99.9）	泰康养老（100.0）	汇丰人寿（100.0）	百年人寿（100.0）	复星保德信（96.1）	北京人寿（86.3）	鼎诚人寿（99.9）	中融人寿（100.0）	昆仑健康（100.0）	人保健康（98.5）	复星联合健康（99.9）
3	民生人寿（98.5）	平安健康（99.0）	平安养老（99.7）	信泰人寿（99.9）	国华人寿（92.9）	爱心人寿（79.7）	中华人寿（98.9）	中荷人寿（93.5）	百年人寿（100.0）	君龙人寿（98.4）	建信人寿（97.6）
4	信安标准（97.7）	海保人寿（96.0）	财信吉祥（99.5）	合众人寿（94.1）	爱心人寿（91.9）	国富人寿（77.9）	瑞泰人寿（96.0）	信泰人寿（78.3）	中英人寿（99.4）	太平养老（97.6）	长生人寿（96.1）
5	新华人寿（94.9）	英大人寿（96.0）	泰康养老（99.4）	人保健康（93.7）	工银安盛（89.5）	海保人寿（72.7）	德华安顾（95.6）	人保健康（74.4）	珠江人寿（93.4）	泰康养老（97.6）	幸福人寿（93.4）
6	中宏人寿（93.3）	信泰人寿（95.1）	海保人寿（99.4）	横琴人寿（93.5）	德华安顾（89.3）	平安养老（70.1）	太平养老（95.2）	利安人寿（66.6）	三峡人寿（88.2）	中国人寿（97.5）	民生人寿（93.2）
7	中国人寿（93.1）	鼎诚人寿（95.0）	国富人寿（99.2）	平安健康（92.1）	财信吉祥（87.9）	国宝人寿（68.4）	北京人寿（94.3）	中银三星（59.2）	中信保诚（87.6）	招商仁和（97.5）	中韩人寿（90.4）
8	招商信诺（92.1）	交银康联（94.0）	太保安联健康（98.6）	中融人寿（91.4）	平安人寿（86.6）	平安健康（64.8）	复星联合健康（92.8）	光大永明（55.6）	工银安盛（87.0）	招商信诺（97.5）	德华安顾（88.3）
9	北京人寿（91.4）	中意人寿（93.5）	中国人寿（98.4）	英大人寿（90.3）	人保寿险（86.2）	中华人寿（64.6）	中信保诚（92.8）	长城人寿（53.5）	中意人寿（85.8）	复星联合健康（97.5）	人保健康（87.1）
10	人保寿险（91.1）	财信吉祥（93.0）	东吴人寿（98.4）	太保安联健康（88.2）	东吴人寿（85.5）	复星联合健康（63.9）	三峡人寿（92.5）	君龙人寿（53.3）	利安人寿（76.6）	鼎诚人寿（97.4）	瑞泰人寿（86.7）

个新的方法和视角。

表3-17中的模糊聚类等价矩阵是对风险管理能力排名前10位的人身险公司的一个等价分类,满足自反性、对称性与传递性。

表3-17 风险管理能力排名前10位的人身险公司的模糊聚类等价矩阵

	汇丰人寿	人保健康	平安健康	民生人寿	复星联合健康	海保人寿	太平养老	平安养老	北京人寿	瑞华健康
汇丰人寿	1.00	0.53	0.53	0.53	0.53	0.53	0.53	0.53	0.49	0.48
人保健康	0.53	1.00	0.66	0.53	0.56	0.65	0.66	0.66	0.49	0.48
平安健康	0.53	0.66	1.00	0.53	0.56	0.65	0.66	0.66	0.49	0.48
民生人寿	0.53	0.53	0.53	1.00	0.53	0.53	0.53	0.53	0.49	0.48
复星联合健康	0.53	0.56	0.56	0.53	1.00	0.56	0.56	0.56	0.49	0.48
海保人寿	0.53	0.65	0.65	0.53	0.56	1.00	0.65	0.65	0.49	0.48
太平养老	0.53	0.66	0.66	0.53	0.56	0.65	1.00	0.68	0.49	0.48
平安养老	0.53	0.66	0.66	0.53	0.56	0.65	0.68	1.00	0.49	0.48
北京人寿	0.49	0.49	0.49	0.49	0.49	0.49	0.49	0.49	1.00	0.48
瑞华健康	0.48	0.48	0.48	0.48	0.48	0.48	0.48	0.48	0.48	1.00

由表3-17可以看出,处于主对角线上的值均为1。显然,各家人身险公司和自己的相似与贴近程度为100%。除了主对角线线上的元素外,此等价矩阵的取值介于0.48~0.68,说明这10家公司的风险管理能力和水平具有较大的差异性。这主要因为:第一,外资公司与中资公司的风险管理能力和理念差别较大;第二,中资保险公司之间以及外资保险公司之间的再保能力和风险管理能力的水平差别很大。因此,保险公司之间风险管理能力的对标性较差。

在此矩阵中,平安养老和太平养老这组之间的相似程度最高,为0.68,说明这两家公司的风险管理能力具有一定的对标性。

风险管理能力列第1名的汇丰人寿与列第10名的瑞华健康之间的相似度为0.48。

瑞华健康与其他9家公司的相似度得分都是0.48,是矩阵中的最低分,说明信泰人寿的风险管理业务结构与管理模式与其他9家排名进入前10位的人身险公司之间不具有对标性,相似程度较低。

由表3-17可以看出,尽管这些公司的风险管理能力都是前10名,但是各家保险公司的风险管理能力和水平等差别还是很大,这有多个方面的原因,也是中资保险公司需要多加注意和学习的地方。

五、2020年人身险公司发展潜力的排名分析

在数据预处理后,本部分根据参评的73家人身险公司发展潜力的11项二级指

标数据得到了一个 73×11 的数据矩阵。根据主成分分析法,本部分选取了5个主成分,其累计解释率为 85.44%,每个主成分都是这 11 项二级指标的线性组合(见表 3-18)。

表 3-18   2020 年中国人身险公司发展潜力的排名及得分

公司名称	排名	得分	公司名称	排名	得分
信泰人寿	1	100.0	昆仑健康	38	60.6
华贵人寿	2	96.2	人保健康	39	60.4
国富人寿	3	95.5	百年人寿	40	60.3
北京人寿	4	91.2	中韩人寿	41	59.8
爱心人寿	5	88.3	太保安联健康	42	58.9
瑞华健康	6	87.0	招商信诺	43	58.4
中信保诚人寿	7	86.0	中荷人寿	44	57.7
工银安盛	8	84.0	招商仁和	45	57.0
交银康联	9	83.6	渤海人寿	46	56.0
中宏人寿	10	83.5	三峡人寿	47	55.7
泰康人寿	11	82.0	太平养老	48	55.5
君龙人寿	12	80.3	平安养老	49	55.4
上海人寿	13	78.9	同方全球人寿	50	55.0
农银人寿	14	78.3	阳光人寿	51	54.4
中英人寿	15	74.8	利安人寿	52	53.1
英大人寿	16	74.1	光大永明	53	52.7
长城人寿	17	73.2	合众人寿	54	52.4
建信人寿	18	71.1	中德安联	55	52.2
中银三星	19	71.1	幸福人寿	56	51.8
太保寿险	20	68.5	德华安顾	57	51.2
复星联合健康	21	68.5	大都会人寿	58	51.2
太平人寿	22	68.1	鼎诚人寿	59	50.9
中华人寿	23	67.7	国联人寿	60	50.9
恒大人寿	24	66.9	汇丰人寿	61	50.5
珠江人寿	25	66.7	中意人寿	62	50.0
中邮人寿	26	66.0	瑞泰人寿	63	49.5
平安人寿	27	65.1	恒安标准	64	49.1
新华人寿	28	64.7	国华人寿	65	47.7
友邦人寿	29	64.4	长生人寿	66	47.5
中融人寿	30	63.8	人保寿险	67	47.1
国宝人寿	31	63.5	华泰人寿	68	47.1
海保人寿	32	63.4	东吴人寿	69	46.1
中国人寿	33	63.1	陆家嘴国泰	70	45.8
泰康养老	34	62.7	民生人寿	71	44.4
平安健康	35	62.6	财信吉祥	72	41.7
横琴人寿	36	62.1	复星保德信	73	40.0
前海人寿	37	62.1			

由表 3-18 可以看出，2020 年中国人身险市场上发展潜力排名前 3 位的保险公司依次是信泰人寿、华贵人寿和国富人寿。在百分制基准下，它们的得分分别为 100 分、96.2 分和 95.5 分。

在参评的 73 家人身险公司中，发展潜力得分最高的为信泰人寿（100 分），得分最低的为复星保德信（40 分），平均得分为 63.4 分，得分高于平均分的公司有 31 家，占比约为 42.5%。得分在 80 分以上的保险公司有 12 家，得分在 70~80 分的保险公司有 7 家，得分在 60~70 分的保险公司有 21 家，得分在 60 分以下的保险公司有 33 家。

图 3-6 显示了发展潜力排名前 10 位的人身险公司，它们依次是信泰人寿、华贵人寿、国富人寿、北京人寿、爱心人寿、瑞华健康、中信保诚人寿、工银安盛、交银康联、中宏人寿。

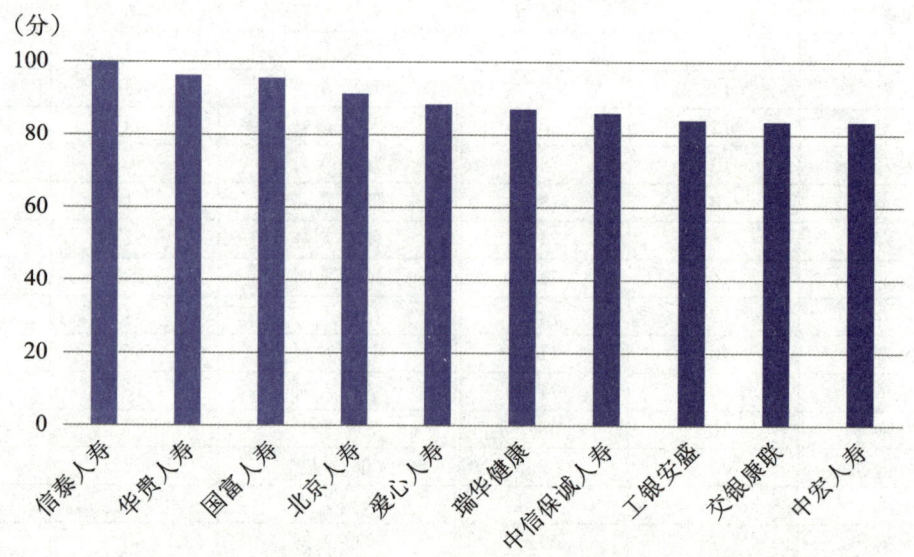

图 3-6 发展潜力排名前 10 位的人身险公司的得分比较

由表 3-19 可以看到，在发展潜力排名前 10 位的人身险公司中列第 1 名的信泰人寿（100 分）占有比较明显的优势，比第 2 名华贵人寿（96.2 分）高出 3.8 分；而第 2 名与第 10 名（中宏人寿，83.5 分）相差 12.7 分，这 8 家公司的平均分差为 1.5 分左右，较不明显。观察其余人身险公司发展潜力情况，可以发现得分表现出缓慢下降的趋势，整体差异不大。

（一）发展潜力排名前 10 位的人身险公司二级指标的排名及得分

信泰人寿在参评的 73 家人身险公司中发展潜力列第 1 名，反映了该公司较为良好的发展前景。信泰人寿在发展潜力上的优异表现，得益于其在发展系数（第 3

表 3-19　发展潜力排名前 10 位的人身险公司二级指标的表现

公司名称	发展系数		综合收益增长率		总资产增长率		净资产增长率		市场拓展能力		人均产能		分支机构数目		万张保单投诉量		应收保费周转率		保险业务收入增长率		SARMRA	
	排名	得分	排名	得分	排名	得分	排名	得分	排名	得分	排名	得分	排名	得分	排名	得分	排名	得分	排名	得分	排名	得分
信泰人寿	3	98.9	6	93.0	37	73.3	4	96.6	12	67.0	20	67.4	26	75.4	16	94.7	4	99.0	6	95.1	6	64.5
华贵人寿	8	94.4	10	84.5	59	53.8	12	84.8	44	45.2	24	61.6	68	41.2	39	78.2	12	89.6	10	87.2	10	41.3
国富人寿	6	98.4	3	98.5	65	46.0	7	94.5	57	42.5	36	55.1	70	40.0	36	79.9	2	99.8	3	99.2	3	42.4
北京人寿	4	98.7	9	89.8	71	42.1	6	95.1	62	42.1	15	74.5	60	43.9	23	92.1	9	95.7	8	93.0	8	40.4
爱心人寿	6	98.4	1	100.0	61	52.5	1	100.0	46	45.0	69	42.5	57	45.5	13	94.9	70	48.1	1	100.0	1	49.2
瑞华健康	73	40.0	1	100.0	60	52.8	73	40.0	72	40.1	70	41.7	65	42.5	1	100.0	1	100.0	1	100.0	2	44.5
中信保诚人寿	25	73.2	53	54.0	13	81.9	28	63.9	9	69.4	50	49.7	21	80.2	32	85.5	48	59.0	53	54.7	1	100.0
工银安盛	27	72.5	71	46.2	7	88.5	31	62.5	29	50.2	6	93.0	19	82.4	15	94.8	69	50.5	71	46.7	10	93.1
交银康联	22	74.3	25	62.5	47	70.1	33	61.0	38	47.8	8	84.8	30	70.4	28	90.6	24	68.3	26	62.9	26	73.1
中宏人寿	48	58.8	29	59.6	16	80.0	39	58.9	14	62.6	45	52.7	26	75.4	43	75.4	53	57.6	28	60.8	28	74.9

名，98.9分)、综合收益增长率(第6名，93分)、净资产增长率(第4名，96.6分)、应收保费周转率(第4名，99分)、保险业务收入增长率(第6名，95.1分)5项二级指标上的优异表现。信泰人寿的其余发展潜力二级指标排名均处于中上游水平。

华贵人寿的发展潜力列第2名，主要由于该公司在发展潜力各项二级指标上稳定且优秀的表现。华贵人寿在发展系数(第8名，94.4分)、综合收益增长率(第10名，84.5分)、保险业务收入增长率(第10名，71.3分)和SARMRA得分(第10名，41.3分)的优秀表现。

国富人寿的发展潜力列第3名，主要由于该公司发展系数(第6名，98.4分)、综合收益增长率(第3名，98.5分)、净资产增长率(第7名，94.5分)、应收保费周转率(第2名，99.8分)、保险业务收入增长率和SARMRA得分(第3名，42.4分)等指标上都有着不错的表现。但是，其在总资产增长率(第65名，46分)和分支机构数目(第70名，40分)指标中表现较弱。

计算发展潜力得分前10位的人身险公司各项二级指标的平均值，可以看出在各项指标下前10位人身保险公司的整体情况。总体来看，发展潜力排名前10位的人身险公司在综合收益率增长率(第3名，90.3分[①])、应收保费周转率(第10名，91.4分[②])、保险业务收入增长率(第9名，91.4分[③])等指标中的表现都较为良好，均处于整体的上游水平。

(二) 发展潜力各项二级指标排名前10位的人身险公司的情况

表3-20列明了发展潜力各项二级指标排名前10位的人身险公司及其得分，反映了人身险公司在发展潜力各项二级指标的整体表现和分布情况。

由表3-20可以看出，各项指标排名前10位的人身险公司在分支机构数目和万张保单投诉量2项指标上的差异不大。前者从第1名的100分(人保寿险)到第10名的99.1分(泰康养老)，后者从第1名的100分(汇丰人寿、瑞华健康)到第10名的97.6分(恒大人寿)。

---

① 计算前10家公司各项二级指标的平均值，可以得到该平均值在73家人身险公司中的排名。
② 计算前10家公司各项二级指标的平均值，可以得到该平均值在73家人身险公司中的排名。
③ 计算前10家公司各项二级指标的平均值，可以得到该平均值在73家人身险公司中的排名。

表 3-20 发展潜力各项二级指标排名前 10 位的人身险公司的得分情况

二级指标	发展系数 公司名称 (得分)	综合收益增长率 公司名称 (得分)	总资产增长率 公司名称 (得分)	净资产增长率 公司名称 (得分)	市场拓展能力 公司名称 (得分)	人均产能 公司名称 (得分)	分支机构数目 公司名称 (得分)	万张保单投诉量 公司名称 (得分)	应收保费周转率 公司名称 (得分)	保险业务收入增长率 公司名称 (得分)	SARMRA得分 公司名称 (得分)
1	昆仑健康 (100.0)	瑞华健康 (100.0)	太保安联健康 (100.0)	爱心人寿 (100.0)	恒大人寿 (100.0)	上海人寿 (100.0)	人保寿险 (100.0)	汇丰人寿 (100.0)	瑞华健康 (100.0)	爱心人寿 (100.0)	中信保诚人寿 (100.0)
2	国宝人寿 (99.5)	爱心人寿 (100.0)	中融人寿 (98.8)	昆仑健康 (100.0)	新华人寿 (100.0)	中邮人寿 (100.0)	泰康人寿 (99.6)	瑞华健康 (100.0)	国富人寿 (99.8)	瑞华健康 (100.0)	平安人寿 (99.8)
3	信泰人寿 (98.9)	国富人寿 (98.5)	财信吉祥 (98.2)	中华人寿 (99.5)	泰康人寿 (100.0)	恒大人寿 (99.8)	中国人寿 (99.6)	中融人寿 (99.7)	昆仑健康 (99.5)	国富人寿 (99.2)	中国人寿 (98.9)
4	北京人寿 (98.7)	昆仑健康 (97.4)	国联人寿 (98.1)	信泰人寿 (96.6)	太保寿险 (96.5)	中融人寿 (99.6)	太平养老 (99.6)	上海人寿 (99.6)	信泰人寿 (99.5)	昆仑健康 (98.5)	中英人寿 (98.3)
5	海保人寿 (98.6)	珠江人寿 (93.2)	百年人寿 (89.4)	国宝人寿 (95.7)	中国人寿 (93.7)	前海人寿 (98.0)	平安人寿 (99.1)	中邮人寿 (99.2)	中融人寿 (98.7)	珠江人寿 (95.3)	泰康人寿 (97.9)
6	国富人寿 (98.4)	信泰人寿 (93.0)	同方全球人寿 (88.6)	北京人寿 (95.1)	太平人寿 (81.3)	工银安盛 (93.0)	新华人寿 (99.1)	招商仁和 (99.0)	珠江人寿 (97.7)	信泰人寿 (95.1)	太平人寿 (95.9)
7	爱心人寿 (98.4)	鼎诚人寿 (91.3)	工银安盛 (88.5)	国富人寿 (94.5)	平安人寿 (80.6)	国华人寿 (90.5)	太保寿险 (99.1)	珠江人寿 (97.9)	横琴人寿 (96.5)	鼎诚人寿 (93.6)	友邦人寿 (95.4)
8	华贵人寿 (94.4)	北京人寿 (91.3)	太平养老 (86.7)	海保人寿 (90.4)	友邦人寿 (70.5)	交银康联 (84.8)	太平人寿 (99.1)	中荷人寿 (97.8)	鼎诚人寿 (96.0)	北京人寿 (93.0)	太保寿险 (95.3)
9	中融人寿 (91.7)	北京人寿 (89.8)	平安养老 (83.4)	复星联合健康 (89.8)	中信保诚人寿 (69.4)	渤海人寿 (84.4)	平安养老 (99.1)	前海人寿 (97.8)	北京人寿 (95.7)	国宝人寿 (88.8)	华泰人寿 (94.7)
10	招商仁和 (91.5)	华贵人寿 (84.5)	前海人寿 (82.4)	德华安顾 (87.2)	中融人寿 (67.8)	横琴人寿 (79.6)	泰康养老 (99.1)	恒大人寿 (97.6)	国宝人寿 (92.7)	华贵人寿 (87.2)	工银安盛 (93.1)

但各家人身险公司在市场拓展能力（67.8~100分）指标上差距十分明显。在发展潜力二级指标中，排名前3位以后的大多数人身险公司的指标得分会出现显著下降，并且分差十分明显。

（三）发展潜力结构的模糊聚类分析

本部分根据人身险公司在发展潜力二级指标上的得分，运用模糊聚类方法分析各家人身险公司之间发展潜力的相似程度，为比较各家人身险公司的发展潜力提供了一个新的方法和视角。模糊聚类分析是基于"物以类聚、人以群分"的观念进行的近似程度的比较分析，不是优劣评价。

表3-21中的模糊聚类等价矩阵是对发展潜力排名前10位的人身险公司的一个等价分类，满足自反性、对称性与传递性。

表3-21　　发展潜力排名前10位的人身险公司的模糊聚类等价矩

	信泰人寿	华贵人寿	国富人寿	北京人寿	爱心人寿	瑞华健康	中信保诚人寿	工银安盛	交银康联	中宏人寿
信泰人寿	1.00	0.73	0.70	0.72	0.72	0.70	0.72	0.68	0.61	0.61
华贵人寿	0.73	1.00	0.70	0.72	0.72	0.70	0.72	0.68	0.61	0.61
国富人寿	0.70	0.70	1.00	0.70	0.70	0.71	0.70	0.68	0.61	0.61
北京人寿	0.72	0.72	0.70	1.00	0.77	0.70	0.77	0.68	0.61	0.61
爱心人寿	0.72	0.72	0.70	0.77	1.00	0.70	0.90	0.68	0.61	0.61
瑞华健康	0.70	0.70	0.71	0.70	0.70	1.00	0.70	0.68	0.61	0.61
中信保诚人寿	0.72	0.72	0.70	0.77	0.90	0.70	1.00	0.68	0.61	0.61
工银安盛	0.68	0.68	0.68	0.68	0.68	0.68	0.68	1.00	0.61	0.61
交银康联	0.61	0.61	0.61	0.61	0.61	0.61	0.61	0.61	1.00	0.76
中宏人寿	0.61	0.61	0.61	0.61	0.61	0.61	0.61	0.61	0.76	1.00

由表3-21可以看出，处于主对角线上的值均为1。显然，各家人身险公司和自己的相似与贴近程度为100%。此模糊聚类等价矩阵里的分值偏低、差距较大，介于0.61~0.9。这说明各家人身险公司在发展潜力上的差别较大。

从此矩阵中还可以发现，发展潜力列第1名的信泰人寿与列第2名的华贵人寿相似度最高，达0.73。

发展潜力列第2名的华贵人寿与北京人寿、爱心人寿、中信保诚人寿的相似度为0.72。

在此矩阵中，相似度最高的分别是爱心人寿和中信保诚人寿，相似度达0.9，表明这两家人身险公司的发展潜力表现形式和模式都具有较高的对标性和相似性。

综上所述，人身险公司在发展潜力的模式、观念上差别较大，在各项指标得分上近似很低，对标性和借鉴性不高。

第四节 2020年人身保险公司综合竞争力评价结果的稳健性检验

一、稳健性分析的必要性

在对保险公司的竞争力评价研究中，需要对反映事物的多个变量进行大量的观测，收集大量数据以便进行分析、寻找规律。多变量、大样本无疑会为科学研究提供丰富的信息，主成分分析法的降维特点使其在处理大量信息时显示出优越性。主成分分析法给出了全面衡量保险公司竞争力的途径。然而，正是基于主成分分析法处理信息的大量性，其稳健性才显得愈发的重要。

同时，保险公司在现实的经营中有其自身的发展轨道和趋势，也拥有其自身在市场中地位的连续性即稳健性，市场微小波动。例如，某个小规模公司进入或者退出市场，对于其他在市场中已经拥有规模优势及占据大量市场的公司来说其相对位置冲击应该不大。如果市场微小波动，导致所有公司排名发生颠覆性变化，那么这个结果就有悖于市场和现实，就失去了其指导现实的客观性；主成分法基于选择代表保险公司竞争力特征的指标来为保险公司"打分"，如果某个指标的微小波动就导致保险公司竞争力排名的剧烈波动，那么主成分分析法也是不稳健的。假设这样一个市场，仅仅由于某个保险公司增开了一家分支机构，该公司本身甚至整个行业的竞争力都发生重大变化，那么这种情况在现实中也是不可能存在的，所以稳健性分析对于方法的适用性很重要。

稳健性分析对于运用定量分析方法研究保险公司的竞争力评价非常重要，这也是本报告的一个创新性应用研究成果。

二、稳健性的定义与步骤

稳健性（robust）检验的是实证结果是否随着参数设定的改变而发生变化，如果改变参数设定以后，发现结果的顺序等没有发生显著性改变，就说明结果是稳健的；相反，如果结果发生了显著性改变，表明结果不是稳健的，需要寻找问题的所在。

一般根据所要检验问题的具体情况选择稳健性检验的内容。本部分根据对保险公司综合竞争力评价结果的影响因素，划分为以下2种情况对评价结果进行稳健性检验：

（1）从公司出发，根据一定的标准去掉部分公司后，检验剩余公司的评价结果是否与原来一致。

（2）从指标出发，根据一定的标准去掉部分指标后，重新进行竞争力评价，检验保险公司的评价结果是否与原来一致。

三、2020年人身险公司综合竞争力评价结果的稳健性检验

主要基于2种思路进行人身险公司的稳健性检验。

一是剔除部分公司进行稳健性检验。首先利用聚类分析，将保险公司分为2类。在剔除一类公司（公司数目较少的一类）后，对另一类公司仍然运用主成分分析法进行竞争力评价的排名和计分，并与这些公司在原来情况下的排名进行比较分析，从而得到保险公司竞争力评价结果的稳健性检验。

二是剔除部分指标进行稳健性检验。利用聚类分析方法对评价指标进行分类，剔除指标较少的类别后，运用余下的指标对保险公司竞争力进行主成分分析，并将得到的排名与原来的排名进行对比，从而完成稳健性分析。

1. 剔除部分公司后，保险公司竞争力评价的稳健性分析

为了便于剔除公司和提高稳健性分析结果的有效性，运用聚类分析方法将73家人身险公司划分为6类。根据前述方法分类结果见表3-22。

根据聚类分析的原理，如果进行聚类分析时，类别越多，每个类别内的距离最近，则类内的相似度最近。为了保证信息的充足性，增强对标性，将73家公司其分为两大类。由表3-22得到，大部分公司属于类别1和类别2，共有56家公司；其余17家公司分别属于类别3、类别4，分别是渤海人寿、国联人寿、中华人寿、复星联合、华贵人寿、爱心人寿、三峡人寿、瑞华健康、北京人寿、国富人寿、国宝人寿、海保人寿、瑞泰人寿、鼎诚人寿、君龙人寿、中韩人寿、德华安顾，共17家公司。

剔除类别3和类别4的17家，对剩余的56家公司进行竞争力评价，占总体的比例为76.7%。

剔除这17家后，再对剩余的56家公司进行竞争力评价，通过对比分析，从而对2020年人身险公司综合竞争力的评价结果进行稳健性检验。

表3-22　　　　　　　　　　人身险公司在聚类分析下的分类

公司名称	类别4	类别3	类别2	公司名称	类别4	类别3	类别2
中国人寿	1	1	1	复星联合	3	1	1
太保寿险	1	1	1	华贵人寿	3	1	1
平安人寿	1	1	1	爱心人寿	3	1	1
新华人寿	1	1	1	招商仁和	1	1	1
泰康人寿	1	1	1	三峡人寿	3	1	1
太平人寿	1	1	1	瑞华健康	4	3	2
建信人寿	1	1	1	北京人寿	3	1	1
光大永明	1	1	1	海保人寿	3	1	1
民生人寿	1	1	1	国富人寿	3	1	1
平安养老	1	1	1	国宝人寿	3	1	1
中融人寿	1	1	1	中宏人寿	1	1	1
合众人寿	1	1	1	中德安联	1	1	1
太平养老	1	1	1	工银安盛	1	1	1
人保健康	1	1	1	中信保诚人寿	1	1	1
信泰人寿	1	1	1	交银康联	1	1	1
农银人寿	1	1	1	中意人寿	1	1	1
长城人寿	1	1	1	友邦人寿	1	1	1
昆仑健康	1	1	1	中荷人寿	1	1	1
人保寿险	1	1	1	中英人寿	1	1	1
国华人寿	1	1	1	同方全球人寿	1	1	1
英大人寿	1	1	1	招商信诺	1	1	1
泰康养老	1	1	1	长生人寿	1	1	1
幸福人寿	1	1	1	恒安标准	1	1	1
阳光人寿	2	2	1	瑞泰人寿	3	1	1
百年人寿	1	1	1	华泰人寿	1	1	1
中邮人寿	1	1	1	陆家嘴国泰	2	2	1
利安人寿	1	1	1	大都会	1	1	1
前海人寿	1	1	1	平安健康	1	1	1
东吴人寿	1	1	1	中银三星	1	1	1
珠江人寿	1	1	1	恒大人寿	1	1	1
财信吉祥	1	1	1	鼎诚人寿	4	3	2
渤海人寿	3	1	1	汇丰人寿	1	1	1
国联人寿	3	1	1	君龙人寿	3	1	1
太保安联	1	1	1	复星保德信	1	1	1
上海人寿	1	1	1	中韩人寿	3	1	1
中华人寿	3	1	1	德华安顾	3	1	1
横琴人寿	1	1	1				

首先,重新对类别1和类别2中的56个成员运用主成分分析法进行综合竞争力评价,结果见表3-23。

表3-23 2020年人身险公司综合竞争力评价结果的前后排名对比(剔除部分公司)

公司	新排名	原排名	原排名-新排名	公司	新排名	原排名	原排名-新排名
平安人寿	1	2	1	平安养老	29	10	-19
中国人寿	2	1	-1	中宏人寿	30	22	-8
信泰人寿	3	13	10	泰康养老	31	25	-6
昆仑健康	4	20	16	中信保诚人寿	32	27	-5
泰康人寿	5	3	-2	幸福人寿	33	28	-5
平安健康	6	9	3	利安人寿	34	50	16
太保安联健康	7	30	23	中德安联	35	41	6
恒大人寿	8	8	0	合众人寿	36	40	4
太平人寿	9	7	-2	中荷人寿	37	39	2
太保寿险	10	4	-6	工银安盛	38	48	10
新华人寿	11	5	-6	大都会人寿	39	31	-8
前海人寿	12	21	9	东吴人寿	40	44	4
友邦人寿	13	6	-7	珠江人寿	41	45	4
中邮人寿	14	14	0	招商仁和	42	47	5
英大人寿	15	19	4	光大永明	43	46	3
横琴人寿	16	35	19	阳光人寿	44	15	-29
上海人寿	17	22	5	中意人寿	45	49	4
百年人寿	18	10	-8	太平养老	46	42	-4
建信人寿	19	24	5	陆家嘴国泰	47	43	-4
中银三星	20	36	16	长生人寿	48	55	7
农银人寿	21	11	-10	民生人寿	49	26	-23
中融人寿	22	18	-4	汇丰人寿	50	37	-13
招商信诺	23	17	-6	恒安标准	51	51	0
人保健康	24	32	8	华泰人寿	52	53	1
财信吉祥	25	38	13	中英人寿	53	54	1
同方全球人寿	26	33	7	国华人寿	54	52	-2
人保寿险	27	12	-15	长城人寿	55	34	-21
交银康联	28	29	1	复星保德信	56	56	0

在表 3-23 中,"原排名"表示剔除 17 家公司后剩余的 56 家公司在原来综合竞争力评价结果中的排名;"新排名"表示剔除 17 家公司后剩余的 56 家公司在重新运用主成分分析法后再次进行评价的综合竞争力评价结果。

其次,对中国人身险公司的新旧排名进行对比,基本分析情况见表 3-24。

表 3-24　　　　　　　　　描述统计(描述性统计资料)

	N	平均数	标准偏差	最小值	最大值
新排名	56	28.5000	16.30951	1.00	56.00
原排名	56	28.3750	16.41902	1.00	56.00

最后,根据表 3-24 的结果,运用威尔科克森(Wilcoxon)符号秩检验进行稳健性分析(见表 3-25)。

表 3-25　　　　　　　威尔科克森(Wilcoxon)符号秩检验(等级)

		N	平均等级	等级总和
原排名 - 新排名	负等级	24[①]	28.38	681.00
	正等级	28[②]	24.89	697.00
	等值结	4[③]		
	总计	56		

注:①原排名<新排名;②原排名>新排名;③原排名=新排名。

结果显示,使用"渐进"方法计算的双侧显著性水平 Z 值为 0.942,远大于 0.05,所以新旧排名的差异不显著(见表 3-26)。也就是说,这两个样本来自同一总体,具有相同的总体分布。

表 3-26　　　　　　　　检验统计结果(检定统计资料[①])

	原排名 - 新排名
Z	-0.073[②]
渐进显著性(双尾)	0.942

注:①Wilcoxon 符号等级检定;②根据负等级。

运用主成分分析法对 2020 年人身险公司综合竞争力评价结果的检验在 0.05 的显著性水平下具有稳健性。即根据聚类分析的结果,剔除掉部分公司后建立的指标体系,运用主成分分析法对其余公司竞争力的评价结果的影响不显著,通过了稳健性检验。

2. 剔除部分指标后,保险公司竞争力评价的稳健性分析

指标体系应该尽可能地反映保险公司竞争力各个方面的信息,显然部分指标的

缺失或波动对保险公司竞争力的评价结果有影响。此部分通过聚类分析，剔除部分表现"特殊"的指标后，再对保险公司竞争力进行评价。通过剔除部分指标对评价结果的影响进行稳健性检验。

首先，利用聚类分析将所有指标进行分类（见表 3 - 27）。

表 3 - 27　　对人身险公司综合竞争力评价二级指标的聚类分析

指标名称	4 聚类	3 聚类	2 聚类
总资产收益率	1	1	1
净资产收益率	1	1	1
投资收益率	1	1	1
净投资收益率	1	1	1
承保利润率	1	1	1
投资资产占总资产的比率	1	1	1
净利润	1	1	1
人均净利润	1	1	1
净利润增长率	1	1	1
综合收益率	1	1	1
资本管理系数	1	1	1
认可资产负债率	1	1	1
资产认可率	2	2	1
资本利用率	1	1	1
资金成本率	1	1	1
准备金保费比率	1	1	1
认可资产增长率	1	1	1
所有者权益	1	1	1
资产杠杆系数	1	1	1
资本运用率	1	1	1
资本回报率	2	2	1
风险调整资本利润率	1	1	1
风险调整资本回报率	1	1	1
资本管理绩效增长率	1	1	1
可运用资金收益率	1	1	1
净资产周转率	1	1	1
总资产周转率	1	1	1
综合费用率	1	1	1
综合赔付率	1	1	1

续表

指标名称	4 聚类	3 聚类	2 聚类
综合费用率的增长率	1	1	1
险种集中度系数	1	1	1
退保率	1	1	1
报告期营业收入	1	1	1
保险业务收入增长率	1	1	1
净利润赔付支出覆盖率	1	1	1
保费收入费用增长比	1	1	1
偿付能力充足率	1	1	1
流动性比率	4	3	2
自留保费率	3	1	1
自留保费占净资产的比率	1	1	1
自留保费增长率	1	1	1
准备金安全率	1	1	1
保险负债占总资产的比率	1	1	1
现金盈余保障倍数	1	1	1
收现比	1	1	1
付现比	1	1	1
资产杠杆率	1	1	1
发展系数	1	1	1
综合收益增长率	1	1	1
总资产增长率	1	1	1
净资产增长率	1	1	1
市场拓展能力	1	1	1
人均产能	1	1	1
分支机构数目	1	1	1
万张保单投诉量	1	1	1
应收保费周转率	1	1	1
保险业务收入增长率	1	1	1
SARMRA 得分	1	1	1

其次，根据聚类结果可以看出，资产认可率、资本回报率、万人次投诉量、流动性比率、自留保费率这5项指标特殊，剔除后重新对保险公司进行竞争力评价。本章把资产认可率、资本回报率、万人次投诉量、流动性比率、自留保费率这几项指标剔除后，再对人身险公司的综合竞争力评价结果进行检验（见表3-28）。

表 3-28　人身险公司综合竞争力评价结果的对比（剔除 5 项指标后）

公司	新排名	原排名	原排名－新排名	公司	新排名	原排名	原排名－新排名
中国人寿	1	1	0	中宏人寿	38	22	-16
平安人寿	2	2	0	合众人寿	39	40	1
泰康人寿	3	3	0	国联人寿	40	61	21
昆仑健康	4	19	15	珠江人寿	41	46	5
信泰人寿	5	13	8	汇丰人寿	42	37	-5
中融人寿	6	17	11	利安人寿	43	53	10
太保寿险	7	4	-3	光大永明	44	47	3
新华人寿	8	5	-3	财信吉祥	45	38	-7
恒大人寿	9	8	-1	工银安盛	46	50	4
太平人寿	10	7	-3	幸福人寿	47	28	-19
平安健康	11	9	-2	太平养老	48	42	-6
前海人寿	12	20	8	中华人寿	49	64	15
君龙人寿	13	54	41	中德安联	50	41	-9
国富人寿	14	48	34	恒安标准	51	55	4
国宝人寿	15	51	36	招商仁和	52	49	-3
英大人寿	16	18	2	大都会人寿	53	31	-22
友邦人寿	17	6	-11	东吴人寿	54	44	-10
招商信诺	18	16	-2	瑞华健康	55	66	11
中银三星	19	36	17	阳光人寿	56	15	-41
中荷人寿	20	39	19	中意人寿	57	52	-5
中邮人寿	21	14	-7	民生人寿	58	26	-32
农银人寿	22	11	-11	中英人寿	59	60	1
横琴人寿	23	35	12	国华人寿	60	58	-2
上海人寿	24	21	-3	陆家嘴国泰	61	43	-18
太保安联健康	25	30	5	复星联合健康	62	62	0
华贵人寿	26	45	19	爱心人寿	63	70	7
百年人寿	27	24	-3	华泰人寿	64	59	-5
交银康联	28	29	1	海保人寿	65	63	-2
平安养老	29	10	-19	三峡人寿	66	71	5
建信人寿	30	23	-7	长生人寿	67	65	-2
中信保诚人寿	31	27	-4	渤海人寿	68	68	0
人保健康	32	32	0	长城人寿	69	34	-35
泰康养老	33	25	-8	鼎诚人寿	70	72	2
人保寿险	34	12	-22	德华安顾	71	73	2
同方全球人寿	35	33	-2	复星保德信	72	67	-5
中韩人寿	36	56	20	瑞泰人寿	73	69	-4
北京人寿	37	57	20				

最后，根据表 3-28 的结果，运用威尔科克森（Wilcoxon）符号秩检验进行稳健性分析（见表 3-29、表 3-30 和表 3-31）。

表 3-29　保险公司原排名与新排名的基本情况（描述性统计资料）

	N	平均数	标准偏差	最小值	最大值
新排名	73	37.0000	21.21713	1.00	73.00
原排名	73	37.0000	21.21713	1.00	73.00

表 3-30　指标的威尔科克森（Wilcoxon）符号秩检验（等级）

		N	平均等级	等级总和
原排名－新排名	负等级	37①	32.00	1 184.00
	正等级	30②	36.47	1 094.00
	等值结	6③		
	总计	73		

注：①原排名＜新排名；②原排名＞新排名；③原排名＝新排名。

表 3-31　威尔科克森（Wilcoxon）符号秩检验结果（检定统计资料①）

	原排名－新排名
Z	-0.281②
渐进显著性（双尾）	0.778

注：① Wilcoxon 符号等级检定；②根据正等级。

表 3-31 列出了统计检验结果。结果显示，使用"渐进"方法计算的双侧渐进显著性水平 Z 值为 0.778，大于 0.05，所以两组排名的差异不显著。剔除部分特殊指标后，采用剩余的指标进行竞争力评价与没有剔除这些指标下的评价结果差异不显著。也就是说，这两个样本来自同一总体，具有相同的总体分布，即认为主成分分析法对于指标的变化具有统计上的稳健性，通过了稳健性检验。

3. 结论及建议

由以上一系列的分析可知，利用主成分分析方法进行保险公司竞争力评价研究时，剔除少部分公司或者指标后，对于保险公司竞争力的最后结果影响有限，即评价结果统计上的稳健性。

但是，从评价结果看，通过聚类分析方法，剔除少部分公司的评价结果比剔除少部分指标的评价结果更具有稳健性。这在一定程度上说明部分公司的进入或者退出对最后结果的影响没有指标的选择对评价结果的影响大。因此，选择比较客观、全面和科学的指标，对于保险公司竞争力的评价结果尤为关键。同时，从得到的个别结果来看，某些公司的排名波动较大，可以考虑在进行最终的排名前设计一种过滤方法，将对主成分排名法最终排名结果影响较大的因子予以剔除，或者运用最优化方法选择使最终竞争力排名的结果波动最小的因子（这与主成分分析法中，寻找方差占比最大的综合因子并不矛盾，因为它们所指的对象并不一样）。而这些因子从理论上说最能够代表保险公司竞争力的本质，但是这是一个不断探索和优化的过程，甚至需要对其选择标准进行数理化的设定，有待进一步的研究。

第四章
中国财产保险公司竞争力评价分析

保险公司竞争力评价研究基于公开、客观和科学的原则，即研究方法、评价指标、数据来源等均坚持公开、客观和科学的原则。坚持评价过程和评价目标客观有效，避免或者尽量减少人为主观因素的干扰。考虑到评价结果的敏感性，在有可能使用定量分析的地方，尽量使用定量分析，尽量避免或者减少使用涉及权重选择等主观性问题的评价方法。

一、信息来源说明

保险公司竞争力评价研究的数据主要源于各家保险公司的年度信息披露报告，少部分数据源于历年的《中国保险年鉴》和原中国保监会、中国保险学会、中国保险行业协会以及各家保险公司网站发布的信息，即全部数据都源于公开渠道。

保险公司的 2020 年年度信息披露报告主要包括以下 5 个方面的内容：公司简介、年度财务报告及其附注、风险管理状况、产品信息、偿付能力信息。本研究主要从以上报表获取数据进行研究。

二、研究对象

截至 2020 年 12 月 31 日，中国的财产险公司共有 87 家。其中，中资保险公司有 66 家，外资保险公司有 21 家[①]。

在这 87 家公司中，未披露 2020 年年度信息披露报告或者年度信息披露报告不完整的保险公司有 8 家，它们是出口信用、大家财险、长江财险、易安财险、海峡金桥、建信财险、劳合社、天安财险。在其余 79 家财产险公司中，经营异常、部

---

① 2020 年 6 月 30 日，获中国银保监会批准（银保监复〔2020〕394 号），信利保险（中国）有限公司变更为信利再保险（中国）有限公司，并于 2020 年 7 月 3 日完成公司名称以及经营范围的工商变更登记，在中国境内从事非寿险再保险业务。

分指标数据异常或者特殊的保险公司有 6 家，它们是久隆财险、凯本财险、日本兴亚、汇友互助、安心财险、阳光信用。

公司的部分指标数据异常或者特殊，并不意味着公司经营绩效的优劣。但为了避免少数公司的部分异常指标对其他公司的评价结果产生重大、异常的影响，从而使得评价结果不合常理，本章采用主成分分析法和因子分析法进行竞争力运算，为本章进行必要的前期数据处理。

课题组共对 73 家财产险公司进行了竞争力评价。

三、特别说明

（1）本章的分析均基于公开披露的数据进行，并根据实质重于形式的原则对发现的个别公司披露数据存在的错误或者异样的年报信息进行调整，或者在涉及该指标时进行批注说明。

（2）本章的分析采用的数据皆源于已公开的资料或课题组成员的个人分析，但不保证上述信息的完整性和准确性，中国精算研究院不因使用本报告而产生的一切后果承担责任，只以此作为学术研究以及学界和业界的信息交流与参考。同时，本报告中的分析结论均为课题组成员的个人观点，不代表中国精算研究院的观点。有关问题的来源、讨论或者争议，请与本课题组联系。

（3）在本章的评价指标中，有的指标取值越大越好，称为正向指标；有的指标取值越小越好，称为逆向指标；有的指标取值位于中间的某个值为好。对于逆向指标，本报告均已进行逆向化处理，逆向化后的指标数据的取值也是越大越好。对于取值位于中间某个值为好的指标，往往通过构建系数的方式进行处理，经过系数化后的指标取值也是越大越好。

第一节 财产险公司竞争力指标体系的构建

一、评价指标体系说明

目前，国内外还没有一个比较明确的、被广泛接受的对"保险公司竞争力"的定义。本报告综合国内外相关研究，结合课题组成员的经验和理解，对保险公司竞争力给出以下定义：保险公司竞争力是保险公司根据行业和自身特点，在市场经济环境中，综合运用其人力、物力、财力等各种资源，获得相对于竞争对手表现出来的更强的生存能力、创新能力和持续发展能力的总和，是公司综合能力的体现。同时，竞争力也是一个相对的概念，强调的是保险行业内竞争者之间的比较。

本报告进行的保险公司竞争力评价研究是以保险公司为出发点和落脚点，建立保险公司的盈利能力、资本管理能力、经营能力、风险管理能力和发展潜力5类一级指标，以反映保险公司竞争力的不同方面。首先，在每类一级指标下建立个数不等的二级指标（如不特别说明，二级指标均为正向指标）；其次，通过对二级指标的定量分析得到保险公司一级指标的评价结果；最后，对全部二级指标进行定量分析，得到保险公司竞争力的综合评价结果。

二、具体指标体系构建

（一）盈利能力指标

盈利能力指标共有10项二级指标，包括比率、结构分析指标和规模性指标。

1. 总资产收益率

$$总资产收益率 = 报告期净利润 \div \frac{期初总资产 + 期末总资产}{2} \times 100\%$$

2. 净资产收益率

$$净资产收益率 = \frac{净利润}{平均净资产} \times 100\%$$

3. 投资收益率

$$投资收益率 = \frac{投资收益总额}{（期初投资资产 + 期末投资资产）的均值} \times 100\%$$

4. 净投资收益率

$$净投资收益率 = \frac{利润表中的投资收益 + 其他业务收入}{（期初投资资产 + 期末投资资产）的均值} \times 100\%$$

5. 承保利润率

$$承保利润率 = \frac{承保利润}{已赚保费} \times 100\%$$

6. 投资资产占总资产的比率

$$投资资产占总资产的比率 = \frac{平均投资资产}{平均总资产} \times 100\%$$

其中，

$$两年平均投资资产 = \frac{当年投资资产 + 上一年投资资产}{2}$$

$$\text{平均总资产} = \frac{\text{当年总资产} + \text{上一年总资产}}{2}$$

7. 净利润增长率

$$\text{净利润增长率} = \frac{\text{当年净利润} - \text{上一年净利润}}{\text{上一年净利润的绝对值}} \times 100\%$$

8. 人均利润

$$\text{人均利润} = \frac{\text{利润总额}}{\text{公司职工人数}}$$

9. 净利润

10. 综合收益率

综合收益率 =（利息收入 + 投资收益 + 交易类公允价值变动 + 可供出售类公允价值变动 − 交易费用及税金 + 其他综合收益）÷ 两年平均投资资产 × 100%

（二）资本管理能力指标

资本管理能力共有 12 项二级指标，包括 11 项比率、结构性分析指标和 1 项规模指标。

1. 资本管理系数

$$\text{偿付能力充足率}(x) = \frac{\text{实际资本}}{\text{最低资本}} \times 100\%$$

$$\text{资本管理系数} = \begin{cases} \dfrac{x - 100\% + 50\%}{50\%}, & 50\% \leqslant x \leqslant 100\% \\ 1, & 100\% < x \leqslant 300\% \\ \dfrac{300\% + 2\,000\% - x}{2\,000\%}, & 300\% < x \leqslant 300\% + 2\,000\% \\ 0, & \text{其他} \end{cases}$$

2. 认可资产负债率

$$\text{认可资产负债率} = \frac{\text{认可负债}}{\text{认可资产}} \times 100\%$$

3. 资产认可率

$$\text{资产认可率} = \frac{\text{认可资产}}{\text{总资产}} \times 100\%$$

4. 认可资产增长率

$$\text{认可资产增长率} = \frac{\text{期末认可资产} - \text{期初认可资产}}{\text{期初认可资产}} \times 100\%$$

5. 资本利用率

$$资本利用率 = \frac{保险业务收入}{所有者权益} \times 100\%$$

6. 准备金保费比率

准备金保费比率 = 两年的（未到期责任准备金 + 未决赔款准备金 + 保险保障基金 + 寿险责任准备金 + 长期健康险责任准备金 − 应收分保未到期责任准备金 − 应收分保未决赔款准备金 − 应收分保寿险责任准备金 − 应收分保长期健康险责任准备金）均值 ÷ 两年的原保费收入的均值 × 100%

7. 资产保费比

$$资产保费比 = \frac{报告期期末总资产}{报告期保险业务收入} \times 100\%$$

8. 所有者权益或净资产

9. 资产报酬率

$$资产报酬率 = \frac{股东权益合计 + 利润总额}{平均总资产} \times 100\%$$

10. 风险调整资本回报率

风险调整资本回报率 =（综合收益 − 保险业务营业税金及附加 − 业务及管理费 − 手续费及佣金 − 报告期退保金额）÷ 最低资本 × 100%

11. 资本管理绩效增长率

$$资本管理绩效增长率 = \frac{当年净利润}{最低资本} \div \frac{上一年净利润}{最低资本} \times 100\%$$

（三）经营能力指标

经营能力指标由13项指标构成，包括12项比率、结构性指标和1项规模性指标。

1. 净资产周转率

$$净资产周转率 = 报告期营业收入合计 \div \frac{期初股东权益 + 期末股东权益}{2} \times 100\%$$

2. 总资产周转率

$$总资产周转率 = 报告期营业收入合计 \div \frac{期初总资产 + 期末总资产}{2} \times 100\%$$

3. 综合赔付率

综合赔付率 =（赔付支出 − 摊回赔付支出 + 提取未决赔款准备金 − 摊回未决赔

款准备金 + 保费准备金) ÷ 已赚保费 × 100%

4. 综合费用率

综合费用率 =(业务及管理费 + 手续费及佣金 + 分保费用 + 保险业务营业税金及附加 − 摊回分保费用) ÷ 已赚保费 × 100%

5. 综合成本率的变化率

$$综合成本率的变化率 = \frac{期末综合成本率 - 期初综合成本率}{期初综合成本率} \times 100\%$$

6. 险种集中度系数

$$险种集中度系数 = \sum_{i=1}^{5}(前\,i\,种产品的各自保费收入)^2 \div (前5种产品保费总收入)^2$$

7. 报告期营业收入

8. 营业收入增长率

$$营业收入增长率 = \frac{期末营业收入 - 期初营业收入}{期初营业收入} \times 100\%$$

9. 净利润赔付支出覆盖率

净利润赔付支出覆盖率 = 总利润 ÷(赔付支出 − 摊回赔付支出 + 提取未决赔款准备金 − 摊回未决赔款准备金) × 100%

10. 应收分保率

$$应收分保率 = \frac{期初应收分保账款 + 期末应收分保账款}{期初分出保费 + 期末分出保费} \times 100\%$$

11. 车险保费占比

$$车险保费占比 = \frac{车险保费收入}{公司保费收入} \times 100\%$$

12. 保费收入费用增长比

$$保费收入费用增长比 = \frac{当期原保费收入 - 上一期原保费收入}{当期综合费用 - 上一期综合费用} \times 100\%$$

13. 再保险亏损率

再保险亏损率 =(分出保费 − 摊回赔付支出 − 摊回保险责任准备金 − 摊回分保费用) ÷ 分出保费 × 100%

(四) 风险管理能力指标

风险管理能力指标由11项比率、结构性分析指标构成。

1. 偿付能力充足率

$$偿付能力充足率 = \frac{实际资本}{最低资本} \times 100\%$$

2. 流动性比率

$$流动性比率 = \frac{流动性资产余额}{流动性负债余额} \times 100\%$$

3. 自留比率

$$自留比率 = \frac{自留保费}{保险业务收入} \times 100\%$$

4. 未决赔款准备金充足率

$$未决赔款准备金充足率 = \frac{近两年提取未决赔款准备金的均值}{近两年赔付支出的均值} \times 100\%$$

5. 自留保费占净资产的比率（肯尼系数）

$$自留保费占净资产的比率 = \frac{自留保费}{(期初所有者权益 + 期末所有者权益) 的均值} \times 100\%$$

6. 应收保费率

应收保费率 =（期初应收保费 + 期末应收保费）÷（期初保险业务收入 + 期末保险业务收入）× 100%

7. 保险负债占总资产的比率

$$保险负债占总资产的比率 = \frac{保险负债}{总资产} \times 100\%$$

8. 收现比

收现比 =（经营活动、投资活动、筹资活动的现金流入合计 + 汇率变动对现金及现金等价物的影响额）÷ 营业收入合计

9. 付现比

付现比 =（经营活动、投资活动、筹资活动的现金流出合计 + 汇率变动对现金及现金等价物的影响额）÷ 营业支出合计

10. 现金盈余保障倍数

$$现金盈余保障倍数 = \frac{经营活动净现金流}{净利润的绝对值}$$

11. 负债权益比率

$$负债权益比率 = \frac{总负债}{股东权益} \times 100\%$$

（五）发展潜力指标

发展潜力指标共由 11 项指标构成，包括 9 项比率、结构性分析指标和 2 项规模指标。

1. 发展系数

$$发展系数 = \frac{公司的原保费收入增量市场份额}{公司的原保费收入市场份额} \times 100\%$$

2. 保险业务收入增长率

$$保险业务收入增长率 = \frac{当年保险业务收入 - 上一年保险业务收入}{上一年保险业务收入} \times 100\%$$

3. 总资产增长率

$$总资产增长率 = 报告期营业收入合计 \div \frac{期初总资产 + 期末总资产}{2} \times 100\%$$

4. 净资产增长率

$$净资产增长率 = \frac{期末所有者权益 - 期初所有者权益}{期初所有者权益} \times 100\%$$

5. 资本运营充分率

$$资本运营充分率 = \frac{公司原保费收入}{实收资本或股本 + 资本公积} \times 100\%$$

6. 人均产能

$$人均产能 = \frac{保险业务收入}{公司职工人数}$$

7. 人均产能增长率

$$人均产能增长率 = \frac{期末人均产能 - 期初人均产能}{期初人均产能} \times 100\%$$

8. 承保潜力

$$承保潜力 = 4 - 自留保费 \div (实收资本 + 资本公积 + 盈余公积)$$

9. 亿元保费投诉量

10. 分支机构数目

11. 单位最低资本利润增长率

$$单位最低资本利润增长率 = \frac{期末净利润 - 期初净利润}{平均最低资本} \times 100\%$$

第二节 2020年财产险公司综合竞争力评价结果与分析

为了保证对保险公司竞争力评价的客观性和科学性,首先,本报告根据指标的正向和逆向进行数据的预处理,使处理后的全部指标数据为正向,即其数值越大越好;其次,指标数据中有些是比率指标,有些是数值指标,为了避免"以大欺小"以及指标单位对评价结果的影响,本报告对全部数据进行了归一化处理,即全部指标数据取值都在0~1;最后,本报告运用主成分分析法,对全部56项二级指标数据进行计算(并对部分指标进行加权处理),得到综合竞争力评价结果。此外,在对一级指标(例如,盈利能力、资本管理能力等)进行竞争力评价时,是对一级指标下的二级指标进行主成分分析。因此,综合竞争力的评价结果并不是对一级指标评价结果的简单加权处理,二级指标与一级指标的隶属关系不影响对综合竞争力的评价结果。

为了便于对保险公司的业绩进行比较,以下披露的各家保险公司的二级指标数据均进行了逆向化处理,即得分高意味着对于一级指标具有更大的"正向"作用,得分低意味着对于一级指标具有较低的"负向"作用。同时,根据综合运用主成分分析、因子分析得到的对保险公司综合竞争力以及一级指标的评价结果,设定最高分不超过100分,最低分不低于40分。

一、2020年财产保险公司综合竞争力得分及排名

本报告在数据预处理后得到73家财产险公司的56项二级指标数据。为了更好地反映保险公司竞争力的实际情况,课题组根据中国保险业发展阶段和已了解的保险公司发展规律对部分指标进行了加权处理,得到了一个73×60的数据矩阵,运用主成分分析法共选取15个主成分,其累计解释率为85.3%。其中的每个主成分都是这些二级指标的线性组合(见图4-1)。

选取这15个主成分后,就可得到中国各家财产险公司综合竞争力的评价结果和排名(见表4-1)。

二、分析与结论

本报告根据中国保险业的发展状况,修改和完善了财产险公司竞争力评价指标体系,并进一步明确了当前中国财产险公司行业发展与保险市场建设以及保险公司

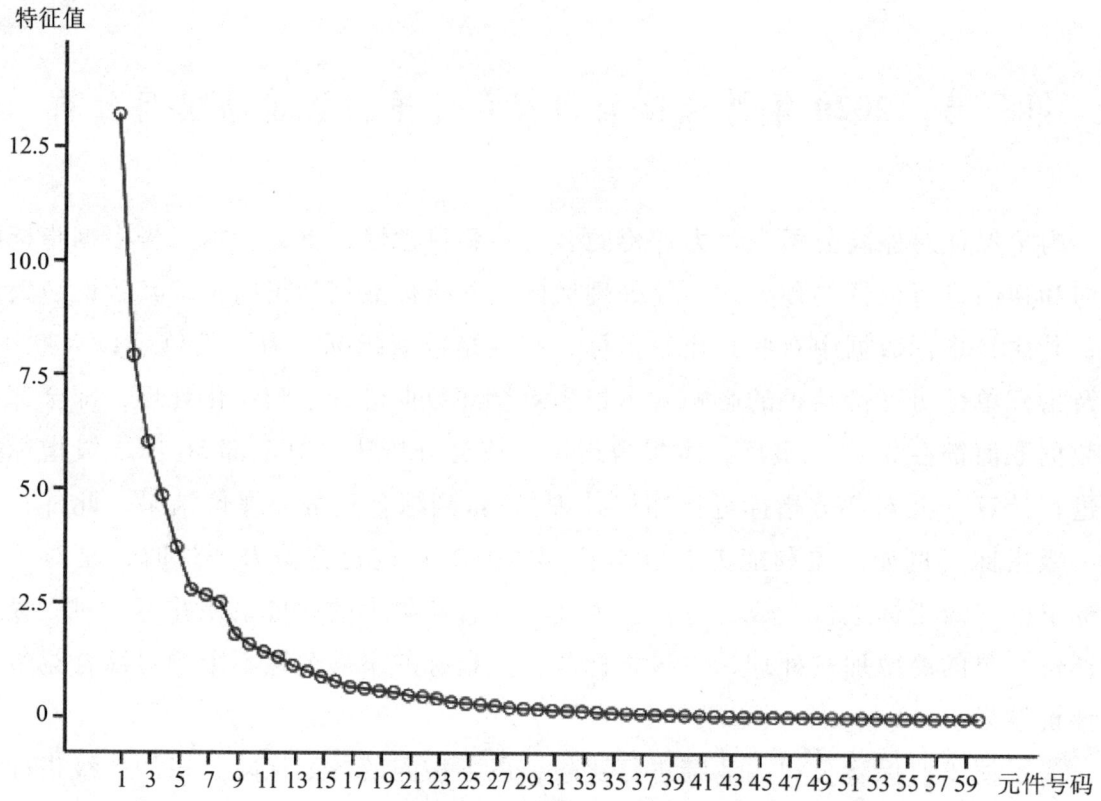

图4-1 财产险公司综合竞争力分析的陡坡图（碎石图）

表4-1　　　　2020年中国财产险公司综合竞争力评价得分及排名

公司	排名	得分	公司	排名	得分
人保财险	1	100.0	北部湾财险	15	83.6
平安财险	2	97.0	铁路自保	16	82.5
太保财险	3	93.1	黄河财险	17	82.4
众安财险	4	92.8	阳光农险	18	82.3
国寿财险	5	91.1	中华联合	19	81.1
紫金财险	6	90.0	中远海自保	20	80.7
中石油专属保险	7	89.3	亚太财险	21	80.6
诚泰财险	8	87.6	国元农险	22	80.4
国任财险	9	87.0	安信农险	23	80.2
鼎和财险	10	86.2	大地财险	24	80.2
国泰财险	11	86.2	众诚财险	25	79.8
英大财险	12	85.6	锦泰财险	26	79.8
阳光财险	13	85.0	中原农险	27	79.3
恒邦财险	14	83.9	太平科技	28	79.1

续表

公司	排名	得分	公司	排名	得分
利宝互助	29	77.8	泰山财险	52	68.3
都邦财险	30	77.3	三星财险	53	67.4
燕赵财险	31	77.2	华安财险	54	66.8
安诚财险	32	76.3	东京海上	55	64.5
融盛财险	33	76.0	浙商财险	56	64.1
太平财险	34	75.4	安盛天平	57	63.8
爱和谊	35	75.4	华农财险	58	63.7
华泰财险	36	74.7	苏黎世保险	59	63.6
富德财险	37	74.7	中航安盟	60	63.2
美亚保险	38	74.7	珠峰财险	61	62.0
粤电自保	39	73.8	华海财险	62	61.8
现代财险	40	73.4	瑞再企商	63	61.1
众惠相互	41	73.0	中意财险	64	59.9
永安财险	42	72.3	东海航运	65	58.4
永诚财险	43	71.9	史带财产	66	57.2
中路财险	44	71.5	安华农险	67	56.6
日本财险	45	71.2	前海联合	68	54.5
安联财险	46	70.9	长安责任	69	53.9
中煤财险	47	70.8	渤海财险	70	52.0
中银财险	48	70.4	合众财险	71	50.3
三井住友	49	70.4	安达保险	72	45.0
鑫安汽车	50	69.6	富邦财险	73	40.0
泰康在线	51	68.9			

应关注的关键指标。本节根据本报告对保险公司竞争力的定义和相应的评价指标体系，运用主成分分析法对中国财产险公司的竞争力进行了评价分析。

国际经济金融危机对中国保险业发展的影响逐渐减小，中国财产险公司的管理能力和技术水平不断提高。本课题组的研究表明，中国财产险公司在注重规模的同时开始注重效益，并且中资保险公司的竞争力普遍高于外资保险公司。本报告的主要结论如下。

1. 综合竞争力方面

由 2020 年中国财产险公司的综合竞争力评价结果（见表 4-1）可以看出，综合竞争力排名前10位的公司全部是中资保险公司。人保财险、平安财险、太保财险占据参评的全部73家公司的前3位。整体来看，中国财产保险公司竞争力的不断提升得益于中国经济发展、政策监管的不断完善以及保险公司自身资本、管理、技术的不断提高。但是，中资财产险公司在风险管理能力和产品开发能力方面还有待加强。

2. 盈利能力方面

2020年，以承保为主要利润来源的财产保险行业取得了不菲的经营业绩，财产保险公司的盈利能力普遍提高。盈利能力竞争力排名前10位的财产险公司全部为中资保险公司，说明中资保险公司的盈利能力与外资保险公司相比具有一定的优势。2020年，在盈利能力竞争力排名前10位的财产险公司中，仍然没有一家农业保险公司入围，说明随着政策性农业保险业务的放开和相关业务的激烈竞争，政策性农业保险业务对财产险公司盈利水平的贡献将越来越不明显。财产险公司在新增车险需求疲弱的环境下，如何拓展业务能力、寻找优势项目以及提高公司的产品开发能力成为亟待解决的问题。

3. 资本管理能力方面

2020年，在资本管理能力方面排名前10位的财产险公司中，中资保险公司比外资保险公司更有优势。评价结果显示，在资本管理能力排名前10位的财产险公司中，有3家是外资保险公司，分别是爱和谊（排名第5位）、瑞再企商（排名第8位）和三井住友（排名第10位），其余7家均为中资保险公司。值得注意的是，爱和谊已经连续三年在资本管理能力方面排名进入前10位。

4. 经营能力方面

2020年，在经营能力评价结果排名前10位的财产险公司中，有2家外资保险公司，分别是利宝互助（排名第7位）和中航安盟（排名第10位）。相较于2018年只有1家外资保险公司入围，2019年和2020年连续两年有2家外资保险公司入围，说明外资保险公司在经营能力方面的竞争优势在扩大。

根据经营能力评价指标可以看出，中资财产险公司在总资产周转率和净资产周转率方面排名靠前，意味着经营得比较辛苦，在综合费用成本控制方面比较严格，综合费用率较低；外资保险公司在综合赔付的成本控制方面比较严格，综合赔付比较低，分保能力强，保费收入的来源比较均衡、稳定。

由于股东背景、公司管理能力和策略的不同，中资财产险公司在经营管理能力方面还有许多有待改进和提高的地方。

5. 风险管理能力方面

在风险管理能力方面，外资保险公司以往占有比较明显的优势。但是，从2020年保险公司的风险管理能力评价结果来看，在排名前10位的财产险公司中，只有2家外资财产险公司入围。相较于2019年，2020年风险管理能力第1名被中资保险公司占据。这说明中资保险公司在资本实力、偿付能力管理、风险管理等方面取得了比较明显的进步。

尤其值得关注的是，在风险管理能力排名前10位的财产险公司中，有3家专业自保公司入围，分别是中石油专属保险（第1名）、中远海自保（第2名）和铁路自保（第5名）。截至2020年末，注册地在内地的专业自保公司只有4家。其中，3家的风险管理能力排名进入了前10位。这说明专业自保公司在风险管理能力方面比普通商业财产险公司占有得天独厚的优势。专业自保公司也许会成为中国很多大型国有企业或者国有集团组织进行风险管理的比较新颖的方式和组织形式。

6. 发展潜力方面

在公司发展潜力竞争力排名前10位的公司中，有9家中资保险公司，1家外资保险公司（安联财险列第8名）。这说明中资保险公司在发展潜力方面占有一定的优势。同时，外资保险公司在保险理念、技术、资本等方面也具多值得中资保险公司学习的地方。分析表明，外资保险公司的增长潜力开始逐步克服机构数量较少、资产规模增长较慢等因素的影响，呈现出良好的发展势头。

以上研究结论说明，中资保险公司竞争力低于外资保险公司的论断并不成立。基于对中国财产保险公司竞争力评价的结论，为了更好地提高中国财产保险公司的竞争力，本报告提出如下建议。

第一，财产险公司应该加强企业的风险管理。面对中国经济结构转型升级以及国际金融危机尚未解除甚至有所深化的国际环境，如何控制资本市场的风险、产品创新风险等，是保险公司面临的诸多挑战，可能会导致保险公司偿付能力不足的风险。因此，高标准地开展承保业务和保持充足的资本金是财产险公司管理风险的关键。在中国财产险市场迅速发展的过程中，相对于外资保险公司，中资保险公司只有相对较低的资本实力和偿付能力充足率，这就给出一个很清晰的警示信号：财产险公司要注重内部的全面风险管理。

第二，在现阶段，整体比较而言，中国财产保险公司要想提高竞争力，必须实现规模、效益、风险的统一，确保机构数量处于20~25家，保费规模达到100亿元以上，注册资本达到50亿元以上，总资产达到300亿元以上。

第三，财产险市场竞争的激烈程度将进一步提升，市场格局的转变速度将不断加快，规模化经营与互联网金融的快速发展给实力不强的中小财产保险公司带来巨大的生存压力和突破空间。因金融、保险市场的不断发展，政府监管力度、质量的不断提高，预计2021年财产保险行业承保利润和投资收益的竞争将更加激烈。

第四，加大政府和中国保险监督管理委员会对保险公司的支持力度。随着中国第二代偿付能力建设以及费率市场化、利率市场化的改革，财产险公司需要继续推进渠道转型，更加注重电销、网销和交叉销售，增强产品开发能力，满足不同层次消费者的需求，提高行业的服务管理水平。

第五，探讨外资保险公司竞争力普遍低于中资保险公司的原因并予以改进。这既有股东背景和资金实力的问题，也有综合费用与综合赔付的成本管理策略和分保再保的技术策略等问题，需要财产险公司根据自己的实际情况和定位具体分析调整。

第六，中国经济由高速增长阶段转向高质量发展阶段，需要更好地发挥保险作用。党的十九大做出了中国经济由高速增长阶段转向高质量发展阶段的重大判断，这一过程要求坚持市场化改革，更好地发挥市场配置资源的决定性作用。在中国经济由高速增长阶段转向高质量发展阶段这一历史进程中，通过商业保险市场化手段解决转型过程中可能出现的风险问题，可以有效促进社会和谐稳定。

总而言之，本研究由中国财产险公司竞争力排名得出了强烈而积极的信号：随着中国经济实力和大众保险意识的增强，中国财产险业发展前景一片光明。

第三节 2020年财产险公司综合竞争力一级指标的评价结果与分析

根据定义，财产险公司的综合竞争力评价包含盈利能力、资本管理能力、经营能力、风险管理能力和发展潜力5类一级指标。各类一级指标下含有数量不等的二级指标。本节基于二级指标，运用主成分分析法，对73家财产险公司的一级指标的表现情况进行评价和分析。

一、2020年财产险公司盈利能力的排名与分析

盈利能力共包含10项二级指标。经过数据预处理后，本报告得到了一个73×10的数据矩阵。运用主成分分析法共选取了5个主成分，其累计解释率为87.9%。其中的每个主成分都是这10项二级指标的线性组合。将主成分分析得分按照最低分为40分、最高分为100分进行标准化，得到各家保险公司盈利能力的百分制得

分（见表4-2）。

表4-2　　　　　　　　财产险公司盈利能力竞争力排名及得分

公司	排名	得分	公司	排名	得分
人保财险	1	100.0	阳光农险	38	74.1
鼎和财险	2	99.8	中路财险	39	73.6
平安财险	3	98.6	渤海财险	40	73.2
鑫安汽车	4	93.6	燕赵财险	41	73.1
太保财险	5	93.5	黄河财险	42	73.0
国寿财险	6	91.7	华海财险	43	72.6
英大财险	7	91.6	安华农险	44	72.6
北部湾财险	8	91.2	华安财险	45	72.6
阳光财险	9	88.8	都邦财险	46	71.8
中石油专属保险	10	88.0	三井住友	47	71.8
安信农险	11	86.2	华农财险	48	71.6
锦泰财险	12	85.9	爱和谊	49	71.6
华泰财险	13	85.3	三星财险	50	70.3
中远海自保	14	84.9	安联财险	51	70.2
安诚财险	15	84.8	诚泰财险	52	70.2
国泰财险	16	84.7	粤电自保	53	70.2
众诚财险	17	84.6	太平财险	54	69.4
亚太财险	18	84.6	东京海上	55	68.8
铁路自保	19	83.3	苏黎世保险	56	68.2
泰山财险	20	82.6	史带财产	57	68.1
浙商财险	21	82.6	现代财险	58	68.0
中华联合	22	82.5	中煤财险	59	67.9
国任财险	23	81.1	中意财险	60	65.9
永安财险	24	80.9	泰康在线	61	65.4
众安财险	25	78.0	太平科技	62	61.9
恒邦财险	26	77.9	安盛天平	63	61.0
紫金财险	27	77.7	瑞再企商	64	60.6
中银财险	28	77.7	长安责任	65	59.5
美亚保险	29	77.6	融盛财险	66	57.8
大地财险	30	77.2	富德财险	67	57.5
众惠相互	31	76.4	合众财险	68	55.0
日本财险	32	76.0	前海联合	69	53.5
永诚财险	33	75.4	东海航运	70	52.8
利宝互助	34	74.7	中航安盟	71	48.8
中原农险	35	74.6	安达保险	72	48.6
国元农险	36	74.3	富邦财险	73	40.0
珠峰财险	37	74.3			

由表 4-2 可以看出，中国财产险市场中盈利能力排名前 3 位的保险公司依次是人保财险、鼎和财险和平安财险。在百分制基准下，它们的盈利能力得分分别为 100 分、99.8 分和 98.6 分。

在参评的 73 家财产保险公司中，盈利能力的得分最高的为人保财险（100 分），得分最低的为富邦财险（40 分），平均得分为 74.7 分，得分高于平均分的保险公司有 33 家，占比约为 45.2%。得分在 90 分以上的保险公司有 8 家，得分在 80~90 分的保险公司有 16 家，得分在 70~80 分的保险公司有 29 家，得分在 60~70 分的保险公司有 11 家，得分在 60 分以下的保险公司有 9 家。

图 4-2 显示了盈利能力排名前 10 位的财产险公司，它们依次是人保财险、鼎和财险、平安财险、鑫安汽车、太保财险、国寿财险、英大财险、北部湾财险、阳光财险、中石油专属保险。

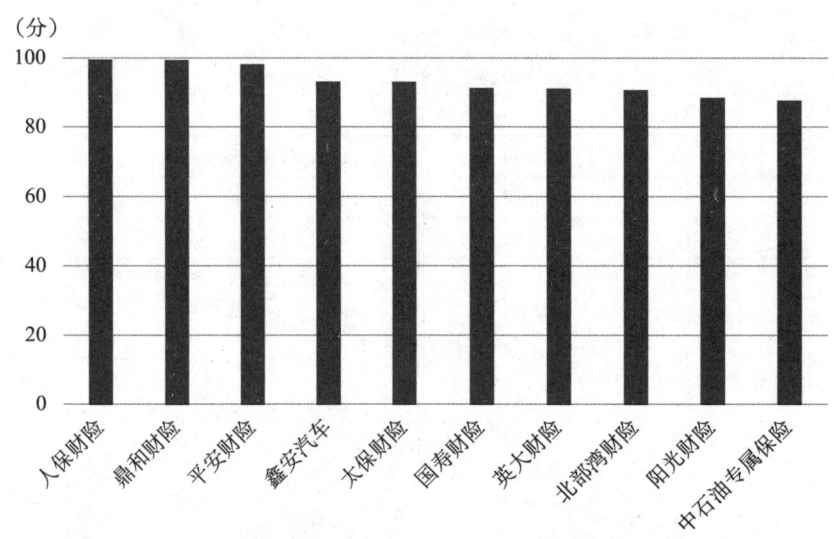

图 4-2 盈利能力排名前 10 位的财产保险公司

从图 4-2 可以看出，盈利能力排名前 3 位的人保财险、鼎和财险和平安财险得分较为接近，均高于 95 分，它们的盈利能力得分较为显著地高于其他财产险公司，超过其他 7 家盈利能力排名前 10 位的财产险公司的盈利能力平均得分。排名第 6~第 10 位的财产险公司得分较为紧凑，集中在 88~92 分，平均分差不超过 2 分。与此同时，盈利能力排名前 10 位的财产险公司全部为中资公司。可见，中资财产险公司在盈利能力上较外资财产险公司有明显优势。

（一）盈利能力排名前 10 位的财产险公司各项二级指标的表现

表 4-3 主要反映了盈利能力排名前 10 位的财产险公司的各项二级指标的表现情况。

第四章 中国财产保险公司竞争力评价分析

表4-3 盈利能力排名前10位财产险公司二级指标的排名及得分

公司名称	总资产收益率		净资产收益率		投资收益率		净投资收益率		承保利润率		投资资产占总资产的比率		净利润增长率		人均利润		净利润		综合收益率	
	排名	得分	排名	得分	排名	得分	排名	得分	排名	得分	排名	得分	排名	得分	排名	得分	排名	得分	排名	得分
人保财险	9	89.5	7	94.1	29	73.2	42	65.8	12	79.3	13	89.0	52	63.5	21	64.1	1	100.0	30	72.8
鼎利财险	1	100.0	2	99.8	1	100.0	1	100.0	3	82.6	73	40.0	32	65.9	9	72.4	7	56.1	2	99.5
平安财险	7	91.3	3	99.3	35	67.5	37	67.7	15	78.9	15	84.0	56	63.1	8	73.2	2	100.0	41	65.1
鑫安汽车	5	92.9	8	92.6	13	91.1	12	85.8	19	78.4	47	61.5	38	65.2	5	78.6	21	48.3	16	87.5
太保财险	11	87.3	6	94.7	21	77.9	39	67.0	17	78.7	23	79.8	48	63.7	24	63.3	3	93.3	26	75.7
国寿财险	22	80.5	20	86.2	7	94.1	16	84.4	37	77.1	33	71.8	55	63.2	35	61.9	4	67.1	11	90.3
英大财险	3	95.4	5	99.0	30	73.1	36	68.7	4	81.5	24	79.3	58	62.8	4	81.9	6	58.6	35	71.0
北部湾财险	19	82.8	15	87.5	12	91.3	11	87.1	34	77.6	65	46.0	2	100.0	36	61.9	23	48.0	15	88.2
阳光财险	16	84.2	10	91.4	24	77.6	29	74.3	20	78.4	21	81.3	42	64.8	25	63.2	5	63.4	23	83.4
中石油专属保险	13	86.5	22	83.6	58	54.5	63	51.2	13	79.0	1	100.0	40	65.1	1	100.0	12	51.3	59	52.9

由表4-3可以看出，人保财险的盈利能力排名第1位，主要是由于该公司的净利润排名第1位（100分），虽然其投资收益率（第29名，73.2分）和净投资收益率（第42名，65.8分）表现一般，但其他二级指标表现优秀，并且在净利润得分上有压倒性优势。人保财险作为中国体量最大、资历最深的财产险公司，在市场上始终保持着强劲的竞争力。

鼎和财险在盈利能力一级指标中排名第2位，其在总资产收益率（第1名，100分）、投资收益率（第1名，100分）和净投资收益率（第1名，100分）3项指标上的排名均为第1名。除投资资产占总资产的比率（第73名，40分）和净利润增长率（第32名，65.9分）2项指标外，鼎和财险的其余二级指标排名基本在前10名以内，综合盈利能力表现优异。

平安财险在盈利能力一级指标中排名第3位，其二级指标总资产收益率（第7名，91.3分）、净资产收益率（第3名，99.3分）、人均利润（第8名，73.2分）和净利润（第2名，100分）表现优秀。除净利润增长率和综合收益率2项指标外，平安财险的其余各项指标排名均不低于前40名，处于中上游水平。

从整体来看，盈利能力排名前10位的财产险公司的各项二级指标排名均位于市场中上游水平，并且都有个别表现拔尖的二级指标。说明这10家保险公司具有较强的获取投资和利润的能力。

（二）盈利能力各项二级指标排名及得分前10位的财产险公司情况

表4-4列明了盈利能力指标下各项二级指标排名前10位的财产险公司及其得分，反映了财产险公司盈利能力的整体情况。

由表4-4中可以看到，人均利润指标中，中石油专属保险（第1名，100分）、中远海自保（第2名，99.2分）和铁路自保（第3名，97.3分）这3家专业自保公司名列前3位，并且相较第4~第10名（71.7~81.9分）的得分具有比较明显的优势，说明这3家专业自保公司在盈利能力方面比普通商业保险公司具有更为得天独厚的优势。中石油专属保险公司在人均利润指标方面的表现最为突出。

在净利润指标中，排名前3位的财产险公司分别是人保财险、平安财险和太保财险。其中，人保财险与平安财险的优势最为明显。这3家实力雄厚的财产险公司与第4~第10名（52.9~67.1分）相比较，优势较大。净利润指标的波动范围较大主要是因为排名前3位的人保财险、平安财险和太保财险在企业规模、盈利管理能力水平上具有较为明显的优势。净利润作为规模性指标，排名靠前的公司与排名靠后的公司差距较大是符合客观情况的。

第四章 中国财产保险公司竞争力评价分析

表4-4 盈利能力各项二级指标中排名前10位的财产险公司及其得分

二级指标 排名	总资产收益率 公司名称（得分）	净资产收益率 公司名称（得分）	投资收益率 公司名称（得分）	净投资收益率 公司名称（得分）	承保利润率 公司名称（得分）	投资资产占总资产的比率 公司名称（得分）	净利润增长率 公司名称（得分）	人均利润 公司名称（得分）	净利润 公司名称（得分）	综合收益率 公司名称（得分）
1	鼎和财险（100.0）	美亚保险（100.0）	鼎和财险（100.0）	鼎和财险（100.0）	中远海自保（100.0）	中石油专属保险（100.0）	中原农险（100.0）	中石油专属保险（100.0）	人保财险（100.0）	中路财险（100.0）
2	美亚保险（99.7）	鼎和财险（99.8）	锦泰财险（98.9）	泰山财险（99.4）	美亚保险（93.1）	利宝互助（100.0）	北部湾财险（100.0）	中远海自保（99.2）	平安财险（100.0）	鼎和财险（99.5）
3	英大财险（95.4）	平安财险（99.3）	泰康在线（98.5）	锦泰财险（97.9）	鼎和财险（82.6）	爱和谊（97.7）	国泰财险（99.8）	铁路自保（97.3）	太保财险（93.3）	锦泰财险（98.7）
4	日本财险（93.1）	日本财险（99.2）	中路财险（98.0）	中路财险（96.8）	英大财险（81.5）	现代财险（97.6）	安联财险（96.3）	英大财险（81.9）	国寿财险（67.1）	泰康在线（97.2）
5	鑫安汽车（92.9）	英大财险（99.0）	太平科技（96.3）	长安责任（96.4）	日本财险（81.1）	紫金财险（97.0）	阳光农险（80.5）	鑫安汽车（78.6）	阳光财险（63.4）	太平科技（94.8）
6	安信农险（91.8）	太保财险（94.7）	安诚财险（95.8）	融盛财险（95.8）	铁路自保（81.4）	富德财险（97.0）	国任财险（78.2）	美亚保险（75.2）	英大财险（58.6）	安诚财险（94.6）
7	平安财险（91.3）	人保财险（94.1）	国寿财险（94.1）	安诚财险（93.8）	前海联合（81.1）	众安财险（96.9）	众安财险（76.8）	日本财险（75.1）	鼎和财险（56.1）	永安财险（92.0）
8	华泰财险（89.7）	鑫安汽车（92.6）	黄河财险（93.4）	太平科技（90.2）	三星财险（80.9）	众诚财险（96.7）	利宝互助（75.2）	平安财险（73.2）	大地财险（54.5）	泰山财险（91.7）
9	人保财险（89.5）	安华农险（91.8）	亚太财险（91.9）	华安财险（89.8）	中原农险（80.4）	国任财险（95.2）	紫金财险（74.6）	鼎和财险（72.4）	中华联合（53.6）	亚太财险（91.4）
10	中远海自保（88.0）	阳光财险（91.4）	众惠相互（91.6）	佰邦财险（88.9）	东京海上（79.8）	国元农险（94.0）	瑞再企商（71.8）	安信财险（71.7）	众安财险（52.9）	黄河财险（91.1）

另外，盈利能力指标的其余几项二级指标排名前10名的得分波动范围都较小。尤其是投资资产占总资产的比率指标，其第1名（中石油专属保险，100分）和第10名（国元农险，94分）的得分差距仅有6分。

值得注意的是，投资收益率、净投资收益率、综合收益率、净利润4项指标的得分排名前10位的均为中资公司。这表明，中资公司在盈利能力，尤其是投资收益方面是优于外资公司的。这可能是由于外资公司在投资时相对保守。人均利润指标排名前3名的财险公司均为自保公司。可见，自保公司在人员与创造利润方面的平衡优于大部分财产险公司。

（三）盈利能力结构的模糊聚类分析

本部分试图根据财产险公司在盈利能力二级指标上的得分，运用模糊聚类方法分析各家财产险公司的相似程度，为比较各家财产险公司的盈利能力提供一种新的方法和视角（见表4-5）。

表4-5　盈利能力排名前10位的财产险公司的模糊聚类等价矩阵

	人保财险	鼎和财险	平安财险	鑫安汽车	太保财险	国寿财险	英大财险	北部湾财险	阳光财险	中石油专属保险
人保财险	1.00	0.57	0.78	0.58	0.84	0.60	0.65	0.65	0.70	0.32
鼎和财险	0.57	1.00	0.57	0.57	0.57	0.57	0.57	0.57	0.57	0.32
平安财险	0.78	0.57	1.00	0.58	0.78	0.60	0.65	0.65	0.70	0.32
鑫安汽车	0.58	0.57	0.58	1.00	0.58	0.58	0.58	0.58	0.58	0.32
太保财险	0.84	0.57	0.78	0.58	1.00	0.60	0.65	0.65	0.70	0.32
国寿财险	0.60	0.57	0.60	0.58	0.60	1.00	0.60	0.60	0.60	0.32
英大财险	0.65	0.57	0.65	0.58	0.65	0.60	1.00	0.65	0.65	0.32
北部湾财险	0.65	0.57	0.65	0.58	0.65	0.60	0.65	1.00	0.65	0.32
阳光财险	0.70	0.57	0.70	0.58	0.70	0.60	0.65	0.65	1.00	0.32
中石油专属保险	0.32	0.32	0.32	0.32	0.32	0.32	0.32	0.32	0.32	1.00

由表4-5可以看出，处于主对角线上的值均为1。显然，各家财产险公司和自己的相似与贴近程度为100%。盈利能力排名前10位的财产险公司之间的矩阵相似度介于0.32~0.84，表明各家财产险公司之间的盈利能力业务结构具有一定程度的差异性。本报告重点关注那些盈利能力业务结构明显较高或明显较低的公司之间的比较分析，因为即使是盈利能力排名前10位的公司，它们的盈利模式、经

营能力和管理水平也具有很多需要进一步分析研究的地方。

人保财险的盈利能力居第1名，它与其他9家盈力能力排名前10位的财产险公司之间的相似度介于0.32~0.84。其中，人保财险与太保财险的相似度最高，达0.84；人保财险与平安财险的相似度也较高，为0.78。这从定量分析的角度说明了人保财险的盈利能力和模式与某些财产险公司具有相似性。盈利能力较低的财产险公司可以学习和借鉴人保财险以及与其相似度高的公司的盈利模式，从而提升自身的盈利能力。

值得注意的是，盈利能力排名第10名的中石油专属保险与其他9家盈利能力排名前10位的财产险公司的相似度均为0.32，说明这家境内成立最早的专业自保公司在盈利能力方面具有独到之处，与其他财产险公司的盈利能力对标性不高。

综上所述，这10家盈利能力排名靠前的财产险公司在业务结构、盈利模式等方面存在一定的差异性。

二、2020年财产险公司资本管理能力的排名分析

资本管理能力共包含11项二级指标。经数据预处理，本报告得到了一个73×11的数据矩阵。根据主成分分析法，本部分选取了6个累计解释率为85.9%的主成分。每个主成分都是这11项资本管理能力二级指标的线性组合。将主成分分析得分按照最低分为40分、最高分为100分进行标准化，得到各家财产险公司资本管理能力的百分制得分（见表4-6）。

由表4-6可以看出，资本管理能力排名前3位的财产险公司依次是人保财险、太平财险和平安财险。在百分制基准下，它们的得分分别为100分、98.5分和96.9分。

在参评的73家财产险公司中，资本管理能力得分最高的是人保财险（100分），得分最低的是太平科技（40分），平均得分为69.5分，得分高于平均分的公司有39家，占比约为53.4%。得分在80分以上的财产险公司有16家，得分在70~80分的保险公司有22家，得分在60~70分的保险公司有16家，得分在60分以下的保险公司有19家。

图4-3显示了资本管理能力排名前10位的财产险公司，它们依次是人保财险、太平财险、平安财险、太保财险、爱和谊、国寿财险、北部湾财险、瑞再企商、众惠相互、三井住友。其中，前3位（人保财险、太平财险和平安财险）的得分均高于95分，远高于其他参评的财产险公司。第3~第10名的得分差距较小，平均分差低于2分，走势平缓。

表4-6 财产险公司资本管理能力的排名及得分

公司	排名	得分	公司	排名	得分
人保财险	1	100.0	鑫安汽车	38	70.2
太平财险	2	98.5	华海财险	39	69.6
平安财险	3	96.9	安盛天平	40	69.5
太保财险	4	88.9	华泰财险	41	68.7
爱和谊	5	88.6	国元农险	42	68.3
国寿财险	6	86.3	鼎和财险	43	67.6
北部湾财险	7	86.2	都邦财险	44	66.3
瑞再企商	8	84.3	美亚保险	45	66.2
众惠相互	9	83.2	中煤财险	46	65.6
三井住友	10	82.3	阳光农险	47	64.9
安联财险	11	81.5	国泰财险	48	64.9
史带财产	12	81.5	中银财险	49	64.4
苏黎世保险	13	81.4	中路财险	50	64.4
中华联合	14	80.5	国任财险	51	63.3
阳光财险	15	80.3	珠峰财险	52	63.2
紫金财险	16	80.1	东海航运	53	63.1
东京海上	17	79.3	泰山财险	54	63.1
日本财险	18	78.9	众安财险	55	59.9
富邦财险	19	78.4	富德财险	56	59.4
浙商财险	20	78.3	铁路自保	57	59.1
泰康在线	21	78.2	合众财险	58	59.0
中意财险	22	77.0	亚太财险	59	58.2
中石油专属保险	23	76.9	利宝互助	60	57.7
华安财险	24	76.3	中航安盟	61	57.6
大地财险	25	76.1	中远海自保	62	56.3
三星财险	26	75.6	众诚财险	63	50.8
英大财险	27	75.3	燕赵财险	64	50.3
安华农险	28	75.0	现代财险	65	49.8
安达保险	29	74.6	黄河财险	66	49.7
永诚财险	30	74.3	安诚财险	67	49.5
前海联合	31	74.0	粤电自保	68	47.2
锦泰财险	32	73.6	诚泰财险	69	46.6
渤海财险	33	73.0	中原农险	70	46.2
永安财险	34	72.1	恒邦财险	71	44.8
安信农险	35	71.6	融盛财险	72	44.3
长安责任	36	70.6	太平科技	73	40.0
华农财险	37	70.4			

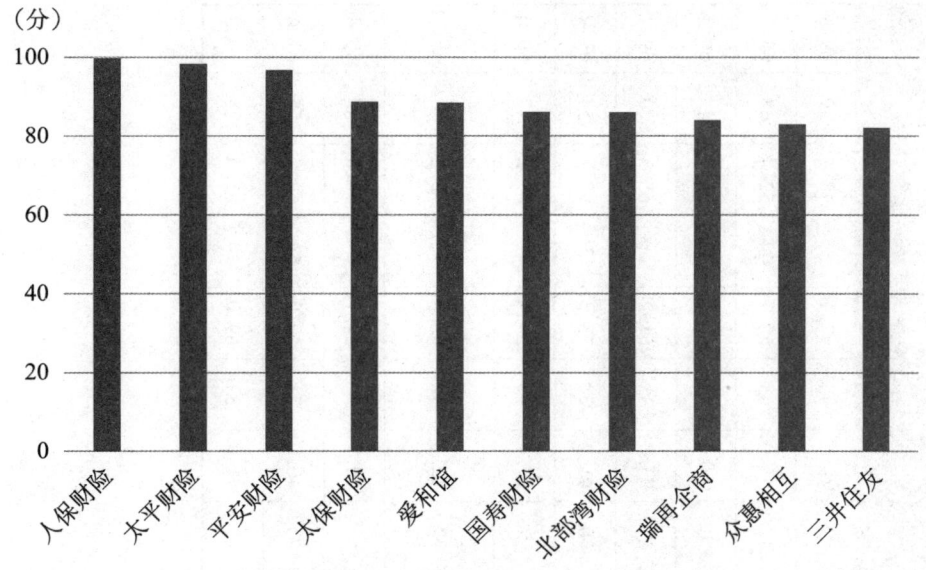

图 4-3 资本管理能力排名前 10 位的财产险公司的得分比较

（一）资本管理能力排名前 10 位的财产险公司的二级指标排名及得分

表 4-7 展示了资本管理能力排名前 10 位的财产险公司的 11 项二级指标。在这 10 家财产险公司中，人保财险的资本管理能力排名第 1 位，主要是因为其在资本管理系数（第 1 名，100 分）、所有者权益（第 1 名，100 分）、认可资产负债率（第 4 名，98.5 分）3 项指标上具有明显的优势。但人保财险某些指标的得分及排名（例如，资产认可率居第 70 位，得分为 40.7 分）表现不佳。这说明人保财险的资本管理能力还有需要提高的地方。

太平财险在资本管理能力指标中列第 2 名，这主要是由于其在资本管理系数（第 1 名，100 分）、认可资产负债率（第 1 名，100 分）、资产认可率（第 1 名，100 分）3 项指标上表现优异。和人保财险的情况类似，太平财险有几项指标的表现并不理想。在资本管理能力的 11 项二级指标中，太平财险有 6 项资本管理能力二级指标排在 50 位以后，表明太平财险在资本管理方面仍有可以改进的地方。

平安财险在资本管理能力指标中列第 3 名，在资本管理系数（第 1 名，100 分）、所有者权益（第 1 名，100 分）、认可资产负债率（第 3 名，99 分）上的表现优异。

太保财险在资本管理能力指标中列第 4 名，在资本管理系数（第 1 名，100 分）、所有者权益（第 3 名，93.5 分）、认可资产负债率（第 5 名，96.4 分）等指标上表现优异。在资本管理能力的 11 项二级指标中，太保财险有 3 项指标的排名进入前 10 位。但是，太保财险二级指标的得分及排名两极分化状态较为突出。

表4-7 资本管理能力排名前10位的财产险公司的二级指标得分情况

公司名称	资本管理系数		认可资产负债率		资产认可率		认可资产增长率		资本利用率		准备金保费比率		资产保费比		所有者权益		资产报酬率		风险调整资本回报率		资本管理绩效增长率	
	排名	得分	排名	得分	排名	得分	排名	得分	排名	得分	排名	得分	排名	得分	排名	得分	排名	得分	排名	得分	排名	得分
人保财险	1	100.0	4	98.5	70	40.7	45	56.5	27	75.7	51	46.8	54	47.8	1	100.0	35	67.1	27	78.7	39	69.8
太平财险	1	100.0	1	100.0	1	100.0	64	48.6	7	94.2	59	45.1	63	45.9	10	51.0	63	50.7	64	52.4	63	65.5
平安财险	1	100.0	3	99.0	61	41.2	38	61.3	19	81.8	22	50.7	49	48.6	1	100.0	46	60.3	32	74.7	42	69.3
太保财险	1	100.0	5	96.4	53	41.5	25	64.8	13	88.0	55	46.4	66	45.2	3	93.5	43	61.2	49	65.3	40	69.7
爱和谊	1	100.0	32	76.6	21	42.5	34	61.8	31	74.0	1	100.0	64	45.8	60	41.2	28	73.3	3	98.1	54	67.9
国寿财险	1	100.0	9	92.7	46	41.7	13	75.0	12	88.6	50	46.9	67	45.1	5	77.6	47	59.4	47	67.2	47	69.0
北部湾财险	1	100.0	19	84.8	33	42.2	11	80.2	23	79.3	33	49.2	55	47.8	39	42.3	42	62.4	25	78.8	1	100.0
瑞再企商	50	94.1	31	77.1	17	42.7	6	89.5	58	54.1	8	60.9	9	88.8	67	40.9	49	59.1	21	88.8	6	80.8
众惠相互	48	95.7	2	99.9	73	40.0	1	100.0	73	40.0	44	47.6	17	64.8	73	40.0	73	40.0	54	62.9	55	67.6
三井住友	43	99.7	13	90.8	64	41.1	51	54.0	39	64.6	5	71.6	36	53.2	47	41.8	33	69.0	14	95.0	33	70.5

同时，不同财产险公司资本管理能力的某些指标得分分布也呈现两极分化的状态。例如，资本管理系数指标得分超过90分的财产险公司有56家，所有者权益（净资产）指标得分超过70分的财产险公司只有5家。这说明不同财产险公司在资本管理的策略上存在较为极端的差异。

在资产认可率、资产保费比和资产报酬率3项指标上，这10家财产险公司的表现普遍较差，均有超过半数的公司排名处于参评公司的中下游位置。进一步说明各家保险公司在资本管理能力方面的发展并不均衡，没有各项指标均处于领先地位的财产险公司。

（二）资本管理能力各项二级指标排名与得分前10位的财产险公司情况

表4-8列出了资本管理能力指标各项二级指标排名前10位的财产险公司及其得分，反映了财产险公司资本管理能力的整体情况。

资本管理系数指标得分为100分的财产险公司共有42家。除表4-8中给出的10家财产险公司外，另外32家财产险公司分别为人保财险、平安财险、太保财险、阳光财险、太平财险、英大财险、华安财险、国元农险、阳光农险、永诚财险、都邦财险、安华农险、华农财险、浙商财险、华海财险、渤海财险、中煤财险、前海联合、长安责任、国泰财险、史带财产、美亚保险、爱和谊、利宝互助、三星财险、富邦财险、东京海上、安达保险、苏黎世保险、中航安盟、安盛天平、中意财险。在这42家财产险公司中，中资公司有29家，外资公司有13家。

在资本管理能力排名前10位的公司中，除了瑞再企商（第50名，94.1分）、众惠相互（第48名，95.7分）和三井住友（第43名，99.7分）之外，其余7家公司在资本管理系数指标上的得分均为满分100分，并列第1名。财产险公司在资本管理系数指标上的得分直接影响其资本管理能力的排名。资本管理系数指标获得满分的财产险公司资本管理能力的排名也较为靠前。但是，由于并列满分的财产险公司较多，导致这一指标对排名并列的财产险公司的影响被稀释。

认可资产负债率指标和风险调整资本回报率指标反映了公司的经营类别、经营观念和资产质量。这两项指标的第1名分别是太平财险和中石油专属保险，得分均为100分，列第10名的分别是华安保险（91.6分）和粤电自保（96.1分）。这两项指标排名前10位的财产险公司分差均较小。同样的，资产报酬率指标排名前10位的分差也较小。

资本利用率表明公司利用资本获取收入的能力。列该指标第1名的长安责任得分为100分，第10名浙商财险得分为90.3分。资本利用率指标排名前10位之间

表 4-8 资本管理能力各项二级指标排名前 10 位的财产险公司的得分情况

二级指标 排名	资本管理系数 公司名称（得分）	认可资产负债率 公司名称（得分）	资产认可率 公司名称（得分）	认可资产增长率 公司名称（得分）	资本利用率 公司名称（得分）	准备金保费比率 公司名称（得分）	资产保费比 公司名称（得分）	所有者权益 公司名称（得分）	资产报酬率 公司名称（得分）	风险调整资本回报率 公司名称（得分）	资本管理绩效增长率 公司名称（得分）
1	中路财险（100.0）	太平财险（100.0）	太平财险（100.0）	紫金财险（100.0）	长安责任（100.0）	爱和谊（100.0）	中石油专属保险（100.0）	人保财险（100.0）	诚泰财险（100.0）	中石油专属保险（100.0）	北部湾财险（100.0）
2	鼎利财险（100.0）	众惠相互（99.9）	利宝互助（45.4）	众惠相互（100.0）	安华农险（99.1）	中石油专属保险（84.8）	现代财险（100.0）	平安财险（100.0）	现代财险（99.4）	中远海自保（99.5）	国泰财险（99.5）
3	锦泰财险（100.0）	平安财险（99.0）	珠峰财险（45.1）	泰康在线（97.9）	前海联合（97.4）	史带财产（77.7）	粤电自保（100.0）	太保财险（93.5）	粤电自保（98.6）	爱和谊（98.1）	安联财险（95.4）
4	泰康在线（100.0）	人保财险（98.5）	合众财险（44.5）	众安财险（97.4）	渤海财险（95.1）	铁路自保（77.6）	铁路自保（100.0）	大地财险（79.1）	融盛财险（98.2）	铁路自保（98.0）	阳光农险（85.9）
5	永安财险（100.0）	太保财险（96.4）	太平科技（43.9）	富邦财险（91.6）	利宝互助（94.8）	三井住友（71.6）	黄河财险（99.8）	国寿财险（77.6）	中远海自保（98.1）	现代财险（97.9）	东海航运（81.6）
6	国寿财险（100.0）	阳光财险（95.0）	中路财险（43.7）	瑞再企商（89.5）	富邦财险（94.3）	苏黎世保险（67.7）	融盛财险（97.0）	中华联合（65.7）	恒邦保险（97.5）	苏黎世保险（97.7）	瑞再企商（80.8）
7	中华联合（100.0）	紫金财险（94.1）	都邦财险（43.7）	东海航运（84.4）	太平财险（94.2）	中意财险（62.5）	中远海自保（94.4）	阳光财险（63.1）	阳光农险（97.4）	鑫安汽车（97.7）	长安责任（78.0）
8	北部湾财险（100.0）	三星财险（93.5）	长安责任（43.7）	安联财险（83.5）	泰康在线（93.2）	瑞再企商（60.9）	诚泰财险（89.5）	众安财险（62.3）	众诚财险（96.8）	安信农险（97.4）	国任财险（77.8）
9	珠峰财险（100.0）	国寿财险（92.7）	浙商财险（43.4）	浙商财险（80.8）	都邦财险（90.4）	东京海上（58.6）	瑞再企商（88.8）	诚泰财险（51.9）	铁路自保（94.4）	史带财产（96.1）	安信农险（77.4）
10	安信农险（100.0）	华安财险（91.6）	燕赵财险（43.4）	前海联合（80.4）	浙商财险（90.3）	日本财险（58.4）	东海航运（84.0）	太平保险（51.0）	黄河财险（94.1）	粤电自保（96.1）	紫金财险（76.2）

的分差也不大。

准备金保费比率反映的是公司准备金占保费收入的比率。在对参评的各家财产险公司该指标的比较后发现,爱和谊(第1名,100分)的优势明显,其在该指标的排名连续四年保持第1名,并且2020年该指标列第2名的得分迅速降至84.8分,列第10名的日本财险得分仅为58.4分,第1名与第10名的分差达41.6分,差距非常大。该指标排名前10位的财产险公司中仅有2家中资公司(中石油专属保险和铁路自保),外资保险公司在准备金保费比率指标上占有明显的优势。可见,外资公司在管理资本时更趋于保守,准备金占保费收入的比例较高,从而能够为公司提供更安全的运营环境。

(三)资本管理能力结构的模糊聚类分析

本部分试图根据财产险公司二级指标的得分,运用模糊聚类方法分析各家财产险公司的相似程度,为比较各家财产险公司的资本管理能力提供一种新的方法和视角(见表4-9)。

表4-9 资本管理能力排名前10位的财产险公司的模糊聚类等价矩阵

	人保财险	太平财险	平安财险	太保财险	爱和谊	国寿财险	北部湾财险	瑞再企商	众惠相互	三井住友
人保财险	1.00	0.52	0.89	0.86	0.59	0.86	0.59	0.59	0.30	0.59
太平财险	0.52	1.00	0.52	0.52	0.52	0.52	0.52	0.52	0.30	0.52
平安财险	0.89	0.52	1.00	0.86	0.59	0.86	0.59	0.59	0.30	0.59
太保财险	0.86	0.52	0.86	1.00	0.59	0.86	0.59	0.59	0.30	0.59
爱和谊	0.59	0.52	0.59	0.59	1.00	0.59	0.61	0.59	0.30	0.66
国寿财险	0.86	0.52	0.86	0.86	0.59	1.00	0.59	0.59	0.30	0.59
北部湾财险	0.59	0.52	0.59	0.59	0.61	0.59	1.00	0.59	0.30	0.61
瑞再企商	0.59	0.52	0.59	0.59	0.59	0.59	0.59	1.00	0.30	0.59
众惠相互	0.30	0.30	0.30	0.30	0.30	0.30	0.30	0.30	1.00	0.30
三井住友	0.59	0.52	0.59	0.59	0.66	0.59	0.61	0.59	0.30	1.00

由表4-9可以看出,处于主对角线上的值均为1。显然,各家财产险公司和自己的相似与贴近程度为100%。资本管理能力排名前10位的公司之间的相似度介于0.3～0.89,并且多家财产险公司的相似度高于0.7。这说明多家财产险公司在资本管理能力方面的对标性较高,但也存在个别资本管理安排独特性较高的公司。

人保财险的资本管理能力综合竞争力列第 1 名，它与平安财险的相似度最高，达到 0.89，与太保财险、国寿财险的相似度为 0.86。此外，太保财险与人保财险、平安财险、国寿财险的相似度都是 0.86，也具有比较高的相似度。

值得注意的是，列第 9 名的众惠相互作为一家外资保险公司，与其余 9 家排名前 10 位的财产险公司的相似度均为 0.3，甚至与第 5 名的爱和谊、第 7 名的瑞再企商、第 10 名的三井住友 3 家外资保险公司之间的相似度也只有 0.3。这说明众惠相互与其他 9 家资本管理能力进入前 10 位的财产险公司在资本管理能力和经营理念上的相似性很低，其资本管理与经营模式在外资保险公司中也是独特的存在。这一现象背后的逻辑值得仔细分析和思考。

总体而言，外资保险公司和中资保险公司在资本管理能力方面的差异还是较为明显的。

此矩阵中的相关结果是根据资本管理能力各项指标运算得到的。这对认识财产险公司在资本管理的模式、技术和意识方面是有所帮助的。对此感兴趣的读者可以进一步分析和研究。

三、2020 年财产险公司经营能力的排名分析

经营能力共包含 13 项二级指标。本报告经过数据预处理后得到了一个 73×13 的数据矩阵。运用主成分分析法，本部分共选取了 8 个主成分，其累计解释率为 86.3%。其中的每个主成分都是这 13 项二级指标的线性组合。将主成分分析得分按照最低分为 40 分、最高分为 100 分进行标准化，得到各家财产险公司经营能力的百分制得分（见表 4-10）。

由表 4-10 可以看出，中国财产险市场上经营能力排名前 3 位的保险公司依次是人保财险、平安财险和中华联合。在百分制基准下，它们的得分分别为 100 分、94 分和 93.1 分。

在参评的 73 家财产险公司中，经营能力得分最高的是人保财险（100 分），得分最低的是东海航运（40 分），平均得分为 69.1 分，得分高于平均分的保险公司有 38 家，占比约为 52.1%。得分在 90 分以上的财产险公司有 3 家，得分在 80~90 分的财产险公司有 14 家，得分在 70~80 分的财产险公司有 20 家，得分在 60~70 分的财产险公司有 16 家，得分在 60 分以下的财产险公司有 20 家。

图 4-4 显示了经营能力排名前 10 位的财产险公司，它们依次是人保财险、平安财险、中华联合、太保财险、永安财险、阳光农险、利宝互助、国寿财险、前海联合、中航安盟。

表4-10　　　　　　　　财产险公司经营能力的排名及得分

公司	排名	得分	公司	排名	得分
人保财险	1	100.0	长安责任	38	69.7
平安财险	2	94.0	安盛天平	39	68.6
中华联合	3	93.1	中原农险	40	68.2
太保财险	4	89.3	爱和谊	41	66.7
永安财险	5	87.3	中远海自保	42	66.2
阳光农险	6	86.0	安华农险	43	64.6
利宝互助	7	85.8	安联财险	44	64.0
国寿财险	8	85.1	恒邦财险	45	63.9
前海联合	9	84.9	三井住友	46	63.6
中航安盟	10	84.8	三星财险	47	63.5
阳光财险	11	82.4	鑫安汽车	48	63.2
锦泰财险	12	82.1	东京海上	49	62.8
北部湾财险	13	82.0	渤海财险	50	62.8
美亚保险	14	81.7	太平科技	51	61.9
中银财险	15	81.4	泰山财险	52	61.8
太平财险	16	80.6	中煤财险	53	61.2
国任财险	17	80.2	泰康在线	54	59.6
国泰财险	18	79.9	诚泰财险	55	58.8
大地财险	19	79.9	苏黎世保险	56	58.5
鼎和财险	20	79.1	中意财险	57	58.4
中石油专属保险	21	78.3	融盛财险	58	57.6
安信农险	22	77.2	日本财险	59	57.4
中路财险	23	76.1	合众财险	60	56.9
安诚财险	24	75.7	铁路自保	61	55.8
众安财险	25	75.6	华农财险	62	54.5
永诚财险	26	74.4	燕赵财险	63	54.3
都邦财险	27	74.3	黄河财险	64	53.5
浙商财险	28	74.3	粤电自保	65	53.4
国元农险	29	74.0	众惠相互	66	53.0
亚太财险	30	72.9	安达保险	67	51.2
富德财险	31	72.8	众诚财险	68	50.4
英大财险	32	72.7	瑞再企商	69	49.4
华安财险	33	72.5	富邦财险	70	46.7
紫金财险	34	71.6	现代财险	71	46.6
华泰财险	35	70.4	史带财产	72	44.0
珠峰财险	36	70.2	东海航运	73	40.0
华海财险	37	70.1			

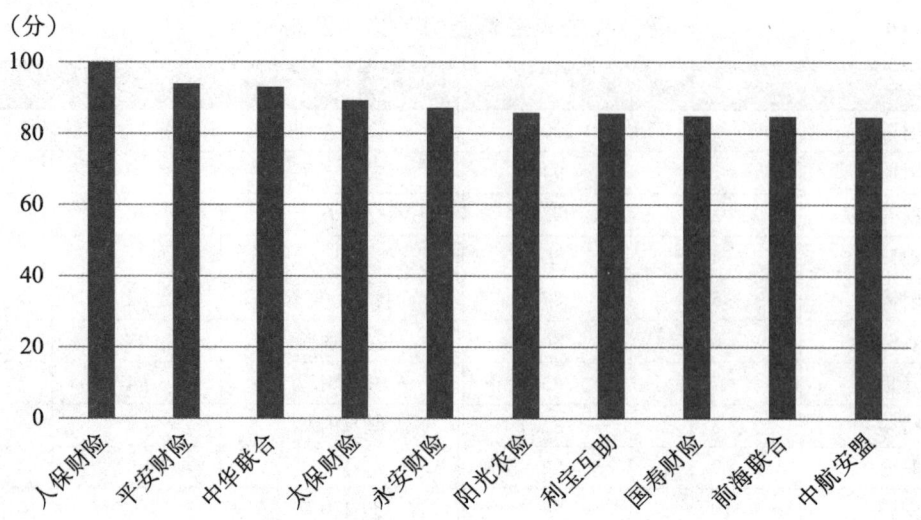

图 4-4 经营能力排名前 10 位的财产险公司的得分比较

由图 4-4 可以看出，排名前 10 位的财产险公司得分差距不大，得分缓慢下降。其中，外资财产险公司有 2 家（利宝互助和中航安盟）。总体来看，中资财产险公司的经营能力略高于外资财产险公司。

（一）经营能力排名前 10 位的财产险公司的二级指标得分及排名

表 4-11 列出了经营能力各项二级指标排名前 10 位的财产险公司及其得分，反映了财产险公司经营能力的整体情况。其中，各项逆向指标都已做过逆向化处理，即得分越高表明经营能力越强。

人保财险的经营能力列第 1 名，主要由于该公司报告期营业收入指标表现优异（第 1 名，100 分）。值得注意的是，人保财险在 6 项经营能力二级指标的排名中处于中下游水平，分别是综合赔付率（第 51 名，71.6 分）、综合成本率的变化率（第 47 名，63.6 分）、险种集中度系数（第 47 名，62.3 分）、营业收入增长率（第 57 名，56.3 分）、车险保费占比（第 52 名，56.6 分）、再保险亏损率（第 38 名，69.4 分）。另外，人保财险有 5 项经营能力二级指标的得分排名处于第 11~第 35 名。整体而言，人保财险的经营能力发展较为均衡，在个别指标表现十分优秀。

平安财险的经营能力居第 2 名，主要是由于其报告期营业收入指标（第 1 名，100 分）表现优秀，这凸显了平安财险在经营能力方面的优势。另外，平安财险在 5 项经营能力二级指标上的排名处于中下游水平，但各项指标排名都在前 60 名之内。其他 7 项经营能力二级指标位于中上游水平。和人保财险类似，平安财险的经营能力排名领先是因为其各项二级指标的表现较为均衡，并且在个别指标上的表现

表 4-11 经营能力排名前 10 位的财产险公司的二级指标得分情况

公司名称	净资产周转率		总资产周转率		综合赔付率		综合费用率		综合成本率的变化率		险种集中度系数		报告期营业收入		营业收入增长率		净利润赔付支出覆盖率		车险保费占比		保费收入费用增长比		应收保费率		再保险亏损率	
	排名	得分	排名	得分	排名	得分	排名	得分	排名	得分	排名	得分	排名	得分	排名	得分	排名	得分	排名	得分	排名	得分	排名	得分	排名	得分
人保财险	25	80.5	19	84.3	51	71.6	12	77.4	47	63.6	47	62.3	1	100.0	57	56.3	21	69.5	52	56.6	32	78.1	12	93.1	38	69.4
平安财险	16	86.1	24	81.4	36	75.8	22	75.4	56	60.3	52	59.5	1	100.0	40	63.8	18	70.8	57	54.2	30	78.4	13	93.0	27	74.2
中华联合	9	90.7	9	90.1	57	68.3	14	76.6	14	73.6	22	85.4	5	71.8	31	68.8	41	65.6	41	64.9	24	80.9	17	91.3	37	70.1
太保财险	11	89.2	12	88.1	40	74.9	19	75.6	43	64.1	55	57.4	3	98.2	28	72.1	22	68.7	54	56.6	34	76.9	6	96.7	43	67.9
永安财险	27	78.0	13	88.1	48	73.4	24	75.1	31	67.2	41	68.9	11	46.4	67	45.8	29	67.3	63	51.1	5	92.6	65	59.5	11	81.6
阳光农险	42	62.6	8	90.5	68	55.7	4	82.2	7	91.0	32	76.6	25	42.3	23	75.9	37	66.1	23	96.4	22	81.6	44	80.1	8	85.0
利宝互助	2	98.2	2	99.7	26	79.8	34	72.8	22	70.9	44	63.3	36	41.4	43	63.5	35	66.3	44	62.3	37	75.5	15	92.6	3	97.3
国寿财险	10	90.5	7	90.8	44	74.4	27	74.0	51	62.0	57	55.7	4	86.7	27	73.6	31	66.9	56	54.4	36	76.4	4	98.2	41	68.6
前海联合	3	98.0	3	98.1	6	88.9	37	72.5	19	72.7	12	91.1	40	41.2	65	49.6	60	60.4	30	80.5	53	64.2	71	49.1	6	90.1
中航安盟	35	71.6	23	81.7	63	61.7	15	76.3	59	59.2	24	83.1	39	41.4	39	64.9	62	59.1	26	84.5	3	95.5	22	89.0	30	71.4

十分亮眼。

中华联合的经营能力列第3名,在净资产周转率(第9名,90.7分)、总资产周转率(第9名,90.1分)、报告期营业收入(第5名,71.8分)3项指标上的排名靠前。

由表4-11可以发现,这10家财产险公司在净资产周转率、综合费用率和应收分保率3项指标上的得分差异并不大。这表明没有哪家财产险公司在这3项指标上取得了绝对优势。然而,这10家公司在再保险亏损率指标上的得分多位于中下游水平。可见,利宝互助的再保险业务表现优异,值得学习借鉴。

净资产周转率和总资产周转率是考察企业资产运营效率的重要指标,能够反映企业对其全部资产的管理质量和利用效率。总体来看,在经营能力综合竞争力排名前10位的财产险公司中,除阳光农险(净资产收益率,第42名,62.6分)、中航安盟(净资产收益率,第35名,71.6分)外,其余8家公司在净资产周转率和总资产周转率2项二级指标上的表现均处于上游水平,分别有3家公司和5家公司进入这两项指标的前10位,在一定程度上说明这些公司具备较强的资产经营能力。相对来说,阳光农险和中航安盟在净资产收益率指标上处于中等水平。

值得注意的是,利宝互助和前海联合2家保险公司在净资产周转率和总资产周转率2项指标上的得分均列前3位。这说明这两家公司在资产运营方面具有一定的优势。

此外,这些经营能力排名前10位的财产险公司在报告期营业收入、应收分保率指标上也都表现较为良好,除个别公司外,几乎都属于73家公司的中上游水平,部分公司经营能力二级指标的排名进入前10位,说明这10家公司在业务收入和分保方面的表现都较为不错,从而取得了经营能力总体评价的高分。

但也应该看到,在这10家公司中有超过半数的公司在综合赔付率、综合成本率的变化率、险种集中度系数、营业收入变化率、净利润赔付支出覆盖率、车险保费占比和再保险亏损率7项二级指标上的得分及排名处于中下游水平。以上指标的表现从一定程度上说明这些公司的经营能力在某些方面(例如,成本控制、产品结构、再保安排等)仍然存在短板。各家财产险公司可以有针对性地加以改进,以进一步提高自身的综合经营能力。

(二)经营能力各项二级指标排名前10位的财产险公司情况

表4-12中列明了经营能力各项二级指标排名前10位的财产险公司及其得分,反映了财产险公司经营能力的整体状况。

第四章 中国财产保险公司竞争力评价分析

表4-12 经营能力各项二级指标排名前10位的财产险公司的得分情况

二级指标\排名	净资产周转率 公司名称(得分)	总资产周转率 公司名称(得分)	综合赔付率 公司名称(得分)	综合费用率 公司名称(得分)	综合成本率的变化率 公司名称(得分)	险种集中度系数 公司名称(得分)	报告期营业收入 公司名称(得分)	营业收入增长率 公司名称(得分)	净利润赔付支出率 公司名称(得分)	车险保费占比 公司名称(得分)	保费收入费用增长比 公司名称(得分)	应收分保率 公司名称(得分)	再保险亏损率 公司名称(得分)
1	长安责任(100.0)	国泰财险(100.0)	众惠相互(100.0)	中远海自保(100.0)	中远海自保(100.0)	安信农险(100.0)	人保财险(100.0)	泰康在线(100.0)	粤电自保(100.0)	粤电自保(100.0)	美亚保险(100.0)	渤海财险(100.0)	众惠相互(100.0)
2	利宝互助(98.2)	利宝互助(99.7)	美亚保险(95.6)	黄河财险(100.0)	黄河财险(100.0)	中银财险(95.7)	平安财险(100.0)	安联财险(99.5)	中远海自保(100.0)	中远海自保(100.0)	粤电自保(97.4)	诚泰财险(100.0)	太平科技(99.0)
3	前海联合(98.0)	前海联合(98.1)	史带财产(94.4)	融盛财险(99.8)	融盛财险(99.8)	永诚财险(93.9)	太保财险(98.2)	黄河财险(99.0)	美亚保险(99.9)	美亚保险(100.0)	中航安盟(95.5)	太平财险(98.4)	利宝互助(97.3)
4	浙商财险(97.9)	国元农险(93.7)	铁路自保(93.7)	阳光农险(82.2)	珠峰财险(99.5)	黄河财险(93.9)	国寿财险(86.7)	燕赵财险(96.0)	铁路自保(98.6)	铁路自保(100.0)	国任财险(94.7)	国寿财险(98.2)	爱和谊(92.6)
5	都邦财险(94.1)	都邦财险(93.2)	安达保险(92.8)	安信农险(81.0)	美亚保险(97.5)	东京海上(93.2)	中华联合(71.8)	融盛财险(92.9)	中石油专属保险(97.2)	中石油专属保险(100.0)	永安财险(92.6)	众诚财险(97.3)	现代财险(90.4)
6	渤海财险(94.0)	亚太财险(91.5)	前海联合(88.9)	中石油专属保险(80.3)	富德财险(94.2)	三井住友(93.0)	大地财险(69.2)	粤电自保(92.5)	现代财险(94.8)	现代财险(100.0)	诚泰财险(90.0)	太保财险(96.7)	前海联合(90.1)
7	国泰财险(93.5)	国寿财险(90.8)	泰康在线(88.5)	鑫安汽车(79.3)	阳光农险(91.0)	中路财险(92.8)	阳光财险(63.0)	国任财险(92.4)	日本财险(87.0)	日本财险(100.0)	中路财险(89.3)	粤电自保(96.5)	三井住友(90.0)
8	太平财险(93.0)	阳光农险(90.5)	中煤财险(88.4)	安华农险(78.4)	渤海财险(89.6)	众安财险(92.4)	太平财险(57.6)	中石油专属保险(91.8)	鼎和财险(84.3)	苏黎世保险(100.0)	富德财险(89.2)	中远海自保(96.3)	阳光农险(90.0)
9	中华联合(90.7)	中华联合(90.1)	华泰财险(87.9)	三星财险(78.4)	中路财险(89.2)	安联财险(92.3)	众安财险(50.2)	国泰财险(89.7)	鑫安汽车(82.7)	史带财产(100.0)	合众财险(88.7)	美亚保险(95.5)	三星财险(83.8)
10	国寿财险(90.5)	华安财险(90.1)	爱和谊(83.6)	鼎和财险(77.8)	燕赵财险(84.9)	铁路自保(91.5)	华安财险(49.2)	富德财险(89.2)	三星财险(78.8)	东京海上(100.0)	长安责任(87.7)	华泰财险(95.1)	安达保险(83.3)

车险保费占比指标得分并列第 1 的财产险公司共有 17 家,除了表 4-12 中列出的 10 家公司外,另外 7 家财产险公司分别是东海航运、众惠相互、太平科技、瑞再企商、安达保险、三井住友、安联财险。

由表 4-12 可以看出,报告期营业收入指标排名前 10 位的财产险公司分差十分明显。第 1 名(人保财险,100 分)比第 10 名(华安财险,49.2 分)得分高出 51.8 分,反映了财产险公司在营业收入方面的巨大差异。在经营能力的其他二级指标中,第 1 名和第 10 名的分差均在 30 分以内,比较合理,能够较好地反映各家财产险公司的经营水平。

在净资产周转率和总资产周转率方面,净资产周转率排名前 10 位的财产险公司中有 2 家外资公司(利宝互助和国泰财险),总资产周转率排名前 10 位的财产险公司中,有 2 家外资公司(利宝互助和国泰财险)。可见,在流动性安排上,中资财产险公司相比外资财产险公司略有优势。

险种集中度系数反映了保险公司保费收入来源的集中程度,也反映了公司的产品开发能力和业务拓展水平。从险种集中度系数指标来看,排名前 10 位的财产险公司中有 3 家外资公司,2019 年入围公司仅为 8 家,表明部分中资财产险公司在产品多样化上有了较大的进步。再保险亏损率指标得分越高,表明再保险的安排越合理。再保险亏损率指标排名前 10 位的财产险公司中有 3 家外资公司,相较于 2019 年的 8 家入围公司数量明显减少,表明中资财产险公司在再保险安排上与外资保险公司的差距在缩小。可见,外资财产险公司在险种集中度系数、再保险亏损率指标上的明显优势在减弱。

中资财产险公司在报告期营业收入、营业收入增长率、保费收入费用增长比和应收分保率 4 项上指标的表现明显优于外资财产险公司。报告期营业收入指标的前 10 位均为中资财产险公司。另外 3 项经营能力二级指标的前 10 位中,中资财产险公司分别占了 8 家、7 家和 9 家。可见,中资财产险公司在保费收入、分保安排等方面具有绝对优势。

在其他经营能力二级指标中,进入前 10 位的外资财产险公司数量如下:净资产周转率进入前 10 位的外资财产险公司数量有 2 家;总资产周转率进入前 10 位的外资财产险公司数量有 2 家;综合赔付率进入前 10 位的外资财产险公司数量有 5 家;综合费用率进入前 10 位的外资财产险公司数量有 2 家;综合成本率的变化率进入前 10 位的外资财产险公司数量有 2 家;净利润赔付支出覆盖率进入前 10 位的外资财产险公司数量有 4 家。

在收集的数据中,中资财产险公司和外资财产险公司分别有 54 家和 19 家,比例约为3:1。总体来看,外资财产险公司在产品结构、赔付管控和再保险的安排等方面表现相对较好,但中资财产险公司与其差距正在缩小;中资财产险公司在营业收入、资产管理效率和费用管理等方面更有优势。

(三) 经营能力结构的模糊聚类分析

本部分试图根据财产险公司二级指标的得分,运用模糊聚类方法分析各家财产险公司的相似程度,为比较各家财产险公司的经营能力提供一种新的方法和视角(见表4-13)。

表4-13   经营能力排名前10位的财产险公司的模糊聚类等价矩阵

	人保财险	平安财险	中华联合	太保财险	永安财险	阳光农险	利宝互助	国寿财险	前海联合	中航安盟
人保财险	1.00	0.78	0.65	0.77	0.44	0.68	0.55	0.77	0.52	0.50
平安财险	0.78	1.00	0.65	0.77	0.44	0.68	0.55	0.77	0.52	0.50
中华联合	0.65	0.65	1.00	0.65	0.44	0.65	0.55	0.65	0.52	0.50
太保财险	0.77	0.77	0.65	1.00	0.44	0.68	0.55	0.85	0.52	0.50
永安财险	0.44	0.44	0.44	0.44	1.00	0.44	0.44	0.44	0.44	0.44
阳光农险	0.68	0.68	0.65	0.68	0.44	1.00	0.55	0.68	0.52	0.50
利宝互助	0.55	0.55	0.55	0.55	0.44	0.55	1.00	0.55	0.52	0.50
国寿财险	0.77	0.77	0.65	0.85	0.44	0.68	0.55	1.00	0.52	0.50
前海联合	0.52	0.52	0.52	0.52	0.44	0.52	0.52	0.52	1.00	0.50
中航安盟	0.50	0.50	0.50	0.50	0.44	0.50	0.50	0.50	0.50	1.00

由表4-13可以看出,处于主对角线上的值均为1。显然,各家财产险公司和自己的相似与贴近程度为100%。经营能力排名前10位的财产险公司之间的相似度介于0.44~0.85,表明各家财产险公司在经营能力方面的相似度既没有特别高,也没有特别低。在经营策略上,每家财产险公司都在一定程度上具有自己的独特性。

人保财险的经营能力综合竞争力列第1名,与平安财险的相似度为0.78,与太保财险、国寿财险的相似度为0.77。

平安财险、人保财险、太保财险、国寿财险4家公司之间的相似度介于0.77~0.85,处于矩阵中的第一梯队。说明在经营能力、经营模式方面,这几家公司之间具有较高的相似性。经营能力最强的几家财产险公司在其经营策略等方面相似性较高,值得其他财产险公司分析借鉴。

经营能力排名前10位的2家外资财产险公司（利宝互助和中航安盟）的相似度为0.5。中航安盟与大部分排名前10位的财产险公司之间的相似度为0.5，利宝互助与其他8家经营能力排名前10位的财产险公司之间的相似度多处于0.5以上。说明这两家外资保险公司之间的相似度并不高。整体来看，中国的财产保险行业还没有形成一个比较占主流地位的经营管理模式。

四、2020年财产险公司风险管理能力的排名分析

风险管理能力共包含11项二级指标。本报告经过数据预处理后得到一个73×11的数据矩阵。运用主成分分析法，本部分共选取6个主成分，其累计解释率为91%。其中的每个主成分都是这11项二级指标的线性组合。将主成分分析得分按照最低分为40分、最高分为100分进行标准化，得到各家财产险公司风险管理能力的百分制得分。

由表4-14可以看出，中国财产险市场上风险管理能力排名前3位的保险公司依次是中石油专属保险、中远海自保和现代财险。在百分制基准下，它们的得分分别为100分、99.2分和97.2分。

表4-14　　　　　　　财产险公司风险管理能力的排名及得分

公司	排名	得分	公司	排名	得分
中石油专属保险	1	100.0	鼎和财险	16	74.1
中远海自保	2	99.2	合众财险	17	73.2
现代财险	3	97.2	美亚保险	18	72.7
瑞再企商	4	95.9	三星财险	19	72.3
铁路自保	5	94.0	泰山财险	20	72.1
众诚财险	6	92.3	安诚财险	21	72.0
恒邦财险	7	90.9	燕赵财险	22	71.5
融盛财险	8	87.6	日本财险	23	71.5
东海航运	9	84.4	安信农险	24	71.3
鑫安汽车	10	84.3	英大财险	25	71.2
诚泰财险	11	82.7	华泰财险	26	71.0
粤电自保	12	82.4	众安财险	27	70.5
黄河财险	13	80.7	富德财险	28	70.5
太平科技	14	76.2	国任财险	29	69.9
阳光农险	15	75.4	中原农险	30	69.8

续表

公司	排名	得分	公司	排名	得分
三井住友	31	69.7	永安财险	53	56.7
史带财产	32	69.4	大地财险	54	56.5
中银财险	33	68.4	珠峰财险	55	56.2
众惠相互	34	68.3	利宝互助	56	56.0
紫金财险	35	67.9	锦泰财险	57	55.5
中意财险	36	67.8	国寿财险	58	55.1
华农财险	37	66.5	安华农险	59	53.7
华安财险	38	65.5	安联财险	60	53.4
苏黎世保险	39	65.0	太保财险	61	53.4
安达保险	40	64.3	北部湾财险	62	52.9
亚太财险	41	64.2	富邦财险	63	52.1
爱和谊	42	63.1	华海财险	64	51.0
安盛天平	43	62.5	都邦财险	65	51.0
东京海上	44	62.5	浙商财险	66	50.0
国元农险	45	61.6	长安责任	67	48.3
中航安盟	46	61.6	阳光财险	68	47.6
国泰财险	47	61.3	永诚财险	69	47.1
人保财险	48	60.6	平安财险	70	46.3
太平财险	49	60.4	前海联合	71	45.9
中路财险	50	58.1	泰康在线	72	44.2
中煤财险	51	57.6	渤海财险	73	40.0
中华联合	52	56.9			

在参评的73家财产险公司中，风险管理能力得分最高的是中石油专属保险（100分），得分最低的是渤海财险（40分），平均得分为66.8分，得分高于平均分的保险公司有36家，占比约为49.3%。得分在90分以上的财产险公司有7家，得分在80~90分的财产险公司有6家，得分在70~80分的财产险公司有15家，得分在60~70分的财产险公司有21家，得分在60分以下的财产险公司有24家。

图4-5显示了风险管理能力排名前10位的财产险公司，它们依次是中石油专属保险、中远海自保、现代财险、瑞再企商、铁路自保、众诚保险、恒邦财险、融盛财险、东海航运、鑫安汽车。

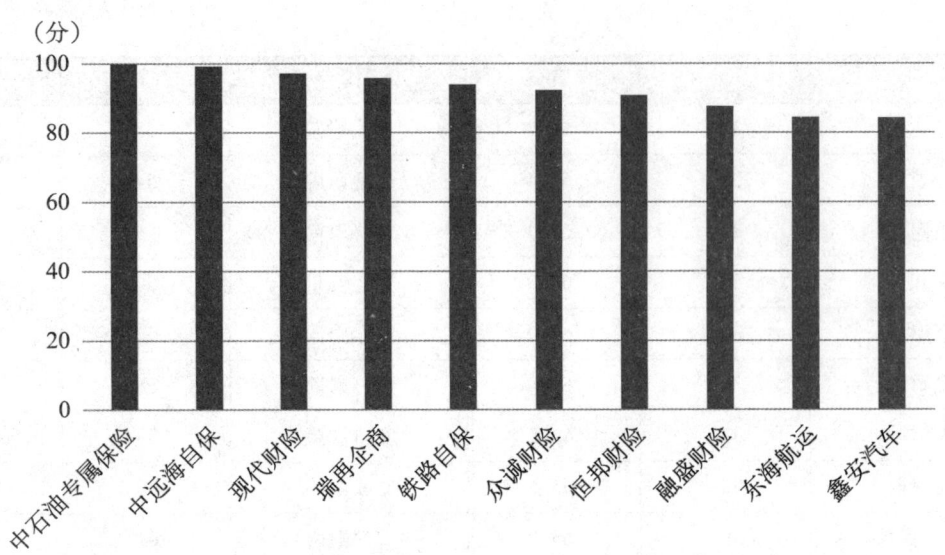

图4-5 风险管理能力排名前10位的财产险公司的得分比较

由图4-5可以看到,风险管理能力排名前10位的财产险公司的得分总体呈现均匀下降的趋势。第1名与第10名的得分相差15.7分。

(一)风险管理能力排名前10位的财产险公司的二级指标得分与排名情况

表4-15列明了风险管理能力各项二级指标排名前10位的财产保险公司及其得分。

2018年,在风险管理能力排名前10位的财产险公司中有6家外资公司、4家中资公司。2019年,在风险管理能力排名前10位的财产险公司中有5家外资公司、5家中资公司。2020年,在风险管理能力排名前10位的财产险公司中有2家外资公司、8家中资公司。可见,中资财产险公司的风险管理意识和能力较2018年和2019年有所上升。

中石油专属保险的风险管理能力列第1名,主要得益于其在未决赔款准备金充足率(第4名,99.7分)、自留保费占净资产的比率(第5名,92分)、保险负债占总资产的比率(第3名,99.3分)等指标上的优异表现。除上述3项风险管理能力二级指标外,中石油专属保险还有6项风险管理能力二级指标排名进入了前20位,分别是偿付能力充足率、流动性比率、自留比率、应收保费率、收现比和负债权益比率。因此,尽管其在付现比(第61名,67.5分)、现金盈余保障倍数(第42名,70.1分)等指标上表现不佳,其总体风险管理能力仍能取得第1名。

中远海自保的风险管理能力列第2名。在风险管理能力的11项二级指标中,中远海自保有6项排名进入了前10位,分别是流动性比率(第1名,100分)、自

第四章 中国财产保险公司竞争力评价分析

表4-15 风险管理能力排名前10位的财产险公司的二级指标得分情况

公司名称	偿付能力充足率		流动性比率		自留比率		未决赔款准备金充足率		自留保费占净资产的比率		应收保费率		保险负债占总资产的比率		收现比		付现比		现金盈余保障倍数		负债权益比率	
	排名	得分	排名	得分	排名	得分	排名	得分	排名	得分	排名	得分	排名	得分	排名	得分	排名	得分	排名	得分	排名	得分
中石油专属保险	19	65.3	10	91.1	14	82.5	4	99.7	5	92.0	12	96.4	3	99.3	17	59.7	61	67.5	42	70.1	15	83.7
中远海自保	17	68.2	1	100.0	1	100.0	1	100.0	3	92.8	42	82.2	13	92.7	4	98.4	73	40.0	41	70.2	9	87.9
现代财险	7	96.0	5	96.5	9	95.6	7	96.0	4	92.2	41	83.4	6	97.9	9	80.7	62	63.1	67	57.2	3	89.7
瑞再企商	24	62.7	12	88.4	3	99.9	3	99.7	6	91.9	34	86.4	21	80.7	8	82.8	64	58.5	1	100.0	52	63.3
铁路自保	6	98.2	3	99.4	23	67.2	9	87.2	8	91.5	67	42.8	8	95.3	13	70.4	65	58.0	29	70.9	13	86.4
众诚财险	12	83.9	2	99.6	40	51.3	64	43.7	19	85.5	9	97.7	12	93.1	7	93.0	67	48.2	24	71.2	10	87.3
佰邦财险	8	89.8	45	61.6	53	43.7	41	47.1	18	87.0	1	100.0	9	95.3	62	43.3	14	96.8	1	100.0	6	88.6
融盛财险	1	100.0	54	57.0	42	49.4	29	51.4	11	90.9	49	74.3	2	99.6	15	67.0	56	80.9	56	68.4	4	89.5
东海航运	14	75.2	14	85.1	11	93.1	19	59.1	9	90.9	60	51.1	20	83.0	1	100.0	72	40.1	46	69.5	18	83.0
鑫安汽车	30	59.5	11	89.8	17	76.5	25	52.9	16	87.9	25	90.9	45	59.5	5	94.7	70	41.9	35	70.6	27	78.5

留比率（第 1 名，100 分）、未决赔款准备金充足率（第 1 名，100 分）、自留保费占净资产的比率（第 3 名，92.8 分）、收现比（第 4 名，98.4 分）和负债权益比率（第 9 名，87.9 分）。中远海自保在风险管理能力各项二级指标上的两极化较为严重。其中，付现比得分仅为 40 分，列第 73 名。

总体来看，风险管理能力排名前 10 位的财产险公司在自留保费占净资产的比率指标上表现较好，均排在前 20 位。偿付能力充足率和负债权益比率 2 项指标也表现较好。除个别公司外，排名前 10 位的财产险公司在这两项指标上的得分普遍高于平均分。而在付现比、现金盈余保障倍数 2 项指标上，这 10 家公司的表现普遍较差，得分大都低于平均分，尤其是付现比指标，仅恒邦财险 1 家公司排名进入前 50 位。可见，各家财产险公司的风险管理能力仍需加强。

（二）风险管理能力各项二级指标排名前 10 位的财产公司及其得分

表 4 - 16 列明了风险管理能力各项二级指标排名前 10 位的财产险公司及其得分，反映出目前中国财产险公司风险管理能力的整体状况。

由表 4 - 16 可以看出，自留比率、应收保费率和付现比这 3 项指标排名前 10 位的得分普遍较高，分差很小，第 10 名的得分均在 94 分以上。相比之下，未决赔款准备金充足率、收现比和现金盈余保障倍数 3 项指标排名前 10 位的得分差距较明显，第 10 名的得分介于 75～83 分。其中，现金盈余保障倍数指标排名第 10 位的锦泰财险得分仅为 75.5 分。

在偿付能力充足率指标得分排名前 10 位的财产险公司中，只有 1 家外资公司。2017 年，该指标排名前 10 位全部为中资保险公司。2018 年和 2019 年，该指标排名前 10 位中仅 1 家外资保险公司。这说明中资保险公司在偿付能力方面一直优于外资保险公司。

流动性比率反映了公司偿还短期债务的能力。流动性比率指标列第 1 名的是中远海自保，并且排名前 10 名中有 8 家中资保险公司，表明中资保险公司在短期偿债能力方面表现略优于外资保险公司。

自留比率是自留保费和保险业务收入的比例，反映了公司的风险管理意识，是一个逆向指标。在该指标排名前 10 位的财产险公司中有 7 家外资公司。考虑到在参评的 73 家公司中中资公司和外资公司的比例为 54:19，得出目前外资财产险公司在保费自留与分出处理方面的风险管理能力明显强于中资财产险公司的结论。

未决赔款准备金充足率是考察公司风险管理能力的一个重要指标。在该指标排名前 10 位的财产险公司中有 6 家外资公司，表明外资财产险公司在未决赔款准备

表 4-16　风险管理能力各项二级指标排名前 10 位的财产险公司及其得分

二级指标\排名	偿付能力充足率 公司名称（得分）	流动性比率 公司名称（得分）	自留比率 公司名称（得分）	未决赔款准备金充足率 公司名称（得分）	自留保费占资产的比率 公司名称（得分）	应收保费率 公司名称（得分）	保险负债占总资产的比率 公司名称（得分）	收现比 公司名称（得分）	付现比 公司名称（得分）	现金盈余保障倍数 公司名称（得分）	负债权益比率 公司名称（得分）
1	粤电自保（100.0）	中远海自保（100.0）	粤电自保（100.0）	粤电自保（100.0）	众惠相互（100.0）	恒邦财险（100.0）	诚泰财险（100.0）	东海航运（100.0）	爱和谊（100.0）	瑞再企商（100.0）	众惠相互（100.0）
2	太平科技（100.0）	众诚财险（99.6）	中远海自保（100.0）	中远海自保（100.0）	粤电自保（93.0）	爱和谊（99.6）	融盛财险（99.6）	华安财险（99.3）	东京海上（98.6）	恒邦财险（100.0）	诚泰财险（90.6）
3	融盛财险（100.0）	铁路自保（99.4）	瑞再企商（99.9）	瑞再企商（99.7）	中远自保（92.8）	合众财险（99.2）	中石油专属保险（99.3）	华农财险（98.7）	永安财险（97.7）	太平财险（100.0）	现代财险（89.7）
4	黄河财险（99.0）	中原农险（99.3）	美亚保险（97.5）	中石油专属保险（99.7）	现代财险（92.0）	富邦财险（99.1）	太平科技（99.2）	中远海自保（98.4）	国寿财险（97.5）	华农财险（85.6）	融盛财险（89.5）
5	诚泰财险（98.5）	现代财险（96.5）	史带财产（97.4）	苏黎世保险（99.3）	中石油专属保险（92.0）	都邦财险（99.0）	众安财险（98.1）	鑫安汽车（94.7）	太保财险（97.3）	华安财险（78.9）	太平科技（89.2）
6	铁路自保（98.2）	众安财险（96.4）	安华农险（97.3）	安达财险（98.3）	瑞再企商（91.9）	长安责任（98.9）	现代财险（97.9）	安信农险（94.1）	亚太财险（97.3）	众惠相互（78.2）	恒邦财险（88.6）
7	现代财险（96.0）	国任财险（95.3）	苏黎世保险（96.0）	现代财险（96.0）	黄河财险（91.6）	利宝互助（98.5）	阳光农险（95.7）	众诚财险（93.0）	国泰财险（97.3）	中原农险（76.3）	粤电自保（88.4）
8	恒邦财险（89.8）	阳光农险（93.4）	三星财险（95.9）	中意财险（91.3）	铁路自保（91.5）	华海财险（98.5）	铁路自保（95.3）	瑞再企商（82.8）	安盛天平（97.3）	中煤财险（76.3）	阳光财险（88.4）
9	紫金财险（87.2）	中航安盟（92.4）	现代财险（95.6）	铁路自保（87.2）	东海航运（90.9）	众诚财险（97.7）	恒邦财险（95.3）	现代财险（80.7）	人保财险（97.3）	爱和谊（75.8）	中远海自保（87.9）
10	众安财险（85.9）	中石油专属保险（91.1）	安达财险（94.9）	众惠相互（82.7）	诚泰财险（90.9）	浙商财险（97.1）	黄河财险（95.0）	泰山财险（80.3）	前海联合（97.2）	锦泰财险（75.5）	众诚财险（87.3）

金的度量上更为保守，安全性更高。

收现比可以反映企业当期收入的变现能力。在该指标排名前 10 位的财产险公司中有 8 家中资公司，表明中资财产险公司的现金流量支持程度更高。

在其他风险管理能力二级指标中，排名进入前 10 位的外资财产险公司数量如下：自留保费占净资产的比率进入前 10 位的外资财产险公司数量有 3 家；应收保费率进入前 10 位的外资财产险公司数量有 3 家；保险负债占总资产的比率进入前 10 位的外资财产险公司数量有 1 家；付现比进入前 10 位的外资财产险公司数量有 4 家；现金盈余保障倍数进入前 10 位的外资财产险公司数量有 3 家；负债权益比率进入前 10 位的外资财产险公司数量有 2 家。

（三）风险管理能力结构的模糊聚类分析

本部分试图根据财产险公司在风险管理能力二级指标上的得分，运用模糊聚类方法分析各家财产险公司的相似程度，为比较各家财产险公司的风险管理能力提供一种新的方法和视角（见表 4-17）。

表 4-17　风险管理能力排名前 10 位的财产险公司的模糊聚类等价矩阵

	中石油专属保险	中远海自保	现代财险	瑞再企商	铁路自保	众诚财险	恒邦财险	融盛财险	东海航运	鑫安汽车
中石油专属保险	1.00	0.73	0.73	0.65	0.73	0.68	0.58	0.58	0.68	0.55
中远海自保	0.73	1.00	0.76	0.65	0.73	0.68	0.58	0.58	0.68	0.55
现代财险	0.73	0.76	1.00	0.65	0.73	0.68	0.58	0.58	0.68	0.55
瑞再企商	0.65	0.65	0.65	1.00	0.65	0.65	0.58	0.58	0.65	0.55
铁路自保	0.73	0.73	0.73	0.65	1.00	0.68	0.58	0.58	0.68	0.55
众诚财险	0.68	0.68	0.68	0.65	0.68	1.00	0.58	0.58	0.68	0.55
恒邦财险	0.58	0.58	0.58	0.58	0.58	0.58	1.00	0.59	0.58	0.55
融盛财险	0.58	0.58	0.58	0.58	0.58	0.58	0.59	1.00	0.58	0.55
东海航运	0.68	0.68	0.68	0.65	0.68	0.68	0.58	0.58	1.00	0.55
鑫安汽车	0.55	0.55	0.55	0.55	0.55	0.55	0.55	0.55	0.55	1.00

由表 4-17 可以看出，处于主对角线上的值均为 1。显然，各家财产险公司和自己的相似与贴近程度为 100%。风险管理能力排名前 10 位的财产险公司之间的相似度介于 0.55~0.76，表明各家财产险公司在风险管理能力方面的相似度既不特别高，也不特别低。在风险控制方面，每家财产险公司都在不同程度上具有自己的独特性。

在以往年度风险管理能力排名靠前的财产险公司中,外资保险公司较多。但从2020年的情况来看,进入风险管理能力排名前10位的外资财产险公司仅有2家(现代财险和瑞再企商),其余8家均为中资保险公司。值得注意的是,中国共有4家自保公司,而其中的3家(中石油专属保险、中远海运自保和铁路自保)进入了风险管理能力排名前10位,并且它们之间的相似度为0.73,相似度最高。这说明中资自保公司的风险管理模式具有较高相似度,并且中资财产险公司在风险管理能力上有了较大的提升。

另外,恒邦财险、融盛财险、鑫安汽车与其他财产险公司的相似度均介于0.55~0.59,表明这3家公司与其他财产险公司在风险管理能力上的对标性相对较低。

风险管理能力排名前10位的财产险公司的相似度分布较为集中。这说明各家财产险公司尚未找到一个比较统一的、可行的方法对风险进行科学的管理,还处于各自的探索过程之中。或者说,各家财产险公司都是根据自己的背景特点、发展思路和技术优势确定自己的风险管理模式和战略,行业内还没有形成一个权威的模式和方法。

五、2020年财产险公司发展潜力的排名分析

发展潜力共包含11项二级指标。本部分经过数据预处理,得到了一个73×11的数据矩阵。运用主成分分析法,本部分共选取了7个主成分,其累计解释率为88.5%。其中的每个主成分都是这11项二级指标的线性组合。将主成分分析得分按照最低分为40分、最高分为100分进行标准化,得到各家财产险公司发展潜力的百分制得分(见表4-18)。

由表4-18可以看出,目前中国财产险市场上发展潜力排名前3位的依次是紫金财险、国任财险和永诚财险。在百分制基准下,它们的得分分别为100分、95.9分和92.4分。

在参评的73家财产险公司中,发展潜力得分最高的是紫金财险,得分最低的是众惠相互,平均得分为79.3分,得分高于平均分的财产险公司有36家,占比约为49.3%。得分在90分以上的财产险公司有7家,得分在80~90分的财产险公司有27家,得分在70~80分的财产险公司有31家,得分在60~70分的财产险公司有5家,得分在60分以下的财产险公司有3家。

图4-6显示了发展潜力排名前10位的财产险公司,它们依次是紫金财险、国任财险、永诚财险、英大财险、富德财险、国寿财险、中华联合、安联财险、太保财险、安诚财险。

表 4-18　　　　　　　　　财产险公司发展潜力的排名及得分

公司	排名	得分	公司	排名	得分
紫金财险	1	100.0	安信农险	38	79.2
国任财险	2	95.9	燕赵财险	39	79.2
永诚财险	3	92.4	中路财险	40	78.7
英大财险	4	91.0	苏黎世保险	41	78.6
富德财险	5	90.9	人保财险	42	78.5
国寿财险	6	90.3	泰山财险	43	78.5
中华联合	7	90.2	鼎和财险	44	77.7
安联财险	8	89.9	珠峰财险	45	77.6
太保财险	9	89.6	华泰财险	46	77.3
安诚财险	10	88.9	史带财产	47	77.2
都邦财险	11	88.2	三井住友	48	77.1
华安财险	12	88.0	爱和谊	49	77.0
大地财险	13	87.5	渤海财险	50	76.9
黄河财险	14	86.9	安盛天平	51	76.8
三星财险	15	86.3	亚太财险	52	76.8
中煤财险	16	85.8	中意财险	53	76.3
国泰财险	17	85.7	美亚保险	54	75.9
平安财险	18	85.0	东海航运	55	75.9
利宝互助	19	84.9	泰康在线	56	75.4
北部湾财险	20	84.6	东京海上	57	74.9
阳光财险	21	84.6	太平科技	58	74.9
诚泰财险	22	84.0	中银财险	59	74.3
现代财险	23	83.9	融盛财险	60	73.3
瑞再企商	24	83.6	国元农险	61	73.3
日本财险	25	83.5	恒邦财险	62	72.3
中石油专属保险	26	83.3	鑫安汽车	63	71.7
粤电自保	27	83.2	安华农险	64	71.2
中远海自保	28	82.7	阳光农险	65	70.6
长安责任	29	82.1	中航安盟	66	67.0
中原农险	30	82.0	华海财险	67	66.9
众安财险	31	81.5	永安财险	68	66.2
锦泰财险	32	80.5	安达保险	69	65.3
华农财险	33	80.3	前海联合	70	62.3
众诚财险	34	80.2	合众财险	71	59.9
太平财险	35	79.9	富邦财险	72	57.0
铁路自保	36	79.8	众惠相互	73	40.0
浙商财险	37	79.3			

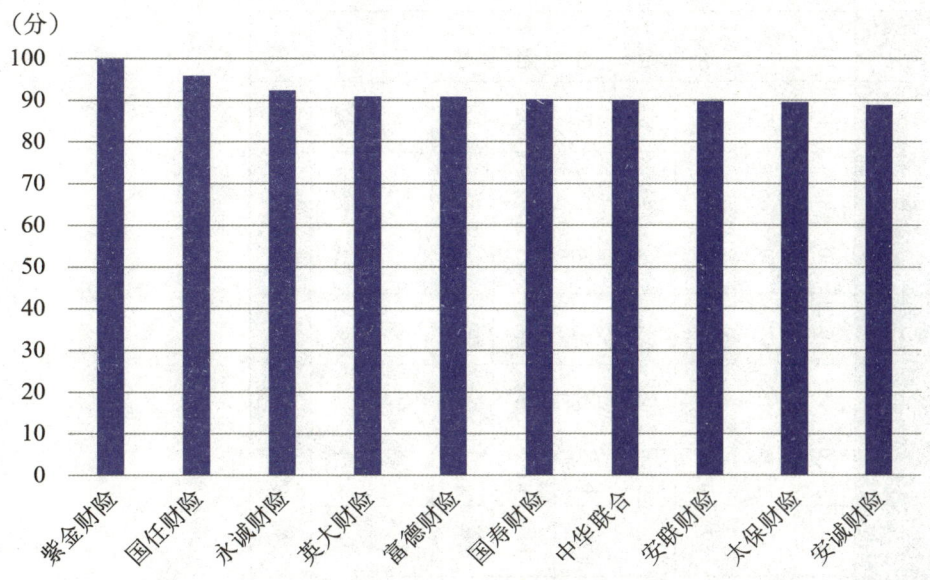

图 4-6 发展潜力排名前 10 位的财产险公司的得分比较

由图 4-6 可以看出，发展潜力排名前 10 位的得分呈现较为平缓的下降趋势，第 10 名的得分为 88.9 分。

（一）发展潜力排名前 10 位的财产险公司的二级指标排名及得分

表 4-19 列明了发展潜力各项二级指标排名前 10 位的财产险公司及其得分。

在发展潜力排名前 10 位的财产险公司中，外资公司有 1 家（安联财险，第 8 名）。考虑到在参评的 73 家财产险公司中中资公司和外资公司的比例为 54∶19，可以得出目前中资财产险公司的发展潜力略高于外资财产险公司的结论。

紫金财险的发展潜力列第 1 名，其在总资产增长率（第 1 名，100 分）、人均产能增长率（第 5 名，94.3 分）等指标上表现优秀。紫金财险在发展潜力的 11 项二级指标中，有 8 项指标进入了前 20 位。同时应当看到，紫金财险在承保潜力（第 63 名，90.6 分）指标上的表现不佳，但各家参评的财产险公司在该项指标上的差距非常小。因此，该项指标的表现对紫金财险发展潜力排名的影响不大。

国任财险的发展潜力列第 2 名。在发展潜力的 11 项二级指标中，国任财险的发展系数（第 7 名，92.5 分）、保险业务收入增长率（第 7 名，92.4 分）、净资产增长率（第 3 名，99.4 分）和单位最低资本利润增长率（第 9 名，71.8 分）排名进入了前 10 位。但其人均产能指标列第 72 名，表明承保能力发挥不够充分，人均产能的可挖掘潜力很大。

表 4-19　发展潜力排名前 10 位的财产险公司的二级指标得分情况

公司名称	发展系数		保险业务收入增长率		总资产增长率		净资产增长率		人均产能增长率		资本运营充分率		人均产能		承保潜力		分支机构数目		亿元保费投诉量		单位最低资本利润增长率	
	排名	得分	排名	得分	排名	得分	排名	得分	排名	得分	排名	得分	排名	得分	排名	得分	排名	得分	排名	得分	排名	得分
紫金财险	17	85.9	16	83.8	1	100.0	19	65.6	5	94.3	12	49.2	31	54.5	63	90.6	15	90.2	30	86.4	17	70.0
国任财险	7	92.5	7	92.4	9	83.2	3	99.4	72	43.0	43	43.4	72	40.8	32	96.5	18	87.1	59	66.8	9	71.8
永诚财险	27	77.8	25	73.8	36	64.0	41	61.1	11	88.1	14	49.0	33	54.2	59	92.6	7	97.8	29	86.6	41	64.8
英大财险	35	70.3	37	65.5	70	44.3	7	73.1	16	81.9	13	49.1	8	88.7	52	93.4	13	95.7	22	90.2	62	62.5
富德财险	10	90.8	10	89.3	58	50.8	64	51.0	8	89.4	49	42.6	30	54.6	28	97.3	28	61.1	26	88.6	20	68.9
国寿财险	26	78.0	26	73.8	15	79.0	16	67.8	34	60.8	7	54.3	57	47.5	68	87.5	2	99.5	15	92.7	58	62.7
中华联合	33	73.2	30	69.0	63	49.4	28	62.4	17	81.3	11	51.2	41	52.4	65	89.4	7	97.8	17	92.0	46	64.2
安联财险	2	98.4	2	99.5	12	80.5	38	61.2	70	46.1	23	46.7	16	70.5	43	94.8	44	48.1	58	67.3	4	92.9
太保财险	29	76.5	27	72.2	26	70.6	10	69.9	56	55.5	4	62.0	39	53.2	70	87.1	2	99.5	24	88.9	52	63.4
安诚财险	69	42.3	70	43.0	48	55.2	45	60.6	9	88.3	50	42.4	58	45.7	24	97.6	20	81.6	49	75.2	15	70.8

永诚财险的发展潜力列第 3 名。在发展潜力的 11 项指标中，永诚财险的分支机构数目（第 7 名，97.8 分）排名进入了前 10 位。但其在承保潜力指标中列第 59 名，处于下游水平。

总体来看，发展潜力排名前 10 位的财产险公司在发展系数、保险业务收入增长率、人均产能增长率指标上的表现基本良好，大多数公司处于中上游水平。然而，在承保能力指标上，这 10 家公司的排名均处于较后的位置，并且其中的 4 家公司排名处于倒数 10 名以内。

(二) 发展潜力各项二级指标排名前 10 位的财产险公司及其得分

表 4-20 列明了发展潜力各项二级指标排名前 10 位的财产险公司及其得分，反映了目前中国财产险公司发展潜力各项二级指标的整体表现和分布情况。

由表 4-20 可以看出，承保潜力、亿元保费投诉量、分支机构数目 3 项指标排名前 10 位的财产险公司得分较高并且差距极小，排名前 10 位的得分均在 97 分以上。值得注意的是，亿元保费投诉量指标得到满分的公司有 9 家。其中，4 家为外资保险公司。资本运营充分率指标排名第 1 名（众惠相互，100 分）与第 10 名（阳光农险，51.8 分）的分差超过了 40 分。其余几项指标排名前 10 位的公司得分大都呈现均匀下降的趋势。

在人均产能增长率指标排名前 10 位的财产险公司中，外资保险公司有 3 家。考虑到在参评的 73 家财产险公司中中资公司和外资公司的比例为 54:19，得出目前外资财产险公司在人均产能增长方面具有略微优势的结论。

在发展系数指标排名前 10 位的财产险公司中，中资公司占了 8 家。在保险业务收入增长率、总资产增长率、资本运营充分率指标排名前 10 位的财产险公司中，中资公司有 9 家。这说明中资公司在规模发展方面具有相对优势，体现出近年来中资财产险公司发展的强劲势头。

在其他发展潜力二级指标中，排名进入前 10 位的外资财产险公司数量如下：净资产增长率排名进入前 10 位的外资财产险公司数量有 3 家；单位最低资本的利润增长率排名进入前 10 位的外资财产险公司数量有 4 家；人均产能排名进入前 10 位的外资财产险公司数量有 3 家；承保潜力排名进入前 10 位的外资财产险公司数量有 2 家；亿元保费投诉量排名进入前 10 位的外资财产险公司数量有 5 家；分支机构数目排名进入前 10 位的外资财产险公司数量有 0 家。

表4-20 发展潜力各项二级指标排名前10位的财产险公司及其得分

二级指标 排名	发展系数 公司名称（得分）	保险业务收入增长率 公司名称（得分）	总资产增长率 公司名称（得分）	净资产增长率 公司名称（得分）	单位最低资本的利润增长率 公司名称（得分）	资本运营充分率 公司名称（得分）	人均产能 公司名称（得分）	人均产能增长率 公司名称（得分）	承保潜力 公司名称（得分）	亿元保费投诉量 公司名称（得分）	分支机构数目 公司名称（得分）
1	泰康在线（100.0）	泰康在线（100.0）	紫金财险（100.0）	现代财险（100.0）	中原农险（100.0）	众惠相互（100.0）	中石油专属保险（100.0）	三星财险（100.0）	粤电自保（100.0）	东京海上（100.0）	人保股份（100.0）
2	安联财险（98.4）	安联财险（99.5）	众安财险（99.4）	中煤财险（99.6）	北部湾财险（100.0）	平安财险（79.0）	爱和谊（99.9）	平安财险（96.9）	中远海自保（99.9）	中路财险（100.0）	阳光财险（99.5）
3	黄河财险（97.7）	黄河财险（99.0）	泰康在线（98.9）	国任财险（99.4）	国泰财险（99.1）	人保财险（78.4）	中远海自保（99.8）	阳光财险（96.3）	现代财险（99.8）	三井住友（100.0）	国寿财险（99.5）
4	铁路自保（96.9）	燕赵财险（96.0）	安华农险（98.9）	富邦财险（83.0）	安联财险（92.9）	太保财险（62.0）	国泰财险（94.0）	长安责任（95.3）	瑞再企商（99.8）	瑞再企商（100.0）	太保财险（99.5）
5	燕赵财险（94.9）	融盛财险（92.9）	瑞再企商（95.3）	利宝互助（80.7）	阳光农险（80.9）	安华农险（56.2）	众安财险（92.9）	紫金财险（94.3）	中石油专属保险（99.6）	爱和谊（100.0）	都邦财险（98.3）
6	现代财险（93.3）	粤电自保（92.5）	浙商财险（90.5）	日本财险（73.3）	众安财险（78.0）	阳光财险（54.4）	平安财险（92.2）	都邦财险（93.5）	黄河财险（99.6）	粤电自保（100.0）	华泰财险（98.3）
7	国任财险（92.5）	国任财险（92.4）	华农财险（86.3）	英大财险（73.1）	利宝互助（76.1）	国寿财险（54.3）	铁路自保（89.5）	众诚财险（90.5）	融盛财险（99.5）	中远海自保（100.0）	永诚财险（97.8）
8	融盛财险（92.3）	中石油专属保险（91.8）	北部湾财险（86.2）	融盛财险（72.2）	瑞再企商（75.0）	太平财险（54.2）	英大财险（88.7）	富德财险（89.4）	东海航运（99.4）	中石油专属保险（100.0）	中华联合（97.8）
9	粤电自保（92.3）	国泰财险（89.8）	国任财险（83.2）	浙商财险（70.9）	国任财险（71.8）	华安财险（53.5）	泰康在线（86.8）	安诚财险（88.3）	太平科技（99.4）	太平科技（100.0）	太平财险（97.8）
10	富德财险（90.8）	富德财险（89.3）	中煤财险（82.0）	太保财险（69.9）	中煤财险（71.7）	阳光农险（51.8）	众惠相互（86.4）	泰山财险（88.2）	铁路自保（99.3）	日本财险（99.0）	大地财险（97.2）

(三) 发展潜力结构的模糊聚类分析

本部分试图根据财产险公司发展潜力各项二级指标的得分，运用模糊聚类方法分析各家财产险公司的相似程度，为比较各家财产险公司的发展潜力提供一种新的方法和视角。

由表4-21可以看出，处于主对角线上的值均为1。显然，各家财产险公司和自己的相似与贴近程度为100%。发展潜力排名前10位的财产险公司之间的相似度介于0.52~0.69，表明各家财产险公司在发展潜力方面既存在相似性，也具有自己的独特性。

表4-21　　　发展潜力排名前10位的财产险公司的模糊聚类等价矩阵

	紫金财险	国任财险	永诚财险	英大财险	富德财险	国寿财险	中华联合	安联财险	太保财险	安诚财险
紫金财险	1.00	0.59	0.68	0.52	0.60	0.59	0.52	0.62	0.58	0.52
国任财险	0.59	1.00	0.59	0.52	0.59	0.69	0.52	0.59	0.58	0.52
永诚财险	0.68	0.59	1.00	0.52	0.60	0.59	0.52	0.62	0.58	0.52
英大财险	0.52	0.52	0.52	1.00	0.52	0.52	0.54	0.52	0.52	0.54
富德财险	0.60	0.59	0.60	0.52	1.00	0.59	0.52	0.60	0.58	0.52
国寿财险	0.59	0.69	0.59	0.52	0.59	1.00	0.52	0.59	0.58	0.52
中华联合	0.52	0.52	0.52	0.54	0.52	0.52	1.00	0.52	0.52	0.65
安联财险	0.62	0.59	0.62	0.52	0.60	0.59	0.52	1.00	0.58	0.52
太保财险	0.58	0.58	0.58	0.52	0.58	0.58	0.52	0.58	1.00	0.52
安诚财险	0.52	0.52	0.52	0.54	0.52	0.52	0.65	0.52	0.52	1.00

发展潜力列第1名的紫金财险与列第3名的永诚财险的相似度最高，但也仅为0.68，相似度仍然不高。这说明紫金财险与其余9家发展潜力排名前10位的财产险公司的相似度都不高。紫金财险较高的发展潜力与其独特的业务安排是分不开的，与其他财产险公司的对标性不高。

这10家财产险公司之间相似度最高的是国任财险和国寿财险，发展潜力相似度为0.69。相对于其他财产险公司来说，这两家公司在发展潜力方面表现比较突出，并且相互之间具有对标性和借鉴意义。

发展潜力列第8~第10名的3家公司（安联财险、太保财险和安诚财险）之间以及它们与其余发展潜力排名前10位的财产险公司之间的相似度介于0.52~0.65。显然相似度不高，并且得分差距不大。这也是一个值得深入探讨的地方。

2020年,在发展潜力排名前10位的财产险公司中有1家外资保险公司(安联财险),比2019年(2家入选前10位)减少1家公司。同时,中资财产险公司之间以及中资财产险公司与外资财产险公司之间在发展潜力指标上的相似度都不高。这些现象均有待进一步探讨和分析。

第四节 2020年财产险公司综合竞争力评价结果的稳健性检验

与人身险公司的稳健性检验类似,本部分主要采用2种方式对财产险公司进行稳健性分析:一是利用聚类分析将财产险公司分为2类,在排除一类财产险公司(公司数目较少的一类)后,对另一类财产险公司运用主成分分析法进行竞争力评价的计分和排名,并与这些公司在原来情况下的排名进行比较分析,从而得到财产险公司竞争力排名主成分的稳健性分析;二是利用聚类分析方法对评价指标进行分类,剔除指标较少的类别后,运用余下的指标对财产险公司竞争力进行主成分分析,并将得到的排名与原来的排名进行对比,从而完成稳健性分析。

一、剔除部分公司后财产险公司竞争力评价结果的稳健性检验

为了便于剔除公司和提高稳健性分析结果的有效性,首先运用聚类分析方法将参评的73家财产险公司划分为5类(见表4-22)。

表4-22　　　　　　　　　财产险公司在聚类分析下的分类

公司	聚类4	聚类3	聚类2	公司	聚类4	聚类3	聚类2
人保财险	1	1	1	众安财险	1	1	1
大地财险	1	1	1	恒邦财险	1	1	1
中华联合	1	1	1	合众财险	1	1	1
太保财险	1	1	1	燕赵财险	1	1	1
平安财险	1	1	1	华海财险	1	1	1
华泰财险	1	1	1	中原农险	1	1	1
华安财险	1	1	1	中路财险	1	1	1
永安财险	1	1	1	铁路自保	2	1	1
太平财险	1	1	1	泰康在线	1	1	1
亚太财险	1	1	1	东海航运	3	2	1
中银财险	1	1	1	前海联合	1	1	1

续表

公司	聚类4	聚类3	聚类2	公司	聚类4	聚类3	聚类2
安信农险	1	1	1	珠峰财险	1	1	1
永诚财险	1	1	1	众惠相互	4	3	2
国任财险	1	1	1	中远海自保	2	1	1
安华农险	1	1	1	粤电自保	3	2	1
阳光财险	1	1	1	太平科技	3	2	1
阳光农险	1	1	1	黄河财险	3	2	1
都邦财险	1	1	1	融盛财险	3	2	1
渤海财险	1	1	1	史带财产	1	1	1
华农财险	1	1	1	美亚保险	1	1	1
国寿财险	1	1	1	东京海上	1	1	1
安诚财险	1	1	1	瑞再企商	1	1	1
长安责任	1	1	1	安达保险	1	1	1
国元农险	1	1	1	三井住友	1	1	1
鼎和财险	1	1	1	三星财险	1	1	1
中煤财险	1	1	1	安联财险	1	1	1
英大财险	1	1	1	日本财险	1	1	1
浙商财险	1	1	1	利宝互助	1	1	1
紫金财险	1	1	1	中航安盟	1	1	1
泰山财险	1	1	1	安盛天平	1	1	1
众诚财险	1	1	1	苏黎世保险	1	1	1
锦泰财险	1	1	1	现代财险	1	1	1
诚泰财险	1	1	1	中意财险	1	1	1
富德财险	1	1	1	爱和谊	1	1	1
鑫安汽车	1	1	1	国泰财险	1	1	1
北部湾财险	1	1	1	富邦财险	1	1	1
中石油专属保险	2	1	1				

分别剔除属于类别2、类别3和类别4的公司中石油专属保险、铁路自保、东海航运、众惠相互、中远海自保、粤电自保、太平科技、黄河财险、融盛财险这9家公司，剩余的64家公司再重新进行综合竞争力评价。

对二级指标再进行主成分分析，选取15个主成分，其解释率为86.1%，评价结果见表4-23。

表 4-23　剔除 9 家公司后财产险公司综合竞争力的新旧排名对比

公司	新排名	原排名	原排名-新排名	公司	新排名	原排名	原排名-新排名
人保财险	1	1	0	中华联合	33	16	-17
平安财险	2	2	0	爱和谊	34	29	-5
现代财险	3	33	30	锦泰财险	35	22	-13
太保财险	4	3	-1	东京海上	36	47	11
众安财险	5	4	-1	泰山财险	37	44	7
鼎和财险	6	9	3	中银财险	38	40	2
诚泰财险	7	7	0	中意财险	39	56	17
恒邦财险	8	13	5	太平财险	40	28	-12
史带财产	9	57	48	三星财险	41	45	4
日本财险	10	37	27	永诚财险	42	35	-7
国寿财险	11	5	-6	阳光农险	43	15	-28
安联财险	12	38	26	中路财险	44	36	-8
英大财险	13	11	-2	安达保险	45	63	18
鑫安汽车	14	42	28	永安财险	46	34	-12
燕赵财险	15	26	11	中煤财险	47	39	-8
北部湾财险	16	14	-2	安华农险	48	58	10
国任财险	17	8	-9	富德财险	49	31	-18
苏黎世保险	18	51	33	利宝互助	50	24	-26
大地财险	19	20	1	国元农险	51	18	-33
华泰财险	20	30	10	珠峰财险	52	53	1
国泰财险	21	10	-11	合众财险	53	62	9
中原农险	22	23	1	华安财险	54	46	-8
瑞再企商	23	55	32	浙商财险	55	48	-7
众诚财险	24	21	-3	华海财险	56	54	-2
美亚保险	25	32	7	华农财险	57	50	-7
安信农险	26	19	-7	安盛天平	58	49	-9
紫金财险	27	6	-21	渤海财险	59	61	2
亚太财险	28	17	-11	富邦财险	60	64	4
泰康在线	29	43	14	都邦财险	61	25	-36
三井住友	30	41	11	前海联合	62	59	-3
阳光财险	31	12	-19	长安责任	63	60	-3
安诚财险	32	27	-5	中航安盟	64	52	-12

"原排名"表示剔除上述 9 家财产险公司后剩余 64 家财产险公司综合竞争力的原始排名;"新排名"表示剔除上述 9 家财产险公司后运用主成分分析法对剩余 64 家财产险公司重新进行综合竞争力评价的结果。

可以看出，在剔除9家财产险公司后重新运用主成分分析法和因子分析方法对财产险公司综合竞争力进行评价，这些公司的排名变化并不是很大。

运用Wilcoxon符号秩检验进行稳健性分析，并根据表4-23的原排名、新排名的结果进行对比分析（见表4-24、表4-25和表4-26）。

表4-24　　剔除9家公司后财产险公司新旧排名的基本情况（描述性统计资料）

	N	平均数	标准偏差	最小值	最大值
新排名	64	32.5000	18.61899	1.00	64.00
原排名	64	32.5000	18.61899	1.00	64.00

表4-25　　　　威尔科克森（Wilcoxon）符号秩检验（等级）

		N	平均等级	等级总和
原排名 - 新排名	负等级	34[①]	30.00	1 020.00
	正等级	27[②]	32.26	871.00
	等值结	3[③]		
	总计	64		

注：①原排名 < 新排名；②原排名 > 新排名；③原排名 = 新排名。

表4-26　剔除9家公司后威尔科克森（Wilcoxon）符号秩检验结果（检定统计资料[①]）

	VAR00002 - VAR00001
Z	-0.535[②]
渐进显著性（双尾）	0.592

注：①Wilcoxon符号等级检定；②根据正等级。

表4-26的检验结果显示，使用"精确"方法计算的渐进显著性（双尾）水平为0.592，远大于0.05。因此，本报告剔除9家财产险公司后再运用主成分分析法对剩余财产险公司进行排名，与没有剔除公司进行排名的结果差异不显著。也就是说，这两个样本来自同一总体，具有相同的总体分布，主成分分析法在0.05的显著性水平下具有稳健性。即根据聚类分析的结果，剔除部分公司后建立的指标体系，运用主成分分析法对其余财产险公司竞争力的评价结果的影响不显著，通过了稳健性检验。

二、剔除部分指标后财产险公司竞争力评价的稳健性分析

指标体系应该尽可能地反映财产险公司竞争力各个方面的信息。显然，部分指

标的缺失或者波动对财产险公司竞争力的评价结果有影响。首先，通过聚类分析剔除部分表现"特殊"的指标（见表4-27）；其次，对财产险公司竞争力进行评价，通过剔除部分指标对评价结果的影响进行稳健性检验。

表4-27　　　　　　　　　　　指标在聚类分析下的分类

指标	聚类4	聚类3	聚类2	指标	聚类4	聚类3	聚类2
总资产收益率	1	1	1	营业收入增长率	1	1	1
净资产收益率	1	1	1	净利润赔付支出覆盖率	1	1	1
投资收益率	2	1	1	车险保费占比	1	1	1
净投资收益率	2	1	1	保费收入费用增长比	2	1	1
承保利润率	1	1	1	应收分保率	1	1	1
投资资产占总资产的比率	1	1	1	再保险亏损率	1	1	1
净利润增长率	1	1	1	偿付能力充足率	1	1	1
人均利润	1	1	1	流动性比率	1	1	1
净利润	1	1	1	自留比率	1	1	1
综合收益率	2	1	1	未决赔款准备金充足率	1	1	1
资本管理系数	3	2	1	肯尼系数	1	1	1
认可资产负债率	3	2	1	应收保费率	4	3	2
资产认可率	1	1	1	保险负债占总资产的比率	1	1	1
认可资产增长率	1	1	1	收现比	1	1	1
资本利用率	3	2	1	付现比	1	1	1
准备金保费比率	1	1	1	现金盈余保障倍数	1	1	1
资产保费比	1	1	1	负债权益比率	1	1	1
所有者权益（或净资产）	1	1	1	发展系数	1	1	1
资产报酬率	1	1	1	保险业务收入增长率	1	1	1
风险调整资本回报率	1	1	1	总资产增长率	1	1	1
资本管理绩效增长率	1	1	1	净资产增长率	1	1	1
净资产周转率	3	2	1	人均产能增长率	1	1	1
总资产周转率	3	2	1	资本运营充分率	1	1	1
综合赔付率	1	1	1	人均产能	1	1	1
综合费用率	1	1	1	承保潜力	1	1	1
综合成本率的变化率	1	1	1	分支机构数目	3	2	1
险种集中度系数	1	1	1	亿元保费投诉量	1	1	1
报告期营业收入	1	1	1	单位最低资本利润增长率	1	1	1

根据表4-27，属于类别3、类别4的特殊指标共有7项，分别是资本管理系数、认可资产负债率、资本利用率、净资产周转率、总资产周转率、应收保费率和分支机构数目。

在剔除上述7项指标后，重新运用主成分分析法和因子分析方法，得到财产险公司竞争力的新排名结果（见表4-28）。

表4-28　剔除7项指标后财产险公司综合竞争力新旧排名的比较

公司名称	新排名	原排名	原排名-新排名	公司名称	新排名	原排名	原排名-新排名
人保财险	1	1	0	众安财险	38	4	-34
大地财险	2	24	22	恒邦财险	39	10	-29
中华联合	3	19	16	合众财险	40	71	31
太保财险	4	3	-1	燕赵财险	41	31	-10
平安财险	5	2	-3	华海财险	42	62	20
华泰财险	6	36	30	中原农险	43	27	-16
华安财险	7	54	47	中路财险	44	44	0
永安财险	8	42	34	铁路自保	45	16	-29
太平财险	9	34	25	泰康在线	46	51	5
中石油专属保险	10	7	-3	东海航运	47	65	18
亚太财险	11	21	10	前海联合	48	68	20
中银财险	12	48	36	珠峰财险	49	61	12
安信农险	13	23	10	众惠相互	50	41	-9
永诚财险	14	43	29	中远海自保	51	20	-31
国任财险	15	9	-6	粤电自保	52	39	-13
安华农险	16	67	51	太平科技	53	28	-25
阳光财险	17	13	-4	黄河财险	54	17	-37
阳光农险	18	18	0	融盛财险	55	33	-22
都邦财险	19	30	11	史带财产	56	66	10
渤海财险	20	70	50	美亚保险	57	38	-19
华农财险	21	58	37	东京海上	58	55	-3
国寿财险	22	5	-17	瑞再企商	59	63	4
安诚财险	23	32	9	安达保险	60	72	12
长安责任	24	69	45	三井住友	61	49	-12
国元农险	25	22	-3	三星财险	62	53	-9
鼎和财险	26	10	-16	安联财险	63	46	-17
中煤财险	27	47	20	日本财险	64	45	-19
英大财险	28	12	-16	利宝互助	65	29	-36
浙商财险	29	56	27	中航安盟	66	60	-6
紫金财险	30	6	-24	安盛天平	67	57	-10
泰山财险	31	52	21	苏黎世保险	68	59	-9
众诚财险	32	25	-7	现代财险	69	40	-29
锦泰财险	33	26	-7	中意财险	70	64	-6
诚泰财险	34	8	-26	爱和谊	71	35	-36
富德财险	35	37	2	国泰财险	72	11	-61
鑫安汽车	36	50	14	富邦财险	73	73	0
北部湾财险	37	15	-22				

剔除 7 项指标后运用主成分分析法和因子分析方法重新计算财产险公司的综合竞争力。

根据表 4-28，运用威尔科克森（Wilcoxon）符号秩检验对财产险公司剔除部分指标后的综合竞争力评价结果进行稳健性分析（见表 4-29、表 4-30 和表 4-31）。

表 4-29　剔除部分指标后财产险公司综合竞争力新旧排名的基本情况（描述性统计资料）

	N	平均数	标准偏差	最小值	最大值
新排名	73	37.0000	21.21713	1.00	73.00
原排名	73	37.0000	21.21713	1.00	73.00

表 4-30　威尔科克森（Wilcoxon）符号秩检验（等级）

		N	平均等级	等级总和
原排名 - 新排名	负等级	39[①]	31.42	1 225.50
	正等级	30[②]	39.65	1 189.50
	等值结	4[③]		
	总计	73		

注：①原排名 < 新排名；②原排名 > 新排名；③原排名 = 新排名。

表 4-31　剔除部分指标后威尔科克森（Wilcoxon）符号秩检验结果（检定统计资料[①]）

	原排名 - 新排名
Z	-0.108[②]
渐进显著性（双尾）	0.914

注：①Wilcoxon 符号等级检定；②根据正等级。

表 4-31 列出的统计检验结果显示，使用"渐进"方法计算的双侧显著性水平为 0.914，远大于 0.05。所以，剔除指标前的综合竞争力排名与剔除部分指标后的综合竞争力排名差异不显著。也就是说，这两个样本来自同一总体，具有相同的总体分布。综合运用主成分分析法、因子分析法对财产险公司的竞争力进行排名时，指标在特定的范围和程度内变化引起的排名的变化在统计上并不显著，即认为本部分采用的方法对于指标的变化有一定的稳健性。此方法抓住了财产险公司竞争力的稳定的特征，并表现了出来。

由本节所述内容可知，综合运用主成分分析、因子分析方法对财产险公司的竞争力进行评价排名时，财产险市场的公司参与度以及指标的选择在统计上有其稳健性。即从总体市场来看，稳健性是存在的，无论是部分公司参与评价还是指标的增删，引起的竞争力排名的变动在统计意义上都是不显著的、可以接受的和稳健的。

第五章
中国保险公司投资价值评价分析

在中国经济持续向好的背景下,中国保险公司凭借着优良的企业资产、平稳而充足的现金流和良好的未来预期越来越多地引起资本市场的关注。

为了维护广大消费者的利益,营造良好的投资环境,科学、合理地评估保险公司的投资价值,促进中国保险投资市场的健康稳定发展,本课题组对中国保险公司的投资价值开展了跟进研究。

本章主要采用现代统计学、模糊数学等理论,构建保险公司投资价值的估值模型。本章在考量保险公司盈利能力、资本管理能力、经营创新能力、风险管理能力、发展潜力等方面的同时,将企业规模、经济形势、市场等因素也纳入考量,构建了一个较为全面合理地反映当前市场对未上市保险公司估值的模型,为促进未上市保险公司的投资交易和完善中国保险业投资市场提供了参考和借鉴。

基于本报告第三章、第四章的评价结果,本章选取保险公司的财务数据(主要涉及规模指标、盈利能力、资本管理能力、经营能力和发展潜力5个方面),利用模糊数学中的贴近度计算方法,确定待评价公司与其他公司的相似程度,并以此作为对标公司和相应估值权重的衡量标准。

第一节 保险公司投资价值的概念与评价方法

一、保险公司投资价值的概念

价值这个名词自出现伊始就被赋予了多种意义。在哲学概念中,价值被认知为作用物对于承受者施加的积极意义和效用。在经济学中,价值被用来反映可以用来买卖的商品(或者服务)在有效期内能够为主体增加的效益。马克思政治经济学将价值按照作用和承受者的不同划分为使用价值和交换价值,用以对不同交易双方进行区分:使用价值用以衡量商品能够为购买者带来的效用,而交换价值主要是对商品输出者而言的。可见，价值作为一个估计值，对于不同的主体，其意义和体现（价格）有所区分。

实际上，即使是同一位输出者的同一件商品（或者服务），因为接受者不同，对于商品的需求、偏好以及评价方式的不同，其价值也不尽相同。对于一家公司而言，其价值因为理解主体、计算方法的不同，也有会计层面的账面价值、以市价计算的公允价值、破产时计算的清算价值等区分，这些都可以理解为市场价值。

一般而言，市场价值往往表示一家上市公司的发行股份依据某一评估日股价得到的公司价值，公司的市值一般由股票的收盘价与发行的股份量相乘得到。在股票的市场交易价格中，收市价是最能代表股票当日价值的价格。

国际资产评估标准委员会对市场价值的定义是：在评估基准日由心甘情愿的买方和卖方在交易中经过理性的、非强迫的讨价还价后评定的资产交换价值。该价值是能够在实际的交易过程中完成的交易价值，能够用货币量表示。

随着时代的进步，市场对于公司价值的理解不断加深，人们对公司的投资需求也日益高涨。随着日益增加的企业并购和公司上市行为，投资者对于价值的认识日益加深，投资价值应运而生。

投资价值是指用以投资的某项资产针对于该项资产具有买入意愿和买入目标的投资者具有的价值。

投资价值与市场价值有关，但并不一定相等。投资价值往往取决于投资者的买入意愿、买入目的以及宏观经济环境、投资环境等多个方面的因素。

保险公司的投资价值，既与宏观经济环境、经济政策有关，也与国内金融市场的发展和保险产业政策有关，更与保险公司的经营业绩直接相关。

二、关于保险公司投资价值的国际研究成果

投资价值评估的概念由来已久。早在1903年，Pratt就在《华尔街动态》中提出了"价值和价格相分离"的概念。Pratt认为，公司的盈利能力影响着公司的价值，公司股票的价格其实就是公司未来股息的体现。费雪（1930）最先提出公司的价值评估模型，创造性地探析了资本和收入的联系，同时通过公式建立模型，证明投资会渐渐地增加资本，收入扣除支出就是投资，如果不存在人的主观性，得到资本应和收入的贴现相当这一结论。莫迪和米勒（1959）提出了被广泛使用的经典MM理论，对公司估值体系产生了现实与深远的意义。随后，企业价值评估模型得到进一步发展。夏普对企业评估时使用的折现率做了创新性的研究，构建了CAPM模型，进一步提升了公司价值评估的准确性，为后来相关理论的发展奠定了

基础。罗斯（1976）构建了套利定价模型。该模型对经典CAPM模型进行了改进。罗斯认为，市场所能达到的均衡价格不存在无风险套利机会，而独特风险却不产生任何影响。针对不同评估模型的缺点，达兰（2005）综合分析大量的估计企业价值模型（包括市场法、流量贴现法等），进一步用数学方法说明各个估值模型以及在不同情形下应选用不同的模型。

塔里（1993）指出，EVA法在实际的估值时有较强的应用性，同时EVA的实质是公司自身价值的增加。姆拉（1996）将EVA法用于研究上市商业银行披露的财务信息，进行目标对象股价的估计，将得出来的结果和实际价格加以比较，得到EVA法对上市银行的估计较其他模型更为精准的结论。彼得等（2004），则用实证研究证明了EVA法比传统方法更准确地衡量了经营业绩，与公司价值相关性较高。

三、中国关于保险公司投资价值的相关研究

中国学者对于保险公司的投资价值也进行了一系列研究。陈兵（2006）提出，寿险公司总体的情况能够从公允价值中得出来。陈兵将研究划分为不同保单的分组、相关精算假设的建立、预估将来的利润并用风险贴现率进行折现以及敏感性分析4个阶段，并得出一系列的结论。蔡春勇（2010）从商业银行的角度分析了投资保险公司股权的利弊，从经济金融发展形势、综合经营需要、完善银行服务功能和收益结构优化几个角度分析投资保险公司具有一定的现实意义。迟晓英和朱军勇（2007）从客户信息网络平台方面对投资保险行业给予了肯定。但遗憾的是，上述学者对于"怎样对保险公司进行股权投资""应该选择怎样的保险公司进行投资"没有进行说明。吴明东（2010）采用内含价值法对上市保险公司（中国人寿、中国平安、中国太保）的股票投资意义进行了分析。秦阳（2016）采用内含价值法研究平安人寿的内含价值，并考虑了投资收益变动对内含价值的影响，认为现金流折现模型可以在一定程度上弥补剩余收益模型以利润作为估值依据的欠缺。贾媛媛（2015）采用内含价值法预测未来净资产收益率和净利润，从而对未来一年寿险公司的投资价值进行了预测。代静玉（2016）认为，在采用内含价值法评估寿险公司价值时，新业务的乘数除应考量未来现金流外，还需融入品牌效用、公司的经营管理能力等其他影响公司价值的因素进行修正，这样才能更加近似地反映市场对公司股票的理论价格预期。

除采用内含价值法之外，中国的不少学者还对不同估值方法对企业投资价值评估的效果进行了研究。程凤朝（2011）采用模拟计算提出不同时间段的折现现金流对公司价值的贡献不尽相同。他认为，应改变目前只详细预测前五年现金流的做

法，至少延长至前10年，并且资金成本越低越应详细预测前几年的折现现金流。刘任重（2013）根据中国市场数据，分析了现金流量折现模型和剩余收益定价模型在估值方面的表现，认为剩余收益定价模型在企业定价中效果更优。刘海欧（2015）提出，如果保险公司能够实现稳定收益，相对于内含价值法，市盈率法更能作用于市场评估。李颖（2017）将内含价值模型与奥尔森剩余收益模型对寿险公司进行评估，发现运用奥尔森剩余收益模型对于寿险公司的股权估值同样具备合理性与可行性。

事实上，从目前大部分学者的研究来看，对保险公司的估值主要还是从财务指标进行整体估值。姚颖（2013）对企业管理团队的素质这一因素进行了讨论，认为可以通过调整折现率进行估值，通过衡量管理团队的人员结构、从业经验、以往业绩、社会认可度等维度衡量团队素质。除此之外，融资能力也是影响寿险公司估值的重要因素，融资能力越强的公司，其财务流动性越好，其非流动性折扣也就越低。同时，企业融资结构也影响其偿债能力。张淙豪（2014）认为，融资能力的影响因素主要受盈利能力、流动性、企业规模、保障能力的影响。张颖（2016）通过对寿险公司财务指标的分析揭示了投资假设和投资绩效对公司估值的影响，认为投资绩效越好的寿险公司，其内含价值与公司市值越相近。张颖认为，寿险公司的投资收益率受监管规则、可用投资规模、会计原则、资产结构等因素的影响。秦阳（2016）以平安人寿作为实证研究对象，计算其内含价值，并将投资收益对保险公司内含价值的作用包含在内，有效地克服了剩余收益法的不足。周静宜（2017）从财务分析的角度对保险公司的获取利润能力、债务偿付能力和发展潜能进行了分析，通过因子分析法证明了营业收入、营业净利率和净资产收益率是影响保险公司盈利能力的重要因素。

现阶段，中国学者对财产险公司投资价值的评价分析文献数量还较少。李林子（2003）提出建立保险企业相关财务指标系统，使用因子分析法，对国内外的财产险公司进行评判研究，得到不同经营范围与性质的财产险公司在盈利能力、资产管理能力等多个方面的不同。李林子（2003）研究讨论了中国财产险公司偿付能力的不足，并进一步对提升绩效的方法提出了建议。马国东（2010）以中国上市保险公司的股权评估作为分析对象，指出账面价值法、PE法、PB法在具体实际运用中均有出色的效果。因为不同的保险公司存在不同的经营特点和不同的投资并购行为，杨柳勇等（2014）论述了主要存在投资带来的收入（起到正向作用）、保险展业带来的保费（具有正向作用）、之前年度同比保险业务和相关的费用（具有正向作用）、当前的市场无风险利率（具有反向作用）和国内生产总值（起到反向作用）这几个条件决定评估的保险公司投资价值。王艳等（2015）认为，公司的盈利能力、相关会计信息质量、保险公司的经济增加、国家的经济环境以及整个保险行业的质量这几个方面有益于保险公司价值的成长和壮大。因为这几个方面涵盖了不同的特征指标，所以应使用多个特征指标科学合理地建立保险公司投资价值评估系统。刘海欧（2015）认为，若保险公司每年的财务状况是稳健的，则市盈率法在计算保险公司价值时往往具有比较好的效果。吴奇（2020）将2018年上市的人保集团当成案例分析目标，通过EVA法预测其投资价值，并对估值结论进行了准确性分析。

此外，许多学者通过模糊数学贴近度模型和熵值法对非上市公司的投资价值进行了研究。张灵莹（1994）通过模糊数学对定性指标进行量化，使用熵值法确定指标的权重，利用多个不同的指标对目标对象完成评价。刘洪久等（2005）主要运用模糊贴近度模型，将对标企业与待评价公司进行贴近度分析，认为模糊理论的实际使用能够在总体上科学地体现对标公司价值评估法的总体原理，这种方法在实际的并购、增资等商业活动中具备很好的价值评估效果。张鼎祖（2006）使用模糊数学贴近度法对公司的价值进行估计，认为该模型能够克服传统的评估模型容易受到主观思想影响的缺点。熊兴华（2008）将模糊数学贴近度模型应用于企业投资价值评估实践，但对对标公司的选取仅仅局限于之前的交易实例，并未将同行业的上市公司纳入考虑范围。胡晓明（2013）通过选取相同性质的已经上市企业的多元特征指标，运用熵值法以及贴近度模型分析对标公司或待评价公司的关系，评估待评价公司的价值。朴艺兰（2015）认为，用市场法评估投资价值时，需要先研究待评价公司所处的行业，再选取相近的对标公司。为了在最大程度上避免选择对标公司过程中存在研究人员主观性强的问题，可以通过数学模糊法中的贴近度模型将对标公司的相似度进行排序与赋权。李海玉（2016）通过使用模糊数学中的贴近度模型，将对标公司的相似度进行排序，最终筛选出与待评价公司具备对标性的公司。张宇（2017）通过对上市公司投资价值的研究，提出依据公司业务与财务2个方面的对标性确定对标公司。同时，通过反映股价的财务数据修正价值乘数，以达到评估待评价公司投资价值的目的。寇业富等（2011，2020）构建了中国保险公司综合竞争力的评价体系，对中国人身险公司和财产险公司的竞争力评价进行了研究。

四、中国保险公司投资价值的评价方法

影响保险公司内在价值的因素有很多，包含国家的政治因素和经济因素、保险

行业的发展状况、保险公司的经营表现（包括财务状况、成长前景）等。投资者需要综合考量影响保险公司内在价值的多种因素，才能得出保险公司的投资价值。

本报告拟综合运用 EVA 模型中的变量选择、运用熵值法、模糊数学、现代统计分析方法等对中国保险公司进行价值评估。

吴奇（2020）论证了 EVA 模型在保险领域的显著性和评估实践中应用其方法论的可行性[①]。

1. EVA 模型的具体形式

$$EVA = NOPAT - TC \times WACC \tag{5-1}$$

$NOPAT$ 表示评估年度的税后净营业利润；TC 表示评估年度的资本总额；$WACC$ 表示评估年度的加权平均资本成本。

EVA 模型中各个参数的计算公式如下：

$NOPAT =$（净利润 + 所得税费用 + 利息支出）$\times (1-T)$ + 年度商誉减值 + 递延所得税贷方增加额 + 少数股东损益 - 递延所得税借方增加额 + 资本化研发费用 + 营业外收支 $\times (1-T)$

$TC =$ 权益资本 + 债务资本 + 投资资本调整

= 普通股权益 + 少数股东权益 + 长期借款 + 1 年内到期的长期借款 + 短期借款 + 商誉减值 + 当年各项准备金 + 应付债券 + 资本化研发费用 + 递延所得税贷方余额 - 递延所得税借方余额 - 营业外收支 $\times (1-T)$ + 社会责任得分

其中，T 为中国保险企业所得税税率（25%）。

依据目标公司的所有者权益与负债在资产中的比例分别与对应的权益资本和负债资本相乘，得到的结果相加便是 $WACC$。

$$WACC = K_e \times \frac{S}{S+D} + K_d \times \frac{D}{S+D} \times (1-T)$$

其中，S 表示所有者权益资本；D 表示债务资本；K_e 表示所有者权益资本成本，K_d 表示债务资本成本；T 表示公司的所得税税率。

2. 熵值法

熵值法对各项指标的差异程度进行计算，以各项指标提供的差异系数大小确定其在评估体系中占据的权重。Claude E. Shannon 在《通信数学理论》中将 Hartley 关于信息度的模型扩展到指标中概率不同的情况，提出了计算信息熵的公式。其具

[①] 吴奇. 基于 EVA 模型的中国保险上市公司价值评估研究——以中国人保为例 [M]. 重庆理工大学, 2020 年.

体实现方法如下。

首先,在熵值法中对数据进行标准化处理,以消除量纲和求对数对数据造成的影响,其取值范围落在 [0, 1],消除了量纲和反向指标取值对其所产生的影响,从而得到关于各个指标的数据矩阵 $\overline{A}$。

$$\overline{A} = \begin{bmatrix} X_{11} & \cdots & X_{m1} \\ X_{12} & \cdots & X_{m2} \\ \vdots & & \vdots \\ X_{1n} & \cdots & X_{mn} \end{bmatrix}, i = 0, 1, 2, \cdots, m; j = 1, 2, \cdots, n \quad (5-2)$$

其次,计算第 j 项指标中各个方案占该指标的权重。

$$P_{ij} = \frac{X_{ij}}{\sum_{i=0}^{m} X_{ij}}, j = 1, 2, \cdots, n \quad (5-3)$$

由此,可得数据的比重矩阵,并计算此矩阵中各项指标的熵。

再次,计算各项指标的熵。计算公式如下:

$$e_j = -K \sum_{i=0}^{m} P_{ij} \ln(P_{ij}), j = 1, 2, \cdots, n \quad (5-4)$$

其中,

$$K = \frac{1}{\ln m}$$

引入 K 的目的是使 e_j 的取值落于 0 和 1 之间。根据求得的熵值,可得其差异系数 d_j。

$$d_j = 1 - e_j \quad (5-5)$$

求特征指标的权系数 w_j,计算公式如下:

$$w_j = \frac{d_j}{\sum_{j=1}^{n} d_j}, j = 1, 2, \cdots, n \quad (5-6)$$

最后,将特征指标与权系数相乘,就得到公司在该指标下的评估得分。各指标的评估得分相加,就得到公司的评估总得分。

在一些相关研究中发现,采用 EVA 模型进行价值评估时,变量增量的检验结果更为明显。

3. 模糊数学中的格贴近度计算方法

以 M 表示所有候选的可对比公司,C 表示本次特征体系的特征,其相关特征 C 的量值为 x,构成描述事物的物元 R。R 用公式表示如下:

$$R = (M, C, x)$$

若模糊贴近度关系分析中选取 m 家公司，n 项可比指标，则可比公司指标 $x_{ij}(i = 1, 2, \cdots, m; j = 1, 2, \cdots, n)$

采用最大最小相似系数法计算两家公司的格贴近度时，计算公式如下：

$$x_{ij} = \frac{\sum_{k=1}^{n}(x_{ik} \wedge x_{jk})}{\sum_{k=1}^{n}(x_{ik} \vee x_{jk})} \tag{5-7}$$

可构建关于保险公司之间的 $m \times m$ 相似关系特征矩阵 X，计算公式如下：

$$X = (x_{ij})_{m \times m}$$

通过模糊相似关系矩阵，建立待评价公司与对标公司之间的贴近度关系，是待评价公司投资价值的修复系数，可以更精确地待评价公司的投资价值。

第二节 保险公司投资价值的评价体系构建

截至 2020 年 12 月，中国共有上市财产险公司 7 家。平安财险以中国平安集团、太保财险以中国太保集团、大地财险以中国再保险集团、太平财险以中国太平集团、天安财险以西水股份集团的形式上市，另外 2 家上市财产险公司（中国人保财险和众安在线）分别独立上市。

通过分析中国财产险公司现行的估值方法，发现目前的估值方法大多具有主观性过强的特点。不同的评估人员采用迥异的价值评估方法或有很大出入的估值假设，使得市场中的交易价格往往偏离其真实价值。

一、保险公司投资价值的影响因素分析

保险公司作为金融机构，其公司价值除与自身内部经营情况相关外，还受宏观金融形势以及行业预期的影响。因此，从投资者角度衡量保险公司的价值，应从保险公司的内部因素和外部因素 2 个方面进行分析。

（一）内部因素

1. 资产、收入等规模因素

无论是人身险公司还是财产险公司都没有脱离金融机构的范畴，衡量其投资价

值最直观的体现就在于其已有资产和收入的评估。例如，保险公司的净资产（等于总资产减去负债）反映了保险公司在开办及以后接收的资本和通过经营活动创造出的资产。

2. 盈利能力

保险公司的盈利能力是指其通过业务以及一系列的投资活动获得利润的能力，也被称为公司的资本增值能力。通常来说，保险公司的盈利能力可以采用净资产收益率、总资产收益率等多项指标进行测算和衡量。其中，对于保险公司最重要的是总资产收益率。如果总资产收益率高于债务成本，那么该公司属于举债经营；反之，债务则会成为压垮公司的负担。同时，总资产收益率也是公司综合实力的体现。对于投资者而言，净资产收益率是衡量公司是否值得投资最直观的条件。净资产收益率等于公司该年度的净利润除以净资产。该比值越高，表明这家公司的资本增值能力越强，投资者能够获得相对于债权投资更多的超额收益。

3. 资本管理能力

资本管理能力不仅表现为对资本规模、质量、安全的把握，还影响着企业对外融资的渠道和成本。一家对于资本管理要求严格的公司往往对于资产的风险和成本把控较好，投资者投资的风险也较低。但同时，公司的资本管理能力越高，其流动性越强，其融资风险和融资成本相应降低，投资者所能得到的超额回报也越低。寿险公司的资本管理能力体现在偿付能力充足率、资本利用率等方面。其中，偿付能力充足率并非越高越好。该指标的数值过低，可能意味着寿险公司对可能发生的赔付准备不足，会将公司带入风险之中；该指标的数值过高，可能意味着资本的浪费或是业务开展不够全面。

4. 经营能力

在公司价值评估中，经营能力被认为是企业对统合内外资源进行运营的管理能力，并结合条件制定符合公司经营的战略、计划的统筹能力和决策能力之和。在保险公司的投资价值评判中，企业的经营能力由净资产周转率等指标体现。

5. 发展潜力

在目前的保险公司的价值评价体系中，资产规模往往只能代表公司的过去，而决定保险公司在投资者眼中的价值的是其未来可能取得的收益，即保险公司未来持续的获利能力。一家高成长性的保险公司，哪怕目前资产、销售规模都较小，但其表现出的高保费增速和高收益增长率，在投资者眼中同样可能具备较高的价值。评价一家寿险公司发展潜力的指标有发展系数、净资产增长率等。其中，发展系数的定义为公司保费收入增量份额与原保费收入的比值，其因能够反映寿险公司在整个市场的发展前景而最常被使用。

(二) 外部因素

作为所有公司赖以生存的大环境,宏观经济的好坏会影响每一家公司的盈利和发展。作为金融市场的重要参与者,保险公司极其容易受经济环境的影响。在中国国民生产总值增长率保持较高水平的时候,人民生活水平的提高会对保险收入规模和保险公司的资产起到促进作用。同时,良好的投资氛围也有助于保险公司利用保费收入进行投资,取得较高收益。而当国民生产总值增长率持续下滑时,恶劣的经济形势会对投保人的投保意愿和保险公司的投资收益造成打击,影响保险公司的投资价值。同时,宏观政策的变动也会直接影响保险公司的盈利状况和公司价值,任何宏观政策或者保险监管规则的变动都可能让保险公司的发展前景和获利能力发生巨大变化。

因此,评估保险公司的投资价值必须考虑宏观经济形势、宏观政策与证券市场的变化等各个方面的因素。首先,通过对标公司的市场价值得到待评价公司的投资价值;其次,由待评价公司与对标公司之间的贴近程度,得到待评价公司的投资价值。

二、保险公司的投资价值评价指标体系

在待评价的保险公司中,既有已经上市的保险公司,也有作为子公司部分上市的保险公司,还有完全没有上市的保险公司。

首先,由上市保险公司(集团)的市场价值计算得到上市的保险公司或者作为子公司部分上市的保险公司的投资价值。在此步骤中,选择规模指标采用熵值法进行计算。

其次,把上述计算出投资价值的保险公司作为对标公司,分别计算未上市人身险公司、财产险公司的初始投资价值。在此步骤中,选择与上述步骤相同的规模指标,采用熵值法进行计算。

最后,根据待评价公司与对标公司的贴近度,对待评价保险公司的投资价值进行修正,从而得到待评价保险公司的投资价值。

在此步骤中,采用模糊数学中的格贴近度方法进行计算。将待评价公司与各对标公司的投资价值等价关系得值进行归一化处理,以对标公司的投资价值为参考,通过待评价公司与对标公司的相似程度,计算待评价公司的投资价值。

三、对标公司的选择

截至 2020 年 12 月,中国共有上市保险公司(集团)8 家,包括中国平安保险集团(601318)、中国人保(601319)、中国人寿(601628)、新华保险(601336)、中国太平洋保险集团(601601)、中国再保险(01508.HK)、中国太平(00966.HK)、众安在线(06060.HK)。

此外,天安财险以西水股份集团(*ST 西水,600291)上市,天茂集团(000627)的主要收入来自国华人寿。

基于投资价值评估的宏观经济背景、保险经营规律以及相关数据的科学性,本部分选择在上海证券交易所和深圳证券交易所上市的 5 家中国保险公司(或者集团)作为主要背景和对标对象,即中国人寿(601628)、新华保险(601336)、中国人保(601319)、中国平安集团(601318)、中国太保集团(601601)。

相应地,人身险公司的对标公司分别是中国人寿、新华寿险、平安人寿和太保寿险;财产险公司的对标公司分别是人保财险、平安财险和太保财险。

四、对标公司的投资价值评价

在依据 5 家中国上市保险公司(或者集团)的价值计算得到对标公司的投资价值时,选择的规模指标为:净资产、净利润、已赚保费和营业总收入,以 2020 年 12 月 31 日的数据资料为基点。

其中,上市保险公司(或者集团)的数据来自这些公司按照上市公司的有关规定披露的财务数据,未上市的保险公司数据来自这些公司披露的年度信息报告。相关数据资料见表 5-1。

表 5-1　　上市保险公司(或者集团)与对标公司的规模指标数据　　(单位:万元)

序号	公司名称	净资产	净利润	已赚保费	营业总收入
1	中国人寿(601628)	45 693 100.00	5 138 500.00	60 466 600.00	82 496 100.00
2	新华保险(601336)	10 168 000.00	1 429 400.00	15 639 800.00	20 653 800.00
3	中国人保(601319)	27 313 600.00	2 827 400.00	52 075 100.00	58 369 600.00
4	中国平安集团(601318)	98 790 500.00	14 309 900.00	75 759 900.00	122 000 000.00
5	中国太保集团(601601)	22 083 500.00	2 458 400.00	33 163 900.00	42 218 200.00
6	中国人寿	44 936 100.00	5 009 000.00	60 466 600.00	81 818 800.00
7	新华寿险	9 890 900.00	1 335 900.00	15 639 800.00	20 455 300.00

续表

序号	公司名称	净资产	净利润	已赚保费	营业总收入
8	人保财险	18 738 808.90	2 110 821.00	39 331 601.00	42 003 390.00
9	平安人寿	25 906 002.63	9 737 210.24	46 924 081.00	66 848 707.00
10	平安财险	10 408 720.78	1 620 150.30	25 301 710.00	27 204 952.00
11	太保寿险	9 374 737.90	1 864 207.90	20 384 801.00	28 163 882.00
12	太保财险	4 534 572.00	520 933.60	12 183 547.00	12 867 808.00

依据公式（5-2）至公式（5-6），计算得到的结果见表5-2。

表5-2　　　　上市保险公司（或者集团）与对标公司的评价得值　　　　（单位：万元）

公司名称	评价得值	市场价值（或者总资产）
中国人寿（601628）	39 432 811.14	425 241 000.00
新华保险（601336）	9 582 319.30	100 437 600.00
中国人保（601319）	27 253 881.25	125 546 100.00
中国平安集（601318）	68 944 454.65	952 787 000.00
中国太保集团（601601）	20 000 633.25	177 100 400.00
中国人寿	39 021 690.69	417 066 000.00
新华寿险	9 423 763.49	98 291 300.00
人保财险	19 597 478.92	64 352 818.60
平安人寿	30 111 051.38	344 416 606.70
平安财险	12 203 728.22	44 452 800.67
太保寿险	11 457 628.47	148 436 421.90
太保财险	5 586 889.45	18 406 632.90

根据市场价值（或者总资产）与相应评价得值的关系，得到对标公司的投资价值（见表5-3）。

表5-3　　　　　　　　　　对标公司的投资价值

对标公司	总资产（万元）	投资价值（万元）	投资价值÷总资产（%）
中国人寿	417 066 000.00	420 807 502.50	100.90
新华寿险	98 291 300.00	98 775 688.68	100.49
人保财险	64 352 818.60	90 276 574.73	140.28
平安人寿	344 416 606.70	416 123 652.90	120.82
平安财险	44 452 800.67	168 651 034.40	379.39
太保寿险	148 436 421.90	101 454 316.90	68.35
太保财险	18 406 632.90	49 470 451.49	268.76

通过表5-4可以知道,中国人寿的投资价值解释了中国人寿(601628)市场价值的99%;新华寿险的投资价值解释了新华保险(601336)市场价值的98.3%;人保财险的投资价值解释了中国人保(601319)市场价值的71.9%,这可能是因为上市公司中国人保(601319)约72%的营业收入、约74.7%的净利润来自人保财险;平安人寿与平安财险的投资价值之和解释了中国平安集团(601318)市场价值的61.4%,这两家保险公司的净资产之和占中国平安集团(601318)净资产的36.8%,而这两家保险公司的净利润之和占中国平安集团(601318)净利润的79.4%;太保寿险与太保财险的投资价值之和解释了中国太保集团(601601)市场价值的85.2%,它们的净资产之和占中国太保集团(601601)净资产的63%,它们的净利润之和占中国太保集团(601601)净利润的97%。

表5-4　　　　　保险公司(或者集团)规模指标的占比情况　　　　（单位:%）

公司名称	净资产	净利润	已赚保费	营业总收入
中国人寿÷中国人寿(601628)	98.3	97.5	100.0	99.2
新华寿险÷新华保险(601336)	97.3	93.5	100.0	99.0
人保财险÷中国人保(601319)	68.6	74.7	75.5	72.0
平安人寿与平安财险之和÷中国平安集团(601318)	36.8	79.4	95.3	77.2
太保寿险与太保财险之和÷中国太保集团(601601)	63.0	97.0	98.2	97.2

第三节　中国人身险公司投资价值的评价分析

一、评价对象的选择

截至2020年12月31日,中国人身险公司共有91家。其中,中资保险公司有63家,外资保险公司有28家。

依据本报告第三章得到的中国人身险公司综合竞争力评价结果,对中国人身保险公司综合竞争力排名前40位的公司进行投资价值评价。

由于健康保险公司经营的特殊性,本报告剔除了这40家人身险公司中经营健康保险的公司(包括人保健康、平安健康、太保安联健康和昆仑健康)后,对剩余的36家人身险公司(见表5-5)进行了投资价值评价。其中,中国人寿、平安人寿、太保寿险、新华寿险是对标公司。

表 5-5　　　　　　　　　　　参评的 36 家人身险公司

序号	公司名称	序号	公司名称	序号	公司名称	序号	公司名称
1	中国人寿	10	农银人寿	19	前海人寿	28	大都会人寿
2	平安人寿	11	人保寿险	20	上海人寿	29	同方全球人寿
3	泰康人寿	12	信泰人寿	21	中宏人寿	30	长城人寿
4	太保寿险	13	中邮人寿	22	建信人寿	31	横琴人寿
5	新华人寿	14	阳光人寿	23	平安养老	32	中银三星
6	友邦人寿	15	泰康养老	24	民生人寿	33	汇丰人寿
7	太平人寿	16	招商信诺	25	中信保诚人寿	34	财信吉祥
8	恒大人寿	17	中融人寿	26	幸福人寿	35	中荷人寿
9	百年人寿	18	英大人寿	27	交银康联	36	合众人寿

二、评价指标的选择

对人身险公司的投资价值进行评价主要分为以下两个步骤：第一步，依据规模指标，运用熵值法，由对标公司的投资价值得到待评价公司投资价值的初始评价结果；第二步，建立盈利能力、资本管理能力、经营创新能力、发展能力等方面的二级指标，采用模糊格贴近度方法计算待评价公司与对标公司的相似关系，并通过迭代计算得到待评价公司与对标公司贴近度的等价关系，以此等价关系作为修正系数，根据对标公司与待评价公司的投资价值结果，得到待评价公司的投资价值。最终，本报告按照上述步骤得到综合竞争力排名前 36 位的中国人身险公司的投资价值。指标体系见表 5-6。

表 5-6　　　　　　　　人身险公司投资价值评价的指标选取

指标组成部分	特征指标选取
规模指标	净资产、净利润、已赚保费、营业总收入
盈利能力指标	投资收益率、净资产收益率、承保利润率、净利润增长率
经营创新能力指标	净资产周转率、综合赔付率、综合费用率、退保率、产品集中度系数、万张保单投诉量
资本管理能力指标	偿付能力充足率、保险负债占总资产比、资本利用率、认可资产负债率、资产认可率、认可资产增长率
发展潜力指标	发展系数、总资产增长率、净资产增长率、市场拓展能力

三、人身险公司的初始投资价值评价

表5-7列出了综合竞争力排名前36位的中国人身险公司的规模指标数据。

表5-7　　参评的36家人身险公司的规模指标数据　　（单位：万元）

公司名称	净资产	净利润	已赚保费	营业总收入
中国人寿	44 936 100	5 009 000	60 466 600	81 818 800
平安人寿	25 906 003	9 737 210	46 924 081	66 848 707
泰康人寿	7 274 100	1 841 700	14 688 500	20 495 800
太保寿险	9 374 738	1 864 208	20 384 801	28 163 882
新华人寿	9 890 900	1 335 900	15 639 800	20 455 300
友邦人寿	1 671 899	731 935	3 777 197	4 703 690
太平人寿	6 214 149	1 327 557	14 097 366	18 200 627
恒大人寿	1 698 045	106 376	5 846 785	7 156 105
百年人寿	839 797	75 962	5 307 660	6 152 984
农银人寿	794 464	26 761	2 623 026	3 137 550
人保寿险	4 922 835	453 830	9 428 634	12 101 219
信泰人寿	726 020	12 254	4 503 895	4 844 021
中邮人寿	2 686 640	131 631	8 131 621	9 378 416
阳光人寿	3 598 004	427 591	5 396 845	7 209 266
泰康养老	785 740	45 237	1 119 907	1 374 360
招商信诺	991 267	162 611	1 944 578	2 356 969
中融人寿	318 991	1 284	1 218 348	1 426 616
英大人寿	403 459	20 325	1 471 077	1 702 582
前海人寿	2 700 915	111 383	7 798 783	9 387 258
上海人寿	645 638	28 901	1 670 713	2 187 258
中宏人寿	781 591	108 898	1 011 112	1 220 970
建信人寿	2 123 596	58 821	3 283 183	4 294 464
平安养老	1 255 099	237 146	2 582 397	3 123 869
民生人寿	1 514 637	241 533	1 238 115	1 969 803
中信保诚人寿	1 176 977	244 768	2 261 175	2 865 403
幸福人寿	487 622	9 705	964 875	1 314 999

续表

公司名称	净资产	净利润	已赚保费	营业总收入
交银康联	704 984	61 361	1 524 380	1 877 677
大都会人寿	545 220	108 608	1 453 953	1 687 475
同方全球人寿	213 469	42 629	559 753	650 484
长城人寿	567 263	6 248	860 360	1 071 352
横琴人寿	153 195	5 869	642 868	776 723
中银三星	257 251	6 715	691 519	827 027
汇丰人寿	53 073	66	176 697	233 409
财信吉祥	286 403	25 528	184 285	327 917
中荷人寿	299 309	573	640 144	758 549
合众人寿	477 794	119 126	1 876 157	2 531 001

采用熵值法对上述36家人身险公司进行初始评价分析，结果见表5-8。

表5-8　　　　　参评的36家人身险公司的初始评价分析　　　　　（单位：万元）

序号	公司名称	初始评价分析结果	序号	公司名称	初始评价分析结果
1	中国人寿	42 344 577.0	19	农银人寿	1 390 643.0
2	平安人寿	33 235 515.0	20	人保寿险	5 821 193.0
3	泰康人寿	9 694 164.0	21	信泰人寿	2 098 910.0
4	太保寿险	12 977 868.0	22	中邮人寿	4 311 567.0
5	新华人寿	10 373 934.0	23	阳光人寿	3 647 561.0
6	友邦人寿	2 409 679.0	24	泰康养老	726 747.8
7	太平人寿	8 650 729.0	25	招商信诺	1 188 435.0
8	恒大人寿	3 130 962.0	26	中融人寿	622 918.6
9	百年人寿	2 583 526.0	27	英大人寿	758 931.9
10	前海人寿	4 244 442.0	28	大都会人寿	818 330.3
11	上海人寿	965 173.1	29	同方全球人寿	316 408.1
12	中宏人寿	693 318.1	30	长城人寿	542 686.6
13	建信人寿	2 115 467.0	31	横琴人寿	331 594.1
14	平安养老	1 568 366.0	32	中银三星	378 718.1
15	民生人寿	1 127 861.0	33	汇丰人寿	97 615.9
16	中信保诚人寿	1 433 067.0	34	财信吉祥	187 279.7
17	幸福人寿	595 333.5	35	中荷人寿	362 870.4
18	交银康联	897 268.9	36	合众人寿	1 065 387.0

对上述36家人身险公司的各项指标数据进行标准化后，采用公式（5-7）得到待评价公司与对标公司的相似关系（见表5-9）。

表 5-9　　　　　　　　　　　　中国人身险公司的相似关系

	中国人寿	平安人寿	太保寿险	新华人寿
中国人寿	1	0.699231	0.798568	0.864659
平安人寿	0.699231	1	0.754859	0.729496
泰康人寿	0.757663	0.759321	0.810762	0.773343
太保寿险	0.798568	0.754859	1	0.86173
新华人寿	0.864659	0.729496	0.86173	1
友邦人寿	0.733531	0.788328	0.746197	0.744942
太平人寿	0.742856	0.778453	0.819166	0.752608
恒大人寿	0.577531	0.501964	0.6053	0.586046
平安健康	0.415814	0.473044	0.451537	0.41182
百年人寿	0.541235	0.500504	0.569988	0.546505
农银人寿	0.572487	0.592997	0.601278	0.57277
人保寿险	0.618123	0.643242	0.597532	0.624713
信泰人寿	0.462544	0.451478	0.47738	0.453981
中邮人寿	0.503016	0.455713	0.539544	0.505703
阳光人寿	0.61603	0.681976	0.611647	0.639117
泰康养老	0.638943	0.532423	0.542453	0.576151
招商信诺	0.694579	0.70791	0.73562	0.73177
中融人寿	0.375032	0.346999	0.393945	0.362843
英大人寿	0.515654	0.446015	0.539328	0.505413
昆仑健康	0.397097	0.384769	0.412616	0.367434
前海人寿	0.526104	0.467572	0.528714	0.498447
上海人寿	0.454562	0.463579	0.462919	0.424648
中宏人寿	0.773809	0.721446	0.712241	0.768799
建信人寿	0.491301	0.531609	0.479565	0.486016
平安养老	0.57377	0.643167	0.615385	0.595691
民生人寿	0.725864	0.597428	0.614664	0.67346
中信保诚人寿	0.714351	0.682983	0.701503	0.686133
幸福人寿	0.37421	0.430564	0.382799	0.409297
交银康联	0.591658	0.591978	0.594863	0.581328
太保安联健康	0.38416	0.382504	0.384892	0.366467
大都会人寿	0.598015	0.714162	0.698562	0.660509
人保健康	0.479199	0.474738	0.552042	0.50583
同方全球人寿	0.55574	0.650038	0.66664	0.6146

续表

	中国人寿	平安人寿	太保寿险	新华人寿
长城人寿	0.532031	0.553418	0.525349	0.550492
横琴人寿	0.488121	0.4264	0.480471	0.464692
中银三星	0.531561	0.489959	0.528572	0.498923
汇丰人寿	0.562303	0.472761	0.558953	0.540591
财信吉祥	0.364486	0.385297	0.330233	0.343412
中荷人寿	0.669773	0.558279	0.639094	0.635494
合众人寿	0.52157	0.612264	0.633754	0.557006

以表5-9中的相关关系数据作为修复乘数，求得各家人身险公司的投资价值。

由表5-10和图5-1可以看出，中国人寿、平安人寿的投资价值绝对额列人身险公司前2位，并且具有绝对优势。

表5-10　　　　　参评的36家人身险公司的投资价值　　　　（单位：万元）

序号	公司名称	投资价值	序号	公司名称	投资价值
1	中国人寿	421 000 000	19	招商信诺	11 795 465
2	平安人寿	416 000 000	20	民生人寿	11 190 858
3	太保寿险	101 000 000	21	合众人寿	10 590 165
4	新华寿险	98 775 689	22	上海人寿	9 612 496
5	泰康人寿	96 088 549	23	交银康联	8 926 584
6	太平人寿	85 857 954	24	大都会人寿	8 159 437
7	人保寿险	58 164 392	25	英大人寿	7 465 673
8	中邮人寿	42 465 337	26	泰康养老	7 217 511
9	前海人寿	41 926 262	27	中宏人寿	6 897 734
10	阳光人寿	36 532 536	28	中融人寿	6 152 450
11	恒大人寿	30 796 320	29	幸福人寿	5 964 742
12	百年人寿	25 502 810	30	长城人寿	5 414 748
13	友邦人寿	24 061 774	31	中银三星	3 751 964
14	建信人寿	21 186 677	32	中荷人寿	3 580 346
15	信泰人寿	20 818 499	33	横琴人寿	3 275 525
16	平安养老	15 656 026	34	同方全球人寿	3 145 601
17	中信保诚人寿	14 236 804	35	财信吉祥	1 881 134
18	农银人寿	13 830 701	36	汇丰人寿	961 431.7

注：按投资价值大小排序。

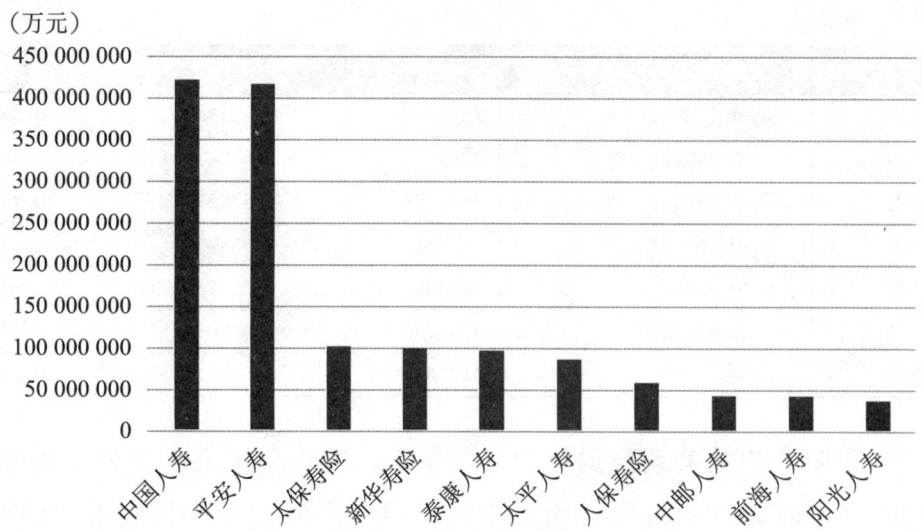

图 5-1　2020 年投资价值绝对额排名前 10 位的中国人身险公司

由于各家人身险公司的所有者权益不同，单独考量它们的投资价值绝对额参考借鉴意义不大。为了更好地反映各家人身险公司的投资效能比[①]，本部分在不考虑公司股权质押和成立年限的情况下引入了投资价值净资产比这一指标（见表 5-11）。

表 5-11　　　　　　　36 家人身险公司的投资价值净资产比　　　　　　　（单位：%）

序号	公司名称	投资价值净资产比	序号	公司名称	投资价值净资产比
1	百年人寿	3 036.8	19	泰康人寿	1 321.0
2	信泰人寿	2 867.5	20	交银康联	1 266.2
3	合众人寿	2 216.5	21	平安养老	1 247.4
4	横琴人寿	2 138.1	22	幸福人寿	1 223.2
5	中融人寿	1 928.7	23	中信保诚人寿	1 209.6
6	英大人寿	1 850.4	24	中荷人寿	1 196.2
7	恒大人寿	1 813.6	25	招商信诺	1 189.9
8	汇丰人寿	1 811.5	26	人保寿险	1 181.5
9	农银人寿	1 740.9	27	太保寿险	1 077.4
10	平安人寿	1 605.8	28	阳光人寿	1 015.4
11	中邮人寿	1 580.6	29	新华寿险	998.7
12	前海人寿	1 552.3	30	建信人寿	997.7
13	大都会人寿	1 496.5	31	长城人寿	954.5
14	上海人寿	1 488.8	32	中国人寿	936.9
15	同方全球人寿	1 473.6	33	泰康养老	918.6
16	中银三星	1 458.5	34	中宏人寿	882.5
17	友邦人寿	1 439.2	35	民生人寿	738.8
18	太平人寿	1 381.7	36	财信吉祥	656.8

---

① 投资效能比 = 投资价值 ÷ 所有者权益。

由表5-11和图5-2可见,投资价值净资产比列第1名的是百年人寿(3 036.8%),而后是信泰人寿(2 867.5%)和合众人寿(2 216.5%),百年人寿的投资价值净资产比占有比较明显的优势。

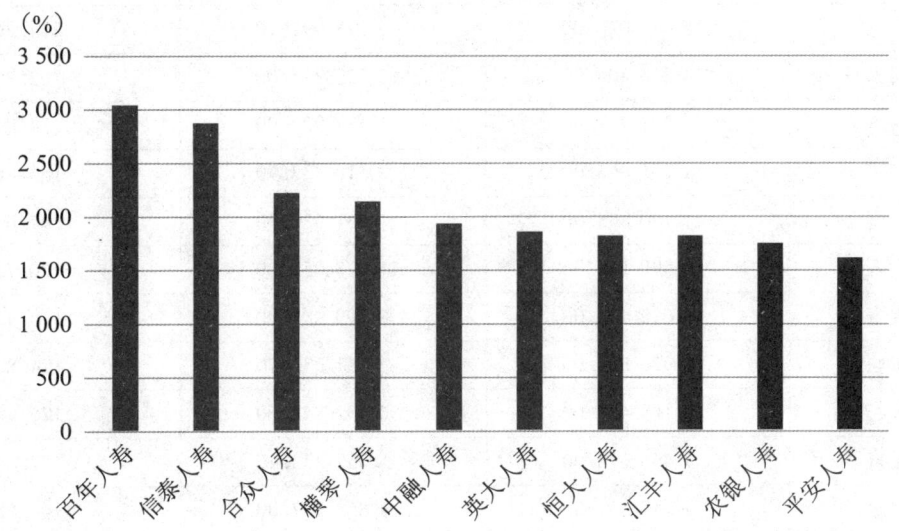

图5-2　投资价值净资产比排名前10位的中国人身险公司

为了更深入地了解公司的投资价值,本部分将参评的各家人身险公司的投资价值与其总资产进行了比较(见表5-12)。

表5-12　　　　　　参评的人身险公司的投资价值与其总资产的比较

公司名称	投资价值（万元）	总资产（万元）	投资价值÷总资产（％）
中国人寿	421 000 000.00	417 066 000.00	100.94
平安人寿	416 000 000.00	344 416 606.70	120.78
太保寿险	101 000 000.00	148 436 422.00	68.04
新华寿险	98 775 689.00	98 291 300.00	100.49
泰康人寿	96 088 549.00	99 675 200.00	96.40
太平人寿	85 857 954.00	72 909 873.00	117.76
人保寿险	58 164 392.00	49 350 895.00	117.86
中邮人寿	42 465 337.00	28 381 404.00	149.62
前海人寿	41 926 262.00	30 266 274.00	138.52
阳光人寿	36 532 536.00	33 394 220.00	109.40
恒大人寿	30 796 320.00	24 130 821.00	127.62
百年人寿	25 502 810.00	18 929 038.00	134.73
友邦人寿	24 061 774.00	19 869 633.00	121.10

续表

公司名称	投资价值（万元）	总资产（万元）	投资价值÷总资产（%）
建信人寿	21 186 677.00	21 253 339.00	99.69
信泰人寿	20 818 499.00	10 358 487.00	200.98
平安养老	15 656 026.00	6 978 092.10	224.36
中信保诚人寿	14 236 804.00	13 727 221.00	103.71
农银人寿	13 830 701.00	11 131 929.00	124.24
招商信诺	11 795 465.00	7 518 833.70	156.88
民生人寿	11 190 858.00	11 531 630.00	97.04
合众人寿	10 590 165.00	11 673 052.00	90.72
上海人寿	9 612 496.00	8 399 981.90	114.43
交银康联	8 926 584.00	7 151 283.70	124.82
大都会人寿	8 159 437.00	6 452 843.60	126.45
英大人寿	7 465 673.00	5 057 733.40	147.61
泰康养老	7 217 511.00	4 854 267.00	148.68
中宏人寿	6 897 734.00	5 183 537.40	133.07
中融人寿	6 152 450.00	5 141 606.90	119.66
幸福人寿	5 964 742.00	6 286 475.90	94.88
长城人寿	5 414 748.00	4 973 789.10	108.87
中银三星	3 751 964.00	3 299 601.00	113.71
中荷人寿	3 580 346.00	2 760 215.00	129.71
横琴人寿	3 275 525.00	2 338 731.30	140.06
同方全球人寿	3 145 601.00	1 712 230.20	183.71
财信吉祥	1 881 134.00	2 029 972.40	92.67
汇丰人寿	961 431.70	1 291 533.90	74.44

通过表5-12可以看出，中国人寿、新华人寿和建信人寿这三家公司的投资价值与总资产之比最接近100%。

投资价值小于总资产的人身险公司有太保寿险、泰康人寿、建信人寿、汇丰人寿、财信吉祥、合众人寿、幸福人寿、民生人寿。其余28家人身险公司的投资价值均高于其总资产。

第四节 中国财产险公司投资价值的评价分析

一、研究对象的选择

截至2020年12月31日，中国财产险公司共有78家。其中，中资保险公司有66家，外资保险公司有21家[①]。

出口信用、大家财险、长江财险、易安财险、海峡金桥、建信财险、劳合社、天安财险未披露2020年年度信息披露报告或者年度信息披露报告不完整；久隆财险、凯本财险、日本兴亚、汇友互助、安心财险、阳光信用6家公司经营异常或部分指标数据异常。

本课题组在对综合竞争力排名前40位的中国财产险公司进行投资价值评价后发现，黄河财险、太平科技、都邦财险、融盛财险、富德财险经营异常。因此，本报告不对其进行投资价值评估。最终，本节共对35家中国财产险公司进行了投资价值评估（见表5-13）。

表5-13　　　　　　　　　　参评的35家中国财产险公司

序号	公司名称	序号	公司名称	序号	公司名称	序号	公司名称
1	人保财险	10	鼎和财险	19	中远海自保	28	燕赵财险
2	平安财险	11	国泰财险	20	亚太财险	29	安诚财险
3	太保财险	12	英大财险	21	国元农险	30	太平财险
4	众安财险	13	阳光财险	22	安信农险	31	爱和谊
5	国寿财险	14	恒邦财险	23	大地财险	32	华泰财险
6	紫金财险	15	北部湾财险	24	众诚财险	33	美亚保险
7	中石油专属保险	16	铁路自保	25	锦泰财险	34	粤电自保
8	诚泰财险	17	阳光农险	26	中原农险	35	现代财险
9	国任财险	18	中华联合	27	利宝互助		

注：人保财险、平安财险、太保财险是对标公司。

[①] 2020年6月30日，中国银保监会批准（银保监复〔2020〕394号），信利保险（中国）有限公司变更为信利再保险（中国）有限公司，并于2020年7月3日完成公司名称以及经营范围的工商变更登记，在中国境内从事非寿险再保险业务。

二、评价指标的选择

对财产险公司的投资价值进行评价主要划分为以下两个步骤:第一步,依据规模指标,运用熵值法,由对标公司的投资价值得到待评价公司投资价值的初始评价结果;第二步,建立盈利能力、资本管理能力、经营创新能力、发展能力等方面的二级指标,采用模糊格贴近度方法计算待评价公司与对标公司的相似关系,并通过迭代计算得到待评价公司与对标公司贴近度的等价关系,以此等价关系作为修正系数,根据对标公司与待评价公司的投资价值结果,得到待评价公司的投资价值。最终,本报告按照上述步骤得到综合竞争力排名前35位的中国财产险公司的投资价值。指标体系见表5-14。

表5-14　　　　　　　　财产险公司投资价值评价的指标选取

指标组成部分	特征指标选取
规模指标	净资产、净利润、已赚保费、营业总收入
盈利能力指标	投资收益率、净资产收益率、承保利润率、净利润增长率
经营创新能力指标	净资产周转率、综合赔付率、综合费用率、应收保费率、产品集中度系数、亿元保费投诉量、营业收入增长率
资本管理能力指标	偿付能力充足率、保险负债占总资产比、资本利用率、认可资产负债率、资产认可率、认可资产增长率
发展潜力指标	发展系数、总资产增长率、净资产增长率、人均产能

三、财产险公司的初始投资价值评价

表5-15列出了综合竞争力排名前35位的中国财产险公司的规模指标数据。

表5-15　　　　　　参评的35家财产险公司的规模指标数据　　　　　　（单位:万元）

公司名称	净资产	净利润	已赚保费	营业总收入	总资产
人保财险	18 738 809	2 110 821	39 331 601	42 003 390	64 352 819
平安财险	10 408 721	1 620 150	25 301 710	27 204 952	44 452 801
太保财险	4 534 572	520 934	12 183 547	12 867 808	18 406 633
众安财险	1 469 627	52 678	1 621 666	1 730 859	3 504 474
国寿财险	2 610 924	178 471	7 261 364	7 798 851	10 685 244
紫金财险	292 147	14 833	695 526	749 498	1 472 117
中石油专属保险	669 509	38 944	68 929	113 964	1 421 737

续表

公司名称	净资产	净利润	已赚保费	营业总收入	总资产
诚泰财险	776 270	1 960	154 531	197 000	973 299
国任财险	428 827	5 988	545 067	597 376	1 043 937
鼎和财险	498 970	80 636	418 327	474 880	1 061 416
国泰财险	173 133	6 249	574 282	592 246	431 617
英大财险	689 745	102 667	719 768	803 941	2 007 735
阳光财险	1 521 756	144 250	3 705 377	3 999 317	6 042 044
恒邦财险	204 103	136	115 592	133 165	314 545
北部湾财险	140 679	10 633	310 344	331 406	535 936
铁路自保	285 599	15 102	42 050	57 958	519 378
阳光农险	278 154	7 117	327 872	342 298	434 251
中华联合	1 699 090	59 514	4 847 868	5 254 866	6 816 483
中远海自保	231 533	11 280	5 082	15 595	377 956
亚太财险	293 367	6 138	507 760	542 291	697 631
国元农险	328 906	13 014	634 119	665 492	789 601
安信农险	167 921	15 130	118 606	132 970	403 958
大地财险	2 746 371	66 657	4 249 822	4 576 501	8 384 631
众诚财险	272 915	2 696	161 733	187 782	454 350
锦泰财险	101 866	2 344	216 788	238 109	344 025
中原农险	232 985	5 511	176 504	189 298	462 276
利宝互助	58 785	3 803	223 847	230 685	204 580
燕赵财险	120 613	391	101 079	110 359	257 632
安诚财险	444 267	527	394 042	440 976	804 744
太平财险	714 918	1 003	2 290 625	2 421 463	3 748 852
爱和谊	59 223	2 518	118 320	122 799	169 710
华泰财险	530 904	51 720	649 264	710 784	1 467 660
美亚保险	157 047	26 678	58 018	64 724	369 917
粤电自保	53 196	1 024	242	3 211	82 891
现代财险	175 079	2 105	6 463	12 788	243 237

采用熵值法对上述 35 家财产险公司进行初始评价分析，结果见表 5-16。

表 5-16　　　　　　　　　财产险公司的初始评价分析　　　　　　　　　（单位：万元）

序号	公司名称	初始评价分析结果	序号	公司名称	初始评价分析结果
1	人保财险	24 673 585	19	中远海自保	55 885
2	平安财险	15 659 431	20	亚太财险	322 771
3	太保财险	7 307 880	21	国元农险	394 110
4	众安财险	1 149 480	22	安信农险	101 385
5	国寿财险	4 329 459	23	大地财险	2 774 958
6	紫金财险	423 246	24	众诚财险	143 493
7	中石油专属保险	194 065	25	锦泰财险	134 568
8	诚泰财险	246 787	26	中原农险	140 217
9	国任财险	373 397	27	利宝互助	126 105
10	鼎和财险	348 092	28	燕赵财险	77 335
11	国泰财险	327 150	29	安诚财险	298 542
12	英大财险	550 361	30	太平财险	1 317 404
13	阳光财险	2 268 777	31	爱和谊	72 784
14	恒邦财险	103 615	32	华泰财险	461 999
15	北部湾财险	191 415	33	美亚保险	70 598
16	铁路自保	87 800	34	粤电自保	12 049
17	阳光农险	225 570	35	现代财险	41 242
18	中华联合	2 875 582			

根据公式（5-7）可以得到待评价公司与对标公司的相似关系（见表5-17）。

表 5-17　　　　　　　　　中国财产险公司的相似关系

	人保财险	平安财险	太保财险
众安财险	0.39072	0.45274	0.41895
国寿财险	0.71401	0.68244	0.84841
紫金财险	0.60663	0.56162	0.64778
中石油专属保险	0.51037	0.48034	0.48799
诚泰财险	0.43726	0.34744	0.42255
国任财险	0.51332	0.43669	0.54197
鼎和财险	0.66758	0.53183	0.57868
国泰财险	0.53293	0.54073	0.58296
英大财险	0.71049	0.68746	0.65917
阳光财险	0.73888	0.68854	0.69641

续表

	人保财险	平安财险	太保财险
恒邦财险	0.48654	0.38957	0.47387
北部湾财险	0.60989	0.60209	0.68424
铁路自保	0.43495	0.47118	0.42170
阳光农险	0.50891	0.41683	0.50113
中华联合	0.73500	0.63459	0.75702
中远海自保	0.42996	0.42279	0.44216
亚太财险	0.61761	0.51151	0.57127
国元农险	0.60023	0.53231	0.60146
安信农险	0.61002	0.56915	0.56614
大地财险	0.68208	0.60539	0.60202
众诚财险	0.50517	0.45204	0.52166
锦泰财险	0.69970	0.64455	0.71184
中原农险	0.45976	0.44192	0.45784
利宝互助	0.60210	0.62741	0.66162
燕赵财险	0.46212	0.36852	0.46797
安诚财险	0.47402	0.32637	0.39297
太平财险	0.62472	0.57747	0.63469
爱和谊	0.65846	0.66328	0.62204
华泰财险	0.67866	0.50881	0.57696
美亚保险	0.61396	0.57025	0.53503
粤电自保	0.34667	0.27930	0.36504
现代财险	0.38971	0.32269	0.39002

以表5-17中的相关关系数据作为修复乘数，求得各家财产险公司的投资价值，并按投资价值大小排名（见表5-18）。

表5-18　　　　　　参评的35家财产险公司的投资价值　　　　　　（单位：万元）

排名	公司名称	投资价值	排名	公司名称	投资价值
1	平安财险	168 651 034	7	阳光财险	15 845 637
2	人保财险	90 276 575	8	太平财险	9 181 247
3	太保财险	49 470 451	9	众安财险	8 323 856
4	国寿财险	30 289 899	10	英大财险	3 870 145
5	中华联合	19 807 369	11	华泰财险	3 107 695
6	大地财险	19 225 781	12	紫金财险	2 948 988

续表

排名	公司名称	投资价值	排名	公司名称	投资价值
13	国元农险	2 727 555	25	锦泰财险	937 260
14	国任财险	2 565 291	26	利宝互助	896 141
15	鼎和财险	2 366 373	27	安信农险	708 359
16	国泰财险	2 314 443	28	恒邦财险	704 872
17	亚太财险	2 208 738	29	铁路自保	629 534
18	安诚财险	1 978 722	30	燕赵财险	525 707
19	诚泰财险	1 676 703	31	爱和谊	515 367
20	阳光农险	1 540 344	32	美亚保险	493 163
21	中石油专属保险	1 357 552	33	中远海自保	393 586
22	北部湾财险	1 347 409	34	现代财险	282 127
23	众诚财险	994 365	35	粤电自保	82 041
24	中原农险	984 026			

通过表5-18和图5-3可以看出，财产险公司中投资价值绝对额最高的是平安财险，第2名是人保财险，第3名是太保财险，并且平安财险的投资价值优势比较明显。

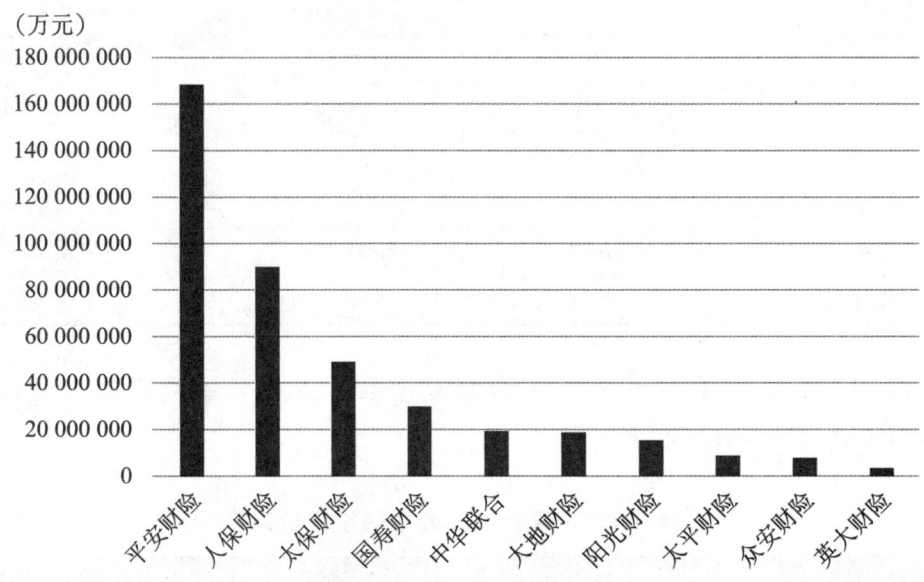

图5-3 2020年投资价值绝对额排名前10位的中国财产险公司

由于各家财产险公司的所有者权益不一样，单独考虑公司的投资价值绝对额对于潜在投资者的参考意义不大。为了更好地反映各家财产险公司的投资效能，本部分在不考虑公司股权质押和成立年限的情况下引入了投资效能比指标（见表5-19和图5-4）。

表 5-19　　参评的 35 家财产险公司的投资效能比①　　（单位:%）

序号	公司名称	投资效能比	序号	公司名称	投资效能比
1	平安财险	1 620.3	19	英大财险	561.1
2	利宝互助	1 524.4	20	阳光农险	553.8
3	国泰财险	1 336.8	21	人保财险	481.8
4	太平财险	1 284.2	22	鼎和财险	474.3
5	中华联合	1 165.8	23	安诚财险	445.4
6	国寿财险	1 160.1	24	燕赵财险	435.9
7	太保财险	1 091.0	25	中原农险	422.4
8	阳光财险	1 041.3	26	安信农险	421.8
9	紫金财险	1 009.4	27	众诚财险	364.3
10	北部湾财险	957.8	28	恒邦财险	345.4
11	锦泰财险	920.1	29	美亚保险	314.0
12	爱和谊	870.2	30	铁路自保	220.4
13	国元农险	829.3	31	诚泰财险	216.0
14	亚太财险	752.9	32	中石油专属保险	202.8
15	大地财险	700.0	33	中远海自保	170.0
16	国任财险	598.2	34	现代财险	161.1
17	华泰财险	585.4	35	粤电自保	154.2
18	众安财险	566.4			

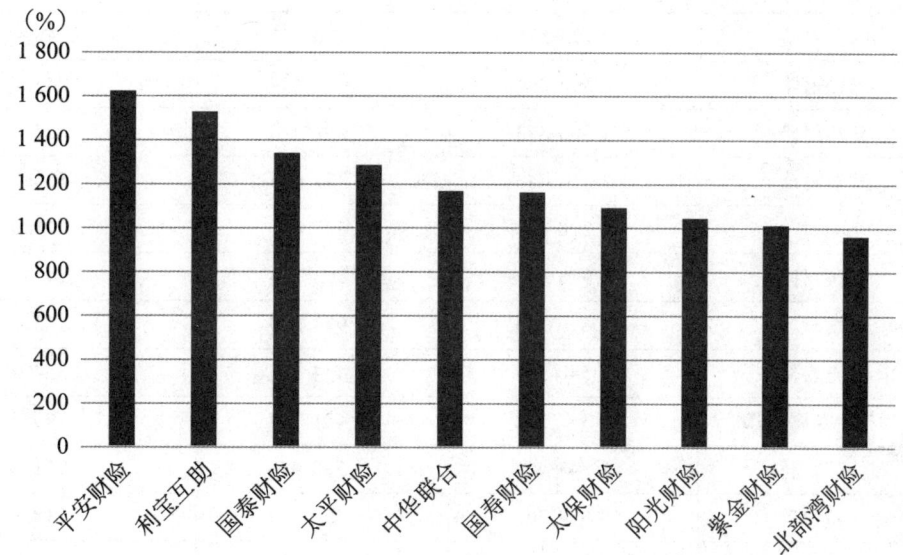

图 5-4　投资效能比排名前 10 位的中国财产险公司

---

① 投资效能比 = 投资价值 ÷ 所有者权益。

由表 5-19 和图 5-4 可以看出，投资效能比排名前 10 位的财产险公司分别为平安财险、利宝互助、国泰财险、太平财险、中华联合、国寿财险、太保财险、阳光财险、紫金财险和北部湾财险。其中，平安财险的优势比较明显。

为了更深入地了解各家财产险公司的投资价值，本部分将参评的各家财产险公司的投资价值与其总资产进行了比较（见表 5-20）。

表 5-20　　参评的财产险公司的投资价值与其总资产的比较

序号	公司名称	投资价值（万元）	总资产（万元）	投资价值÷总资产（%）
1	平安财险	168 651 034	44 452 801	379.4
2	人保财险	90 276 575	64 352 819	140.3
3	太保财险	49 470 451	18 406 633	268.8
4	国寿财险	30 289 899	10 685 244	283.5
5	中华联合	19 807 369	6 816 483	290.6
6	大地财险	19 225 781	8 384 631	229.3
7	阳光财险	15 845 637	6 042 044	262.3
8	太平财险	9 181 247	3 748 852	244.9
9	众安财险	8 323 856	3 504 474	237.5
10	英大财险	3 870 145	2 007 735	192.8
11	华泰财险	3 107 695	1 467 660	211.7
12	紫金财险	2 948 988	1 472 117	200.3
13	国元农险	2 727 555	789 601	345.4
14	国任财险	2 565 291	1 043 937	245.7
15	鼎和财险	2 366 373	1 061 416	222.9
16	国泰财险	2 314 443	431 617	536.2
17	亚太财险	2 208 738	697 631	316.6
18	安诚财险	1 978 722	804 744	245.9
19	诚泰财险	1 676 703	973 299	172.3
20	阳光农险	1 540 344	434 251	354.7
21	中石油专属保险	1 357 552	1 421 737	95.5
22	北部湾财险	1 347 409	535 936	251.4
23	众诚财险	994 365	454 350	218.9
24	中原农险	984 026	462 276	212.9
25	锦泰财险	937 260	344 025	272.4
26	利宝互助	896 141	204 580	438.0

续表

序号	公司名称	投资价值（万元）	总资产（万元）	投资价值÷总资产（％）
27	安信农险	708 359	403 958	175.4
28	恒邦财险	704 872	314 545	224.1
29	铁路自保	629 534	519 378	121.2
30	燕赵财险	525 707	257 632	204.1
31	爱和谊	515 367	169 710	303.7
32	美亚保险	493 163	369 917	133.3
33	中远海自保	393 586	377 956	104.1
34	现代财险	282 127	243 237	116.0
35	粤电自保	82 041	82 891	99.0

由表 5-20 可以看出，绝大部分财产险公司的投资价值与总资产之比大于 100%，只有粤电自保、中石油专属保险的取值小于 100%。此外，中远海自保的投资价值与总资产的比值为 104.1%，说明这三家自保公司的所有者权益没有被充分利用，存在闲置的情况，其总资产规模也有待扩大。

附录一
2020年中国人身险公司综合竞争力评价结果

附表1-1　　2020年中国人身险公司综合竞争力排名与得分

公司名称	排名	得分	公司名称	排名	得分
中国人寿	1	100.0	财信吉祥	38	67.5
平安人寿	2	98.9	中荷人寿	39	67.4
泰康人寿	3	91.1	合众人寿	40	67.3
太保寿险	4	88.1	中德安联	41	66.8
新华人寿	5	87.2	太平养老	42	66.2
友邦人寿	6	85.6	陆家嘴国泰	43	65.2
太平人寿	7	83.4	东吴人寿	44	64.6
恒大人寿	8	79.4	华贵人寿	45	64.5
平安健康	9	77.8	珠江人寿	46	64.2
百年人寿	10	77.7	光大永明	47	64.1
农银人寿	11	76.4	国富人寿	48	63.9
人保寿险	12	76.0	招商仁和	49	63.7
信泰人寿	13	75.7	工银安盛	50	63.7
中邮人寿	14	75.5	国宝人寿	51	63.5
阳光人寿	15	75.2	中意人寿	52	63.1
泰康养老	16	75.1	利安人寿	53	62.9
招商信诺	17	74.7	君龙人寿	54	62.4
中融人寿	18	74.5	恒安标准	55	62.4
英大人寿	19	74.2	中韩人寿	56	62.0
昆仑健康	20	73.8	北京人寿	57	62.0
前海人寿	21	73.8	国华人寿	58	60.5
上海人寿	22	73.5	华泰人寿	59	59.6
中宏人寿	23	73.2	中英人寿	60	58.9
建信人寿	24	72.4	国联人寿	61	57.0
平安养老	25	72.3	复星联合健康	62	57.0
民生人寿	26	71.9	海保人寿	63	56.2
中信保诚人寿	27	71.3	中华人寿	64	52.5
幸福人寿	28	71.2	长生人寿	65	52.4
交银康联	29	70.8	瑞华健康	66	50.0
太保安联健康	30	70.4	复星保德信	67	49.7
大都会人寿	31	70.3	渤海人寿	68	48.7
人保健康	32	70.3	瑞泰人寿	69	47.7
同方全球人寿	33	70.0	爱心人寿	70	46.7
长城人寿	34	69.8	三峡人寿	71	45.3
横琴人寿	35	68.4	鼎诚人寿	72	41.7
中银三星	36	68.1	德华安顾	73	40.0
汇丰人寿	37	68.0			

附表 1-2　　2020 年中国人身险公司盈利能力排名与得分

公司名称	排名	得分	公司名称	排名	得分
泰康人寿	1	100.0	工银安盛	38	76.0
平安人寿	2	98.1	泰康养老	39	75.5
财信吉祥	3	96.4	交银康联	40	74.6
平安健康	4	93.3	中德安联	41	73.3
昆仑健康	5	93.2	建信人寿	42	72.4
中国人寿	6	90.2	太平养老	43	72.4
前海人寿	7	89.4	中银三星	44	72.3
君龙人寿	8	88.0	中荷人寿	45	72.0
友邦人寿	9	87.6	大都会人寿	46	71.5
中韩人寿	10	87.2	中邮人寿	47	71.5
招商信诺	11	86.5	华泰人寿	48	70.8
平安养老	12	86.1	农银人寿	49	70.3
陆家嘴国泰	13	85.9	珠江人寿	50	69.7
太平人寿	14	85.8	光大永明	51	69.6
东吴人寿	15	85.6	英大人寿	52	68.8
太保安联健康	16	84.9	人保健康	53	68.7
中信保诚人寿	17	84.0	三峡人寿	54	68.7
民生人寿	18	83.8	国华人寿	55	68.6
太保寿险	19	83.6	中融人寿	56	67.7
中华人寿	20	81.2	幸福人寿	57	67.2
国联人寿	21	80.9	国宝人寿	58	66.2
中英人寿	22	80.9	汇丰人寿	59	64.8
上海人寿	23	80.8	信泰人寿	60	64.5
新华人寿	24	80.3	华贵人寿	61	63.7
同方全球人寿	25	80.2	长生人寿	62	62.7
恒安标准	26	79.4	招商仁和	63	60.1
横琴人寿	27	79.0	爱心人寿	64	58.8
中意人寿	28	79.0	北京人寿	65	57.9
中宏人寿	29	78.9	海保人寿	66	56.7
人保寿险	30	78.5	瑞华健康	67	55.3
百年人寿	31	78.4	复星联合健康	68	55.1
阳光人寿	32	78.2	复星保德信	69	53.0
恒大人寿	33	77.9	德华安顾	70	51.5
长城人寿	34	77.6	瑞泰人寿	71	50.5
国富人寿	35	77.4	渤海人寿	72	49.4
利安人寿	36	76.8	鼎诚人寿	73	40.0
合众人寿	37	76.2			

附表1-3　　2020年中国人身险公司资本管理能力排名与得分

公司名称	排名	得分	公司名称	排名	得分
信泰人寿	1	100.0	人保寿险	38	73.0
百年人寿	2	99.7	中华人寿	39	72.9
昆仑健康	3	95.8	中宏人寿	40	72.5
横琴人寿	4	95.6	泰康养老	41	69.8
英大人寿	5	91.2	建信人寿	42	69.3
恒大人寿	6	89.0	中意人寿	43	68.2
合众人寿	7	87.7	大都会人寿	44	67.4
中邮人寿	8	86.6	利安人寿	45	67.1
平安人寿	9	86.5	君龙人寿	46	66.4
平安健康	10	86.5	太平养老	47	65.9
人保健康	11	86.1	长城人寿	48	64.5
阳光人寿	12	85.4	中荷人寿	49	64.3
中融人寿	13	85.4	中英人寿	50	64.1
农银人寿	14	84.7	国宝人寿	51	63.4
爱心人寿	15	84.5	友邦人寿	52	62.9
德华安顾	16	84.1	鼎诚人寿	53	62.3
中国人寿	17	83.7	国华人寿	54	62.2
太平人寿	18	83.6	陆家嘴国泰	55	62.1
中银三星	19	83.6	珠江人寿	56	61.7
太保寿险	20	82.7	三峡人寿	57	60.8
前海人寿	21	81.4	幸福人寿	58	60.6
中信保诚人寿	22	80.6	海保人寿	59	60.3
中德安联	23	80.4	华泰人寿	60	60.2
泰康人寿	24	80.3	复星保德信	61	59.6
上海人寿	25	79.6	国富人寿	62	59.4
复星联合健康	26	79.3	北京人寿	63	59.3
汇丰人寿	27	78.4	中韩人寿	64	58.1
华贵人寿	28	78.2	渤海人寿	65	58.1
工银安盛	29	77.5	长生人寿	66	57.6
太保安联健康	30	77.2	瑞泰人寿	67	56.5
光大永明	31	76.9	恒安标准	68	56.2
新华人寿	32	76.6	国联人寿	69	56.0
招商信诺	33	76.1	瑞华健康	70	54.1
同方全球人寿	34	74.3	东吴人寿	71	53.7
招商仁和	35	74.2	财信吉祥	72	50.7
交银康联	36	73.9	民生人寿	73	40.0
平安养老	37	73.4			

附表1-4　　　2020年中国人身险公司经营能力排名与得分

公司名称	排名	得分	公司名称	排名	得分
中国人寿	1	100.0	中德安联	38	77.0
平安人寿	2	95.1	中邮人寿	39	77.0
太保寿险	3	90.0	阳光人寿	40	77.0
农银人寿	4	88.3	英大人寿	41	76.9
中荷人寿	5	87.7	中英人寿	42	76.6
泰康人寿	6	87.4	复星联合健康	43	76.3
新华人寿	7	87.1	中宏人寿	44	76.3
太平人寿	8	86.4	华泰人寿	45	76.2
人保健康	9	84.6	利安人寿	46	75.9
幸福人寿	10	83.9	瑞华健康	47	75.8
上海人寿	11	83.4	大都会人寿	48	75.8
友邦人寿	12	83.3	合众人寿	49	75.8
国华人寿	13	83.1	珠江人寿	50	75.5
平安养老	14	82.5	工银安盛	51	75.3
交银康联	15	82.4	恒安标准	52	75.2
中融人寿	16	82.1	昆仑健康	53	74.4
招商信诺	17	81.7	复星保德信	54	73.8
百年人寿	18	81.7	太保安联健康	55	73.3
中银三星	19	81.6	君龙人寿	56	73.1
招商仁和	20	81.3	汇丰人寿	57	72.9
中信保诚人寿	21	80.4	光大永明	58	72.0
信泰人寿	22	80.3	长城人寿	59	71.9
同方全球人寿	23	80.3	东吴人寿	60	71.6
国宝人寿	24	79.9	国联人寿	61	71.1
北京人寿	25	79.2	财信吉祥	62	70.4
恒大人寿	26	79.1	平安健康	63	70.2
泰康养老	27	78.9	建信人寿	64	69.9
民生人寿	28	78.7	渤海人寿	65	68.9
太平养老	29	78.6	瑞泰人寿	66	68.4
陆家嘴国泰	30	78.5	国富人寿	67	67.8
中韩人寿	31	78.2	长生人寿	68	67.1
海保人寿	32	77.8	三峡人寿	69	62.6
人保寿险	33	77.8	德华安顾	70	60.1
中意人寿	34	77.8	鼎诚人寿	71	54.3
横琴人寿	35	77.4	中华人寿	72	53.6
华贵人寿	36	77.2	爱心人寿	73	40.0
前海人寿	37	77.1			

附表 1-5　　2020 年中国人身险公司风险管理能力排名与得分

公司名称	排名	得分	公司名称	排名	得分
汇丰人寿	1	100.0	中国人寿	38	70.1
人保健康	2	94.0	太保寿险	39	69.7
平安健康	3	88.8	建信人寿	40	69.4
民生人寿	4	88.3	招商仁和	41	68.4
复星联合健康	5	87.5	中信保诚人寿	42	68.0
海保人寿	6	86.3	陆家嘴国泰	43	67.8
太平养老	7	86.1	信泰人寿	44	67.3
平安养老	8	84.8	平安人寿	45	66.8
北京人寿	9	84.6	华贵人寿	46	66.3
瑞华健康	10	82.1	横琴人寿	47	64.7
光大永明	11	81.4	三峡人寿	48	64.5
东吴人寿	12	79.9	渤海人寿	49	64.1
财信吉祥	13	78.8	阳光人寿	50	63.6
幸福人寿	14	78.3	太平人寿	51	63.1
国富人寿	15	76.5	中德安联	52	63.0
友邦人寿	16	76.5	中银三星	53	62.5
中宏人寿	17	75.6	中邮人寿	54	61.0
中荷人寿	18	75.0	国华人寿	55	59.4
复星保德信	19	74.1	交银康联	56	58.5
德华安顾	20	74.1	长城人寿	57	57.8
中韩人寿	21	74.0	利安人寿	58	56.4
泰康人寿	22	74.0	中英人寿	59	55.6
同方全球人寿	23	73.8	华泰人寿	60	55.6
招商信诺	24	73.7	上海人寿	61	55.4
鼎诚人寿	25	73.6	恒大人寿	62	54.7
中融人寿	26	73.6	合众人寿	63	54.5
农银人寿	27	73.6	长生人寿	64	54.2
中华人寿	28	73.4	君龙人寿	65	54.1
英大人寿	29	73.3	中意人寿	66	50.6
泰康养老	30	73.2	国联人寿	67	50.0
人保寿险	31	72.9	前海人寿	68	48.8
瑞泰人寿	32	72.9	爱心人寿	69	47.1
恒安标准	33	72.7	百年人寿	70	44.1
太保安联健康	34	72.2	工银安盛	71	43.0
国宝人寿	35	71.9	珠江人寿	72	41.6
大都会人寿	36	71.4	昆仑健康	73	40.0
新华人寿	37	70.9			

附表1-6　　2020年中国人身险公司发展潜力排名与得分

公司名称	排名	得分	公司名称	排名	得分
信泰人寿	1	100.0	昆仑健康	38	60.6
华贵人寿	2	96.2	人保健康	39	60.4
国富人寿	3	95.5	百年人寿	40	60.3
北京人寿	4	91.2	中韩人寿	41	59.8
爱心人寿	5	88.3	太保安联健康	42	58.9
瑞华健康	6	87.0	招商信诺	43	58.4
中信保诚人寿	7	86.0	中荷人寿	44	57.7
工银安盛	8	84.0	招商仁和	45	57.0
交银康联	9	83.6	渤海人寿	46	56.0
中宏人寿	10	83.5	三峡人寿	47	55.7
泰康人寿	11	82.0	太平养老	48	55.5
君龙人寿	12	80.3	平安养老	49	55.4
上海人寿	13	78.9	同方全球人寿	50	55.0
农银人寿	14	78.3	阳光人寿	51	54.4
中英人寿	15	74.8	利安人寿	52	53.1
英大人寿	16	74.1	光大永明	53	52.7
长城人寿	17	73.2	合众人寿	54	52.4
建信人寿	18	71.1	中德安联	55	52.2
中银三星	19	71.1	幸福人寿	56	51.8
太保寿险	20	68.5	德华安顾	57	51.2
复星联合健康	21	68.5	大都会人寿	58	51.2
太平人寿	22	68.1	鼎诚人寿	59	50.9
中华人寿	23	67.7	国联人寿	60	50.9
恒大人寿	24	66.9	汇丰人寿	61	50.5
珠江人寿	25	66.7	中意人寿	62	50.0
中邮人寿	26	66.0	瑞泰人寿	63	49.5
平安人寿	27	65.1	恒安标准	64	49.1
新华人寿	28	64.7	国华人寿	65	47.7
友邦人寿	29	64.4	长生人寿	66	47.5
中融人寿	30	63.8	人保寿险	67	47.1
国宝人寿	31	63.5	华泰人寿	68	47.1
海保人寿	32	63.4	东吴人寿	69	46.1
中国人寿	33	63.1	陆家嘴国泰	70	45.8
泰康养老	34	62.7	民生人寿	71	44.4
平安健康	35	62.6	财信吉祥	72	41.7
横琴人寿	36	62.1	复星保德信	73	40.0
前海人寿	37	62.1			

附录二
2020 年中国财产险公司综合竞争力评价结果

附表 2-1　　2020 年中国财产险公司综合竞争力排名与得分

公司	排名	得分	公司	排名	得分
人保财险	1	100.0	美亚保险	38	74.7
平安财险	2	97.0	粤电自保	39	73.8
太保财险	3	93.1	现代财险	40	73.4
众安财险	4	92.8	众惠相互	41	73.0
国寿财险	5	91.1	永安财险	42	72.3
紫金财险	6	90.0	永诚财险	43	71.9
中石油专属保险	7	89.3	中路财险	44	71.5
诚泰财险	8	87.6	日本财险	45	71.2
国任财险	9	87.0	安联财险	46	70.9
鼎和财险	10	86.2	中煤财险	47	70.8
国泰财险	11	86.2	中银财险	48	70.4
英大财险	12	85.6	三井住友	49	70.4
阳光财险	13	85.0	鑫安汽车	50	69.6
恒邦财险	14	83.9	泰康在线	51	68.9
北部湾财险	15	83.6	泰山财险	52	68.3
铁路自保	16	82.5	三星财险	53	67.4
黄河财险	17	82.4	华安财险	54	66.8
阳光农险	18	82.3	东京海上	55	64.5
中华联合	19	81.1	浙商财险	56	64.1
中远海自保	20	80.7	安盛天平	57	63.8
亚太财险	21	80.6	华农财险	58	63.7
国元农险	22	80.4	苏黎世保险	59	63.6
安信农险	23	80.2	中航安盟	60	63.2
大地财险	24	80.2	珠峰财险	61	62.0
众诚财险	25	79.8	华海财险	62	61.8
锦泰财险	26	79.8	瑞再企商	63	61.1
中原农险	27	79.3	中意财险	64	59.9
太平科技	28	79.1	东海航运	65	58.4
利宝互助	29	77.8	史带财产	66	57.2
都邦财险	30	77.3	安华农险	67	56.6
燕赵财险	31	77.2	前海联合	68	54.5
安诚财险	32	76.3	长安责任	69	53.9
融盛财险	33	76.0	渤海财险	70	52.0
太平财险	34	75.4	合众财险	71	50.3
爱和谊	35	75.4	安达保险	72	45.0
华泰财险	36	74.7	富邦财险	73	40.0
富德财险	37	74.7			

附表2-2　　2020年中国财产险公司盈利能力排名与得分

公司	排名	得分	公司	排名	得分
人保财险	1	100.0	阳光农险	38	74.1
鼎和财险	2	99.8	中路财险	39	73.6
平安财险	3	98.6	渤海财险	40	73.2
鑫安汽车	4	93.6	燕赵财险	41	73.1
太保财险	5	93.5	黄河财险	42	73.0
国寿财险	6	91.7	华海财险	43	72.6
英大财险	7	91.6	安华农险	44	72.6
北部湾财险	8	91.2	华安财险	45	72.6
阳光财险	9	88.8	都邦财险	46	71.8
中石油专属保险	10	88.0	三井住友	47	71.8
安信农险	11	86.2	华农财险	48	71.6
锦泰财险	12	85.9	爱和谊	49	71.6
华泰财险	13	85.3	三星财险	50	70.3
中远海自保	14	84.9	安联财险	51	70.2
安诚财险	15	84.8	诚泰财险	52	70.2
国泰财险	16	84.7	粤电自保	53	70.2
众诚财险	17	84.6	太平财险	54	69.4
亚太财险	18	84.6	东京海上	55	68.8
铁路自保	19	83.3	苏黎世保险	56	68.2
泰山财险	20	82.6	史带财产	57	68.1
浙商财险	21	82.6	现代财险	58	68.0
中华联合	22	82.5	中煤财险	59	67.9
国任财险	23	81.1	中意财险	60	65.9
永安财险	24	80.9	泰康在线	61	65.4
众安财险	25	78.0	太平科技	62	61.9
恒邦财险	26	77.9	安盛天平	63	61.0
紫金财险	27	77.7	瑞再企商	64	60.6
中银财险	28	77.7	长安责任	65	59.5
美亚保险	29	77.6	融盛财险	66	57.8
大地财险	30	77.2	富德财险	67	57.5
众惠相互	31	76.4	合众财险	68	55.0
日本财险	32	76.0	前海联合	69	53.5
永诚财险	33	75.4	东海航运	70	52.8
利宝互助	34	74.7	中航安盟	71	48.8
中原农险	35	74.6	安达保险	72	48.6
国元农险	36	74.3	富邦财险	73	40.0
珠峰财险	37	74.3			

附表 2-3　　2020 年中国财产险公司资本管理能力排名与得分

公司	排名	得分	公司	排名	得分
人保财险	1	100.0	鑫安汽车	38	70.2
太平财险	2	98.5	华海财险	39	69.6
平安财险	3	96.9	安盛天平	40	69.5
太保财险	4	88.9	华泰财险	41	68.7
爱和谊	5	88.6	国元农险	42	68.3
国寿财险	6	86.3	鼎和财险	43	67.6
北部湾财险	7	86.2	都邦财险	44	66.3
瑞再企商	8	84.3	美亚保险	45	66.2
众惠相互	9	83.2	中煤财险	46	65.6
三井住友	10	82.3	阳光农险	47	64.9
安联财险	11	81.5	国泰财险	48	64.9
史带财产	12	81.5	中银财险	49	64.4
苏黎世保险	13	81.4	中路财险	50	64.4
中华联合	14	80.5	国任财险	51	63.3
阳光财险	15	80.3	珠峰财险	52	63.2
紫金财险	16	80.1	东海航运	53	63.1
东京海上	17	79.3	泰山财险	54	63.1
日本财险	18	78.9	众安财险	55	59.9
富邦财险	19	78.4	富德财险	56	59.4
浙商财险	20	78.3	铁路自保	57	59.1
泰康在线	21	78.2	合众财险	58	59.0
中意财险	22	77.0	亚太财险	59	58.2
中石油专属保险	23	76.9	利宝互助	60	57.7
华安财险	24	76.3	中航安盟	61	57.6
大地财险	25	76.1	中远海自保	62	56.3
三星财险	26	75.6	众诚财险	63	50.8
英大财险	27	75.3	燕赵财险	64	50.3
安华农险	28	75.0	现代财险	65	49.8
安达保险	29	74.6	黄河财险	66	49.7
永诚财险	30	74.3	安诚财险	67	49.5
前海联合	31	74.0	粤电自保	68	47.2
锦泰财险	32	73.6	诚泰财险	69	46.6
渤海财险	33	73.0	中原农险	70	46.2
永安财险	34	72.1	恒邦财险	71	44.8
安信农险	35	71.6	融盛财险	72	44.3
长安责任	36	70.6	太平科技	73	40.0
华农财险	37	70.4			

附表 2-4　　2020 年中国财产险公司经营能力排名与得分

公司	排名	得分	公司	排名	得分
人保财险	1	100.0	长安责任	38	69.7
平安财险	2	94.0	安盛天平	39	68.6
中华联合	3	93.1	中原农险	40	68.2
太保财险	4	89.3	爱和谊	41	66.7
永安财险	5	87.3	中远海自保	42	66.2
阳光农险	6	86.0	安华农险	43	64.6
利宝互助	7	85.8	安联财险	44	64.0
国寿财险	8	85.1	恒邦财险	45	63.9
前海联合	9	84.9	三井住友	46	63.6
中航安盟	10	84.8	三星财险	47	63.5
阳光财险	11	82.4	鑫安汽车	48	63.2
锦泰财险	12	82.1	东京海上	49	62.8
北部湾财险	13	82.0	渤海财险	50	62.8
美亚保险	14	81.7	太平科技	51	61.9
中银财险	15	81.4	泰山财险	52	61.8
太平财险	16	80.6	中煤财险	53	61.2
国任财险	17	80.2	泰康在线	54	59.6
国泰财险	18	79.9	诚泰财险	55	58.8
大地财险	19	79.9	苏黎世保险	56	58.5
鼎和财险	20	79.1	中意财险	57	58.4
中石油专属保险	21	78.3	融盛财险	58	57.6
安信农险	22	77.2	日本财险	59	57.4
中路财险	23	76.1	合众财险	60	56.9
安诚财险	24	75.7	铁路自保	61	55.8
众安财险	25	75.6	华农财险	62	54.5
永诚财险	26	74.4	燕赵财险	63	54.3
都邦财险	27	74.3	黄河财险	64	53.5
浙商财险	28	74.3	粤电自保	65	53.4
国元农险	29	74.0	众惠相互	66	53.0
亚太财险	30	72.9	安达保险	67	51.2
富德财险	31	72.8	众诚财险	68	50.4
英大财险	32	72.7	瑞再企商	69	49.4
华安财险	33	72.5	富邦财险	70	46.7
紫金财险	34	71.6	现代财险	71	46.6
华泰财险	35	70.4	史带财产	72	44.0
珠峰财险	36	70.2	东海航运	73	40.0
华海财险	37	70.1			

附表2-5　　2020年中国财产险公司风险管理能力排名与得分

公司	排名	得分	公司	排名	得分
中石油专属保险	1	100.0	华安财险	38	65.5
中远海自保	2	99.2	苏黎世保险	39	65.0
现代财险	3	97.2	安达保险	40	64.3
瑞再企商	4	95.9	亚太财险	41	64.2
铁路自保	5	94.0	爱和谊	42	63.1
众诚财险	6	92.3	安盛天平	43	62.5
恒邦财险	7	90.9	东京海上	44	62.5
融盛财险	8	87.6	国元农险	45	61.6
东海航运	9	84.4	中航安盟	46	61.6
鑫安汽车	10	84.3	国泰财险	47	61.3
诚泰财险	11	82.7	人保财险	48	60.6
粤电自保	12	82.4	太平财险	49	60.4
黄河财险	13	80.7	中路财险	50	58.1
太平科技	14	76.2	中煤财险	51	57.6
阳光农险	15	75.4	中华联合	52	56.9
鼎和财险	16	74.1	永安财险	53	56.7
合众财险	17	73.2	大地财险	54	56.5
美亚保险	18	72.7	珠峰财险	55	56.2
三星财险	19	72.3	利宝互助	56	56.0
泰山财险	20	72.1	锦泰财险	57	55.5
安诚财险	21	72.0	国寿财险	58	55.1
燕赵财险	22	71.5	安华农险	59	53.7
日本财险	23	71.5	安联财险	60	53.4
安信农险	24	71.3	太保财险	61	53.4
英大财险	25	71.2	北部湾财险	62	52.9
华泰财险	26	71.0	富邦财险	63	52.1
众安财险	27	70.5	华海财险	64	51.0
富德财险	28	70.5	都邦财险	65	51.0
国任财险	29	69.9	浙商财险	66	50.0
中原农险	30	69.8	长安责任	67	48.3
三井住友	31	69.7	阳光财险	68	47.6
史带财产	32	69.4	永诚财险	69	47.1
中银财险	33	68.4	平安财险	70	46.3
众惠相互	34	68.3	前海联合	71	45.9
紫金财险	35	67.9	泰康在线	72	44.2
中意财险	36	67.8	渤海财险	73	40.0
华农财险	37	66.5			

附录二 2020年中国财产保险公司综合竞争力评价结果

附表 2-6　2020 年中国财产险公司发展潜力排名与得分

公司	排名	得分	公司	排名	得分
紫金财险	1	100.0	安信农险	38	79.2
国任财险	2	95.9	燕赵财险	39	79.2
永诚财险	3	92.4	中路财险	40	78.7
英大财险	4	91.0	苏黎世保险	41	78.6
富德财险	5	90.9	人保财险	42	78.5
国寿财险	6	90.3	泰山财险	43	78.5
中华联合	7	90.2	鼎和财险	44	77.7
安联财险	8	89.9	珠峰财险	45	77.6
太保财险	9	89.6	华泰财险	46	77.3
安诚财险	10	88.9	史带财产	47	77.2
都邦财险	11	88.2	三井住友	48	77.1
华安财险	12	88.0	爱和谊	49	77.0
大地财险	13	87.5	渤海财险	50	76.9
黄河财险	14	86.9	安盛天平	51	76.8
三星财险	15	86.3	亚太财险	52	76.8
中煤财险	16	85.8	中意财险	53	76.3
国泰财险	17	85.7	美亚保险	54	75.9
平安财险	18	85.0	东海航运	55	75.9
利宝互助	19	84.9	泰康在线	56	75.4
北部湾财险	20	84.6	东京海上	57	74.9
阳光财险	21	84.6	太平科技	58	74.9
诚泰财险	22	84.0	中银财险	59	74.3
现代财险	23	83.9	融盛财险	60	73.3
瑞再企商	24	83.6	国元农险	61	73.3
日本财险	25	83.5	恒邦财险	62	72.3
中石油专属保险	26	83.3	鑫安汽车	63	71.7
粤电自保	27	83.2	安华农险	64	71.2
中远海自保	28	82.7	阳光农险	65	70.6
长安责任	29	82.1	中航安盟	66	67.0
中原农险	30	82.0	华海财险	67	66.9
众安财险	31	81.5	永安财险	68	66.2
锦泰财险	32	80.5	安达保险	69	65.3
华农财险	33	80.3	前海联合	70	62.3
众诚财险	34	80.2	合众财险	71	59.9
太平财险	35	79.9	富邦财险	72	57.0
铁路自保	36	79.8	众惠相互	73	40.0
浙商财险	37	79.3			

附录三
中国保险公司投资价值评价分析

附表 3-1　　　　　　　　中国人身险公司的投资价值　　　　　　　（单位：万元）

序号	公司名称	投资价值	序号	公司名称	投资价值
1	中国人寿	421 000 000	19	招商信诺	11 795 465
2	平安人寿	416 000 000	20	民生人寿	11 190 858
3	太保寿险	101 000 000	21	合众人寿	10 590 165
4	新华寿险	98 775 689	22	上海人寿	9 612 496
5	泰康人寿	96 088 549	23	交银康联	8 926 584
6	太平人寿	85 857 954	24	大都会人寿	8 159 437
7	人保寿险	58 164 392	25	英大人寿	7 465 673
8	中邮人寿	42 465 337	26	泰康养老	7 217 511
9	前海人寿	41 926 262	27	中宏人寿	6 897 734
10	阳光人寿	36 532 536	28	中融人寿	6 152 450
11	恒大人寿	30 796 320	29	幸福人寿	5 964 742
12	百年人寿	25 502 810	30	长城人寿	5 414 748
13	友邦人寿	24 061 774	31	中银三星	3 751 964
14	建信人寿	21 186 677	32	中荷人寿	3 580 346
15	信泰人寿	20 818 499	33	横琴人寿	3 275 525
16	平安养老	15 656 026	34	同方全球人寿	3 145 601
17	中信保诚人寿	14 236 804	35	财信吉祥	1 881 134
18	农银人寿	13 830 701	36	汇丰人寿	961 431.7

附表 3-2　　　　　　　　　中国人身险公司的投资效能比　　　　　　　　　（单位：%）

序号	公司名称	投资效能比	序号	公司名称	投资效能比
1	百年人寿	3 036.8	19	泰康人寿	1 321
2	信泰人寿	2 867.5	20	交银康联	1 266.2
3	合众人寿	2 216.5	21	平安养老	1 247.4
4	横琴人寿	2 138.1	22	幸福人寿	1 223.2
5	中融人寿	1 928.7	23	中信保诚人寿	1 209.6
6	英大人寿	1 850.4	24	中荷人寿	1 196.2
7	恒大人寿	1 813.6	25	招商信诺	1 189.9
8	汇丰人寿	1 811.5	26	人保寿险	1 181.5
9	农银人寿	1 740.9	27	太保寿险	1 077.4
10	平安人寿	1 605.8	28	阳光人寿	1 015.4
11	中邮人寿	1 580.6	29	新华寿险	998.7
12	前海人寿	1 552.3	30	建信人寿	997.7
13	大都会人寿	1 496.5	31	长城人寿	954.5
14	上海人寿	1 488.8	32	中国人寿	936.9
15	同方全球人寿	1 473.6	33	泰康养老	918.6
16	中银三星	1 458.5	34	中宏人寿	882.5
17	友邦人寿	1 439.2	35	民生人寿	738.8
18	太平人寿	1 381.7	36	财信吉祥	656.8

附表 3-3　　　　　　　　　中国财产险公司的投资价值　　　　　　　　　（单位：万元）

排名	公司名称	投资价值	排名	公司名称	投资价值
1	平安财险	168 651 034	19	诚泰财险	1 676 703
2	人保财险	90 276 575	20	阳光农险	1 540 344
3	太保财险	49 470 451	21	中石油专属保险	1 357 552
4	国寿财险	30 289 899	22	北部湾财险	1 347 409
5	中华联合	19 807 369	23	众诚财险	994 365
6	大地财险	19 225 781	24	中原农险	984 026
7	阳光财险	15 845 637	25	锦泰财险	937 260
8	太平财险	9 181 247	26	利宝互助	896 141
9	众安财险	8 323 856	27	安信农险	708 359
10	英大财险	3 870 145	28	恒邦财险	704 872
11	华泰财险	3 107 695	29	铁路自保	629 534
12	紫金财险	2 948 988	30	燕赵财险	525 707
13	国元农险	2 727 555	31	爱和谊	515 367
14	国任财险	2 565 291	32	美亚保险	493 163
15	鼎和财险	2 366 373	33	中远海自保	393 586
16	国泰财险	2 314 443	34	现代财险	282 127
17	亚太财险	2 208 738	35	粤电自保	82 041
18	安诚财险	1 978 722			

附表3-4　　　　　　　　中国财产险公司的投资效能比　　　　　　　　（单位:%）

序号	公司名称	投资效能比	序号	公司名称	投资效能比
1	平安财险	1 620.3	19	英大财险	561.1
2	利宝互助	1 524.4	20	阳光农险	553.8
3	国泰财险	1 336.8	21	人保财险	481.8
4	太平财险	1 284.2	22	鼎和财险	474.3
5	中华联合	1 165.8	23	安诚财险	445.4
6	国寿财险	1 160.1	24	燕赵财险	435.9
7	太保财险	1 091.0	25	中原农险	422.4
8	阳光财险	1 041.3	26	安信农险	421.8
9	紫金财险	1 009.4	27	众诚财险	364.3
10	北部湾财险	957.8	28	恒邦财险	345.4
11	锦泰财险	920.1	29	美亚保险	314.0
12	爱和谊	870.2	30	铁路自保	220.4
13	国元农险	829.3	31	诚泰财险	216.0
14	亚太财险	752.9	32	中石油专属保险	202.8
15	大地财险	700.0	33	中远海自保	170.0
16	国任财险	598.2	34	现代财险	161.1
17	华泰财险	585.4	35	粤电自保	154.2
18	众安财险	566.4			

后　记

本报告的出版得到中央财经大学的大力支持和帮助，在此对中央财经大学保险学院院长、中国精算研究院院长李晓林教授，中国精算研究院副院长池义春教授，中央财经大学保险学院副院长周桦教授以及中央财经大学保险学院、中国精算研究院的其他领导和老师（陈建成教授、郑苏晋教授、徐景峰教授、高洪忠副研究员等）表示衷心的感谢！

本报告得到中华人民共和国教育部①、中央财经大学保险学院、中国精算研究院②等单位的课题资助和支持，在此表示衷心的感谢！

在大量数据的搜集、整理等工作中，许多保险、精算专业的研究生和本科生参加了这项工作，为本报告的完成付出了艰辛繁杂的劳动。他们是：南杨姝祺、孙蕾、许姜昕、司迪、余媛媛、沈益帆、吴红、彭若薇、胡旭、李亚如、杨忠诺、刘晓明、陈昊等。在此，对他们的付出表示感谢！感谢中国精算研究院办公室的王庆焕、薛丽娜、许丽文等为本报告的出版付出的劳动！

虽然本课题组在指标的设立、信息的搜集整理、模型的探索完善等方面付出了很多努力，但是《2021中国保险公司竞争力与投资价值评价研究报告》中的不足和疏漏之处在所难免。欢迎各位读者不吝赐教，以便本报告的进一步修改和完善。

联系方式：kouyefu@cufe.edu.cn

寇业富

2021年8月10日

---

① 高等学校学科创新引智计划——"保险风险分析与决策"学科创新引智基地（NO. B17050）；教育部人文社会科学重点研究基地重大项目"数据时代商业保险服务健康保障体系的机制与智能路径研究"（项目批准号：16JJD790062）和"大数据背景下的风险量化与保险业发展指数体系研究"（项目批准号：16JJD790060）的资助。

② 2021年度学科建设专项经费（中国精算研究院）提升自主创新和社会服务能力（项目号：022859320006）。